Beck'sche Reihe
BsR 1023

W0060175

Die Aktualität des Terrorismus ist ungebrochen und nimmt vermutlich noch zu – bei uns in neuer Qualität vor allem von rechtsradikaler Seite. Wie wird jemand Terrorist bzw. Terroristin? Dieser Band widerlegt die weitverbreitete Ansicht, daß erbbedingte psychopathische Neigungen und frühkindliche Sozialisationsschäden Voraussetzung dafür seien, daß jemand unter bestimmten gesellschaftlichen Bedingungen bereit und fähig sei, extreme Formen der Gewaltanwendung zu akzeptieren und selbst zu praktizieren. Die hier vorgelegten Lebensgeschichten zeigen, wie vielgestaltig und unterschiedlich die persönlichen Voraussetzungen und die Wege sind, die in den terroristischen Untergrund führen: in den marxistisch-anarchistischen Linksterrorismus in hochentwickelten Industrieländern (Deutschland, Italien), in den ethnisch-religiös bedingten Terrorismus (Baskenland, Nordirland) und schließlich in den Terrorismus bzw. die Stadtguerilla unter den Bedingungen einer ehemaligen Kolonialsituation und fortdauernder wirtschaftlicher Abhängigkeit (Quebec, Argentinien). Anhand von Fallgeschichten arbeiten die Autoren die Unterschiede und Übereinstimmungen heraus, beschreiben die Entstehungsgeschichte der politischen Gewalt in den jeweiligen Ländern und zeigen, wie sich die gesellschaftlichen Verhältnisse in den individuellen Lebensgeschichten brechen.

Peter Waldmann ist Professor für Soziologie an der Universität Augsburg und befaßt sich – mit einem Team ortskundiger MitarbeiterInnen – seit Jahren mit dem internationalen Terrorismus. Weitere Informationen über die AutorInnen s. S. 199.

Beruf: Terrorist

Lebensläufe im Untergrund

Herausgegeben von
Peter Waldmann

VERLAG C.H.BECK MÜNCHEN

Die Deutsche Bibliothek – CIP-Einheitsaufnahme

Beruf: Terrorist : Lebensläufe im Untergrund / hrsg. von
Peter Waldmann. – Orig.-Ausg. – München : Beck, 1993
   (Beck'sche Reihe ; 1023)
   ISBN 3 406 37413 1
NE: Waldmann, Peter [Hrsg.]; GT

Originalausgabe
ISBN 3 406 37413 1

Einbandentwurf: Uwe Göbel, München
Umschlagbild: Collage Uwe Göbel
© C.H. Beck'sche Verlagsbuchhandlung (Oscar Beck), München 1993
Gesamtherstellung: C.H. Beck'sche Buchdruckerei, Nördlingen
Gedruckt auf säurefreiem,
aus chlorfrei gebleichtem Zellstoff hergestelltem Papier
Printed in Germany

Inhalt

I. Einleitung

von Peter Waldmann

> „Jeder Mensch erfindet sich
> früher oder später eine Geschichte,
> die er für sein Leben hält."
>
> Max Frisch

Daß sie Terrorist sein oder werden könnten, ist für die meisten Menschen eine Vorstellung, die ihnen abwegig erscheint. Auch in der wissenschaftlichen Literatur ist die Ansicht weit verbreitet, zu extremen Formen der Gewaltanwendung sei nur ein bestimmter Typus von Menschen fähig, dem oft erbbedingte psychopathische Neigungen und frühkindliche Sozialisationsschäden zugeschrieben werden.

Demgegenüber hat der Herausgeber dieses Bandes aufgrund langjähriger Beschäftigung mit politischer Aufstands- und Unterdrückungsgewalt in verschiedenen Ländern und Kontinenten die Überzeugung gewonnen: Männer und Frauen sehr unterschiedlichen Charakters greifen aus den vielfältigsten Motiven heraus zum extremen Mittel terroristischer Maßnahmen. Fast wäre er versucht zu behaupten, jene bildeten eine Minderheit, die sich auch unter außergewöhnlichen Bedingungen konsequent weigern würden, gegen Widersacher gewaltsam vorzugehen.

Für diese Annahme sprechen vor allem die verschiedenartigen gesellschaftlichen und politischen Voraussetzungen, unter denen terroristische Gruppen auftreten. Man begegnet ihnen in armen, rückständigen Ländern und in hochentwickelten Industriestaaten, unter Diktaturen und in parlamentarischen Demokratien, auf Seiten der Mächtigen und der Unterdrückten, bei Mehrheiten und ethnischen Minderheiten. Dies bedeutet zugleich: Es gibt sehr unterschiedliche Auffassungen von der Akzeptanz oder gar Notwendigkeit politischer Gewaltanwendung und entsprechend viele Wege, die in ein terroristisches Untergrundmilieu führen. Die Einstellung zur Gewalt ist u. a. abhängig davon, ob ein Staat das Gewaltmonopol erlangt hat oder, offen oder latent, von den gesellschaftlichen Gruppen ein bewaffnetes Selbsthilferecht in Anspruch genommen wird; sie variiert weiterhin je nach der sozialen Schichtzugehörigkeit eines Individuums, dem soziokulturellen Einfluß, dem es ausgesetzt ist, und seiner ethnischen Zugehörigkeit.

Doch auch unter konstanten sozio-politischen Rahmenbedingungen, wenn man also auf eine bestimmte geschichtliche Situation in einem bestimmten Land abstellt, sind es keineswegs nur Individuen mit einer ähnlichen Persönlichkeitsstruktur, die sich einer terroristischen Organisation anschließen. So wies F. Burton, einer der besten Kenner der nordirischen IRA, darauf hin, daß sich deren Mitglieder dagegen wehrten, in eine psychologische Schablone gepreßt zu werden – zu recht, wie er meint: Unter den IRA-Leuten, denen er begegnete, seien alle Intelligenzgrade vertreten gewesen. Manche von ihnen waren religiös, andere nicht, einige redselig und witzig, andere verschlossen. Gerade bei den besonders hart und waghalsig erscheinenden IRA-Voluntären habe er gelegentlich auch Anwandlungen von Sensibilität, Nachdenklichkeit, ja Depression beobachtet.[1]

Wenn sich desungeachtet hartnäckig das Vorurteil hält, terroristisches Handeln gehe auf ein bestimmtes psychologisches Syndrom, eine im wesentlichen invariante Kombination von erblichen Anlagen und frühkindlichen Sozialisationsdefiziten, zurück, so läßt sich dies vor allem mit dem Mangel an breitgestreuten Studien über terroristische Lebenswege, Gruppen und Einzelakteure erklären. Während die meisten anderen Aspekte des Terrorismus, angefangen mit seinen Rechtfertigungen, Zielen und Strategien über seine historischen, organisatorischen, juristischen und medizinischen Aspekte bis hin zu möglichen Abwehrmaßnahmen gegen die terroristische Gefahr bereits gründlich untersucht worden sind, klafft hinsichtlich der individuellen und sozialpsychologischen Voraussetzungen, die den einzelnen oder ganze Gruppen den entbehrungsreichen Weg in den terroristischen Untergrund einschlagen lassen, eine deutliche Forschungslücke.[2]

Der hier vorgelegte Band will einen Beitrag zur Schließung dieser Forschungs- und Publikationslücke leisten. Er bedient sich dabei der biographischen Methode und Darstellungsform: Anhand der Lebensgeschichten von zehn Einzelterroristen aus mehreren Ländern und der Kollektivbiographie einer bestimmten Terroristengruppe sollen Vielfalt und Differenziertheit der terroristischen Lebenswege und Persönlichkeitstypen aufgezeigt werden. Diese Vorgehensweise wirft zwei Fragen auf.

Erstens: Worin liegt das Eigentümliche der biographischen Methode, das sie für den hier intendierten Zweck besonders geeignet erscheinen läßt? Worin bestehen ihre Vorteile, wo sind ihre Grenzen? Und zweitens: Wie gelangt man in den Besitz der Lebensgeschichten von Terroristen, nach welchen Kriterien wurden diese ausgesucht?

Der biographischen Methode[3] wird als besonderer Vorzug nachgerühmt, daß sie wie keine andere das Zusammenspiel von „objektiven" und „subjektiven" Faktoren zu verdeutlichen vermag: von gesellschaftlichen Strömungen und dem Lebensalltag des einzelnen, von zeitgeschichtlicher Konstellation und persönlicher Erfahrung. In Biographien bricht sich das globale Geschehen, wird in Bezug auf die Situation bestimmter Individuen gefiltert und verarbeitet; sie wiederum verweisen in ihrem Verhalten auf umfassendere soziale Strukturen, in die sie eingebunden sind und an denen sie teilhaben.

Diese Kombination aus makro- und mikrogesellschaftlicher Betrachtungsweise, die Biographien auszeichnet, hat sich besonders bei dem Bemühen bewährt, dem „Normalbürger" das Verständnis für sog. Formen abweichenden Verhaltens, wie etwa die Vorstellungswelt krimineller Jugendbanden oder einer Drogensubkultur, nahezubringen.[4] Auch Terrorist – sein stellt eine Form abweichenden politischen Verhaltens dar. Fällt es Menschen, die nicht speziell mit dieser Thematik befaßt sind, schon schwer nachzuvollziehen, welche Gründe jemanden dazu bewegen mögen, fanatisch und mit Gewalt Vertreter des von der überwiegenden Mehrheit unterstützten eigenen Staates anzugreifen, so versagt ihre Phantasie vollends bei Fragen, die etwa das innere Funktionieren einer Untergrundorganisation oder deren Eigendynamik betreffen. Die biographische, nahe am Lebensalltag bleibende Methode vermag besser die sukzessiven Schritte und Schübe, die den einzelnen in die Gewaltszene führen, sowie die Druck- und Belohnungsmechanismen, die ihn dort halten, verständlich zu machen als sog. objektive Methoden, die das Phänomen Terrorismus beschreibend und analysierend „von außen" aufzuschlüsseln versuchen.

Dabei darf man nicht übersehen: Jede Biographie ist selektiv, gibt nicht die Totalität der Lebensereignisse, sondern nur Ausschnitte daraus wieder.[5] Glaubte die klassische Biographieforschung noch fraglos an den Dokumentationswert biographischer Zeugnisse, so ist man heute hinsichtlich deren Wahrheitsanspruch und Wirklichkeitsgehalt viel kritischer geworden. Was ausgelassen oder bewußt verschwiegen wird, kann nicht minder bedeutsam sein als Ausgeführtes. Und auch bei explizit referierten Geschehnissen, Zügen, Episoden ist stets noch die interpretierende Absicht mitzubedenken. Was Lebensgeschichten damit einerseits an Verläßlichkeit als Auskunftsquelle über Fakten und Strukturzusammenhänge einbüßen, das wird andererseits durch ihren Aussagewert in Bezug auf die Erschließung vergangener Sinnwelten, Motivations- und Stimmungslagen wettgemacht.

Was allgemein zur Perspektivität von Biographien zu bedenken ist, gilt in noch verstärktem Maße für Lebensgeschichten, die von den Betroffenen selbst erzählt bzw. niedergeschrieben wurden. Autobiographische Berichte sind meist zugleich subtile Rechtfertigungsversuche, deren Funktion darin besteht, die zurückgelegte Lebensstrecke so zu interpretieren (und notfalls zu stilisieren), daß man vor sich und den anderen bestehen, d. h. weiterleben kann.[6] Dieser Gesichtspunkt erweist sich als besonders relevant für Lebensgeschichten, die von früheren Terroristen stammen. Wie gehen diese mit der Tatsache um, daß sie Menschen gesetzeswidrig umgebracht haben oder zumindest damit einverstanden waren, daß sie von anderen umgebracht wurden? Sehen sie darin ein Fehlverhalten, das bei ihnen nunmehr Gefühle der Reue und Schuld weckt, oder beharren sie auf der Richtigkeit ihrer damaligen Handlungsweise? Kap. VIII versucht einige der Schlußfolgerungen, die sich aus einer vergleichenden Lektüre der Texte unter dem Blickwinkel rückschauender Sinnstiftung ergeben, zusammenzufassen.

Allerdings enthält der Band keine Autobiographien im engeren Sinn, sondern überwiegend Lebensläufe, die nach längeren (meist auf Tonband aufgenommenen) Gesprächen eines Terroristen mit einem Interviewer von diesem aufgezeichnet wurden. Es handelt sich somit im Grunde um „Rekonstruktionen von Konstruktionen".[7] Daraus ergeben sich mögliche Nachteile, aber auch klare Vorteile. Zu ersteren zählt, daß der Interviewer Ausführungen des Terroristen mißverstanden haben kann oder die Schwerpunkte bei der Redaktion der Lebensgeschichte (die meist die Zusammenfassung eines wesentlich längeren Interviewtextes darstellt) anders setzt, als sie vom Interviewten gesetzt worden wären. Diese Gefahren einer Fehlinterpretation sollten allerdings nicht überschätzt werden, handelt es sich bei den Autoren doch durchweg um Wissenschaftler bzw. Journalisten, welche die jeweilige Gruppe lange und gründlich studiert haben und deshalb bestens mit ihr vertraut sind (eine Voraussetzung, ohne die sie als Interviewpartner gar nicht akzeptiert worden wären). Der entscheidende Vorteil der „Zwischenschaltung" von Interviewern besteht darin: Die Lebensgeschichten konnten vom Umfang her begrenzt und ähnlich strukturiert werden, was eine Voraussetzung ihrer Vergleichbarkeit ist. Zu diesem Zweck wurde sämtlichen Autoren ein Schema mit für den terroristischen Lebenslauf relevanten Fragen und Gesichtspunkten zugesandt, das nach Möglichkeit bei den Interviews bzw. der Abfassung der Lebensgeschichten zu berücksichtigen war.

Mit dem letzten Punkt ist bereits die zweite Frage nach der Herkunft der Interviewtexte angesprochen. Entgegen einer möglicherweise durch den Titel des Bandes nahegelegten Vermutung hat der Herausgeber weder einen „guten Draht" zu internationalen Terroristenkreisen, noch steht er persönlich der

Gewaltszene in einem der im Inhaltsverzeichnis aufgeführten Länder besonders nahe. Zwar wurde von ihm im Rahmen seiner Untersuchungen zur politischen Aufstandsgewalt in Europa und Lateinamerika der eine oder andere Terrorist bzw. Guerillero interviewt. Doch waren es nicht diese sporadischen Kontakte zu politischen Gewalttätern, die ihn auf die Idee des Bandes brachten, sondern die wiederholte Begegnung mit jüngeren Forschern, meist Frauen, die in unterschiedlichen Ländern den Motivationshintergründen terroristischer Aktionen nachspürten und Zugang zu Kreisen ehemaliger Terroristen gefunden hatten. Die damit vorhandene erste Materialbasis wurde durch gezielte Recherchen nach weiteren brauchbaren Texten, teilweise auch die Aufforderung an Kolleginnen und Kollegen, sich an dem Projekt zu beteiligen, allmählich verbreitert.

In keinem Land ist es leicht, jene minimale Vertrauensbasis zu ehemaligen Terroristen (von noch aktiven ganz zu schweigen) herzustellen, die erforderlich ist, um ein längeres offenes Gespräch mit ihnen zu führen. Besonders schwierig erwies sich jedoch der Zugang zu inhaftierten oder bereits freigelassenen politischen Gewalttätern in Deutschland. Paradoxerweise zeigten sich nicht nur die Terroristen selbst ausgesprochen gesprächsunwillig, auch ihr institutionelles und familiales Umfeld (Verteidiger, Vollzugsverwaltung, Eltern) legten der angestrebten Kontaktaufnahme jedes erdenkliche Hindernis in den Weg. Damit bestätigten sich Erfahrungen, die vor rund 10 Jahren von anderen Forschern im Rahmen eines weit umfangreicheren Projektes gemacht worden waren. Man kann nur Vermutungen darüber anstellen, worauf diese Verweigerungshaltung auf Seiten der Terroristen beruht, ob sie etwa mit einer besonders ausgeprägten Dialogunfähigkeit der deutschen Terroristen zusammenhängt, von denen sich, verglichen etwa mit Italien, auch nur wenige reuig und geständig zeigen; oder ob sie sich aus den im Falle Deutschlands besonders schwer nachvollziehbaren intellektuellen Rechtfertigungskonstrukten für die Gewaltanwendung erklärt, die sich nur mittels einer systematischen Abschottung gegenüber der Umwelt aufrecht erhalten ließen. Jedenfalls erwies es sich im Falle Deutschlands als unmöglich, Einzelbiographien auf der Basis von Gesprächsprotokollen zu erstellen. Deshalb wurde mit Hilfe bereits veröffentlichter Aussagen mehrerer Terroristen über verschiedene Stadien ihres Lebens eine Art Kollektivbiographie entworfen.[8]

Nicht alles, was an Beschreibungen und Analysen terroristischer Akteure und „Karrieren" gesichtet und gesammelt werden konnte, erwies sich für den Band als brauchbar. Beispielsweise zeigte sich: Arbeiten, die sich im Namen wissenschaftlicher Objektivität um Distanz zu dem porträtierten Terroristen bemühten, waren dafür weniger geeignet als etwa der einfühlsame Artikel der Journalistin Ann Charney, die aus ihrer Sympathie für den jahrzehntelang inhaftierten Quebecer Terroristen P. Rose keinen Hehl macht. Empathie ist offenbar eine bessere Voraussetzung für die Nachzeichnung eines terroristischen Lebenswegs als angebliche Objektivität, die meistens darauf hinausläuft, daß der Autor seine eigene Persönlichkeitstheorie in den biographierten Terroristen hineinprojiziert.

Im einzelnen waren für die Auswahl und Zusammenstellung der Lebensläufe vier Kriterien maßgeblich:

Erstens sollten sie sich auf die westliche Hemisphäre (Europa und Amerika) beschränken. Afrika und Asien bleiben also ausgeklammert, nicht nur wegen der Fülle und Unübersichtlichkeit des Materials, das sonst zusätzlich angefallen wäre, sondern auch weil die Einstellung zu Gewalt und Tod dort nicht ohne weiteres mit jener im Westen vergleichbar ist.[9]

Zweitens beschränkt sich der Band auf Fälle des aufständischen Terrorismus, durch den der gesellschaftliche und politische Status quo im Namen nationalistischer oder linksrevolutionärer Zielsetzungen in Frage gestellt wird. Die Ausnahme von dieser Regel bildet der nordirische Protestant James Watt, ein ehemaliges Mitglied der rechtsradikalen UVF, die politische Veränderungen in Ulster um jeden Preis zu unterbinden sucht.

Drittens wurde darauf geachtet, daß in den Biographien sämtliche drei Hauptvarianten des aufständischen Terrorismus in Europa und Amerika Berücksichtigung finden:[10] der marxi-

stisch-anarchistisch ausgerichtete Linksterrorismus in fortgeschrittenen europäischen Industrieländern (Deutschland und
Italien); der ethnisch-religiös bedingte Terrorismus in Europa
(spanisches Baskenland und Nordirland); und Terrorismus
bzw. Stadtguerilla unter den Bedingungen einer ehemaligen
Kolonialsituation, fortdauernder Abhängigkeit von den „Zentren" der Weltwirtschaft und eines gewissen Entwicklungs-
rückstandes (Argentinien und Quebec; indes ist einzuräumen,
daß beide Länder diese dritte Kategorie nicht optimal repräsentieren – Kolumbien, Peru oder El Salvador hätten bessere Beispiele abgegeben).

Viertens ging die Absicht dahin, möglichst viele Lebensgeschichten einfacher Mitglieder, also nicht der Führer terroristischer Organisationen, in den Band aufzunehmen; sprechen
doch gewichtige Gründe für die Annahme, daß letztere in den
bereits publizierten Biographien weit überproportional vertreten sind: zum einen, weil sie eher die allgemeine Aufmerksamkeit erregen als das Fußvolk der Gewaltverbände; zum anderen,
weil leitende Figuren des terroristischen Milieus, von der Wich-
tigkeit ihrer historischen Mission und politisch-militärischen
Rolle überzeugt, sich eher dazu bereit finden, über ihre „Karriere" zu berichten. Es kann aber als sicher gelten, daß die
Führer terroristischer Organisationen keineswegs repräsentativ
sind für das Gros der Mitglieder; sie heben sich von diesen
durch ihren besonders ausgeprägten Ehrgeiz und andere Eigenschaften ab.[11] In dem Band ist überwiegend der Werdegang
„durchschnittlicher" ehemaliger Terroristen erfaßt, die keine
außergewöhnlichen Funktionen ausübten.

Die Lebensgeschichten sind in Länderkapitel gegliedert. Diese beginnen mit einer kurzen Einleitung über den Entstehungs-
hintergrund der politischen Gewalt in diesen Ländern, über die
Entwicklung des Gewaltgeschehens und mit einem Überblick
über die wichtigsten terroristischen Organisationen. Diese Ein-
rahmung der Biographien durch einige strukturelle Fakten und
Daten schien sinnvoll, um den Vorzug der biographischen Methode, die Verknüpfung von makro- und mikrogesellschaftlicher Sichtweise, voll ausschöpfen zu können. Am Schluß der

Einleitungen werden regelmäßig einige Hinweise auf die jeweilige Datenquelle, insbesondere die Interviews und die Art ihres Zustandekommens, gegeben. Für diese Einleitungen zeichnet der Herausgeber mitverantwortlich, der auch vier der Beiträge (die Beiträge von F. Reinares, A. Charney, D. della Porta und M. J. Moyano) aus dem Spanischen bzw. Englischen ins Deutsche übertragen hat.

II. Baskenland: „Es hat uns unvorbereitet getroffen"

von Fernando Reinares und Werner Herzog

Der baskische Nationalismus stand lange Jahrzehnte im Schatten des viel kraftvoller auftretenden und in politischer Hinsicht für die spanische Zentralregierung relevanteren Katalanismus. Die Entwicklung beider nationalistischer Bewegungen vollzog sich in zwei Schüben.

Der erste dieser Schübe setzte in der zweiten Hälfte des 19. Jahrhunderts ein. Er stand in engem Zusammenhang mit einem beschleunigten Wachstum der Wirtschaft, vor allem des industriellen Sektors, das die beiden Regionen zu dynamischen Zentren wirtschaftlicher und gesellschaftlicher Modernisierung werden ließ und zahlreiche Zuwanderer aus den ärmeren Gebieten der iberischen Halbinsel anzog.

Die zweite Welle des Wiederauflebens nationalistischer Gefühle fiel in die 60er Jahre dieses Jahrhunderts. Sie war u. a. eine Reaktion auf das autoritäre Franco-Regime, das, aus einem blutigen Bürgerkrieg (1936–1939) hervorgegangen, alles daran setzte, Spanien in einen zentralistischen Einheitsstaat umzuformen. Dies schien zunächst auch zu gelingen. Ab den späten 50er, frühen 60er Jahren zeigte sich jedoch, daß das nationalistische Bewußtsein in den beiden nordspanischen Regionen keineswegs ausgelöscht war, sondern unter der Oberfläche einer rein äußerlichen Anpassung an die Symbole und Normen des Zentralstaates weiter lebte. Wie im 19. Jahrhundert ging der Renaissance des Nationalismus ein wirtschaftlicher Aufschwung voraus, der den industriellen Vorsprung der beiden Regionen konsolidierte und vertiefte und erneut Wanderungsströme, vor allem aus dem spanischen Süden, in sie auslöste. War jedoch der Katalanismus, einem traditionellen Muster folgend, vom Besitz- und Bildungsbürgertum geprägt, das einen gemäßigten

Kurs vertrat, so wurde die weitere Entwicklung im Baskenland entscheidend von einem neuen politischen Akteur beeinflußt, der separatistischen Gewaltorganisation ETA.[1]

Die ETA war ursprünglich aus der Initiative einer Gruppe von Studenten entstanden, die sich das gemeinsame Studium der baskischen Sprache und Literatur zum Ziel gesetzt hatten. Wenn diese anfänglich friedfertigen Studenten mehr und mehr radikalisiert wurden, so lag dies vor allem an zwei Umständen: Zum ersten an der unnachsichtigen Verfolgung und Unterdrückung sämtlicher Äußerungen des kulturellen Überlebenswillens der Basken (wie z.B. das Singen baskischer Lieder) durch die spanischen Sicherheitsbehörden; der junge, seiner völkischen Sondertradition bewußte Baske stand vor der Wahl, entweder auf diese Tradition zu verzichten oder für deren Bewahrung zu kämpfen. Der zweite Umstand war das Fehlen einer mäßigenden politischen Kraft, welche die Belange der Region gegenüber dem Zentralregime glaubwürdig vertreten und gleichzeitig auf die jugendlichen Heißsporne dämpfend hätte einwirken können. Die bürgerliche Baskische Nationalpartei (Partido Nacional Vasco, PNV) war nach der Niederlage der Region im Bürgerkrieg nur noch in Form einer Exilregierung in Paris präsent und konnte das Geschehen im Baskenland selbst kaum mehr beeinflussen.

Nachdem die ETA in den 60er Jahren einmal auf den Gewaltkurs eingeschwenkt war, hielt sie an ihm fest. Gewiß gab es in den Führungsgremien wiederholt Diskussionen darüber, ob im Interesse einer politischen Öffnung nicht ein Verzicht auf Gewaltaktionen geboten sei. Diese Auseinandersetzungen führten auch mehrmals zu organisatorischen Absplitterungen und Teilungen: insbesondere in die V. und die VI. ETA-Versammlung während der 60er Jahre (ETA V y ETA VI Asamblea) sowie in die „militärische" und die „politisch-militärische" ETA (ETA militar y ETA político militar) in den 70er Jahren. Doch verstanden es die Vertreter des „harten" Flügels stets, sich die Hegemonie innerhalb der Bewegung zu sichern. Nicht selten schufen sie durch Entführungen, Morde etc. vollendete Tatsachen, welche die Regierung und den Sicherheitsapparat zu entsprechend harten Reaktionen zwangen, die versöhnlicherem Vorgehen keinen Entfaltungsspielraum ließen. Gruppen und Kräfte, die mit dieser harten Linie nicht einverstanden waren, wurden aus dem Gewaltverband ausgestoßen oder verließen ihn freiwillig.

Was die baskische Öffentlichkeit besonders beeindruckte, waren der Mut und die Entschlossenheit, mit denen sich die Etarras einem scheinbar aussichtslosen Kampf stellten. Als bezeichnend in diesem Sinn kann ihr Verhalten im Burgos-Prozeß von 1970 gelten, der auch internationale Aufmerksamkeit erregte. Vom Franco-Regime als Schautribunal gegen aufsässige Landesverräter inszeniert, wurde das Verfahren von den beschuldigten ETA-Mitgliedern, die unerschrocken ihren Standpunkt vertraten und sogar die baskische Nationalhymne im Gerichtssaal anstimmten, zu einem Anklageforum gegen die Diktatur umfunktioniert. Rückblickend ist die Hauptbedeutung der ETA während der Franco-Zeit darin zu sehen, daß sie dem kulturellen Überlebenswillen des kleinen Volkes öffentlich Ausdruck verlieh. Ihre Anschläge demonstrierten die Verwundbarkeit des diktatorischen Regimes und retteten gleichzeitig die Ehre und das Selbstwertgefühl der im übrigen zum schweigenden Erdulden massiven Unrechts gezwungenen Minderheit. Wie die zahlreichen Demonstrationen und Streiks nach 1970 bewiesen, gewann der Widerstandswille des baskischen Volkes dank der ETA erneut Kraft und Stimme.

Insbesondere in den Generalstreiks kam eine durch die Diktatur erzeugte politische Sensibilisierung und Mobilisierung der baskischen Bevölkerung zum Ausdruck, die auch nach Francos Tod nicht abflaute. Die Empörung der Ethnie über das ihr zugefügte Unrecht war so groß, die daraus entspringende Ablehnung des von Madrid ausgehenden Zentralismus so stark, daß sie auch das demokratische Regime traf, das die Nachfolge der Franco-Diktatur antrat. Nur ein klarer Bruch der neuen demokratischen Führungselite mit dem franquistischen Herrschaftssystem hätte dies verhindern können. Ein solcher Bruch wurde nicht vollzogen – generell nicht und ebensowenig in Bezug auf das Verhalten des Zentralstaats gegenüber der kleinen Region: Die unter Franco eingesperrten Basken wurden nur zögernd freigelassen; die spanischen Sicherheitskräfte griffen bei Demonstrationen in der kantabrischen Region weiterhin sehr hart durch; eine verfassungsrechtliche Anerkennung der Autonomierechte des kleinen Volkes ließ mehrere Jahre (bis 1979) auf sich warten. Dieses Zögern Madrids auf der einen Seite, das stürmische und ungeduldige Drängen der radikalnationalistischen Kräfte im Baskenland nach mehr Eigenständigkeit andererseits erklärt, warum in der zweiten Hälfte der 70er Jahre die Zahl der ETA-Attentate nicht zurückging, sondern sich noch erheblich steigerte.

Erst im Laufe der 80er Jahre setzte die zunehmende Distanzierung breiter baskischer Bevölkerungsgruppen von der Gewaltorganisation ein. Die Gründe hierfür lagen zum einen in der ins Auge springenden Brutalität und Unmenschlichkeit der ETA-Aktionen, die im Unterschied zu den Anschlägen während der Franco-Zeit ohne jegliches persönliches Risiko für die Terroristen – oft sogar in geradezu feiger Weise – ausgeführt wurden. Zum anderen mußten selbst die fanatischsten Nationalisten einsehen, daß angesichts der von der Verfassung zugestandenen politischen Freiheits- und Partizipationsrechte ein Festhalten am Gewaltkurs nicht mehr zu rechtfertigen war. Aus dieser, auch bei dem linksnationalistischen Parteienbündnis Herri Batasuna an Boden gewinnenden Einsicht heraus erscheint die ETA heute mehr und mehr als ein anachronistisches Überbleibsel aus einer anderen Ära, das der nationalen Sache mehr schadet als nützt.

Es werden zwei ETA-Biographien präsentiert. Die von „Goio", der der Organisation fast 20 Jahre lang, teils in führenden Positionen, angehörte, geht auf mehrere ausführliche Interviews mit ihm zurück, die von dem spanischen Politikwissenschaftler Fernando Reinares geführt wurden. Demgegenüber kommt bei der zweiten, wesentlich kürzeren Lebensgeschichte von „Javier" dieser selbst nicht zu Wort. Sie entstammt einem Zeitungsartikel des Schweizer Publizisten (und Baskenlandexperten) Werner Herzog, den dieser erst nach dem Anschlag verfaßte, bei dem Javier umkam. Goio und Javier gehören jener

Generation an, deren entscheidende Jugendjahre in die Phase der ersten gegen das Franco-Regime aufkommenden breiteren Oppositionsbewegung fiel, die gegen ein durchaus gefestigtes, zur Repression fähiges und bereites Herrschaftssystem antreten mußte. In Anspielung auf diese besondere historische Situation wurde der Schlußsatz aus Goios Interview „Es hat uns unvorbereitet getroffen" als Leitthema für das ganze Kapitel gewählt. Beide Lebensläufe lassen keine Rückschlüsse auf die Motive und Lebenslaufmuster jener meist jüngeren ETA-Mitglieder zu, die heute das Profil der Geheimorganisation bestimmen.

1. Goio – der selbstkritische Führer

Goio wurde 1950 in einer mittelgroßen Ortschaft in der Provinz Guipuzcoa geboren, die stark industrialisiert ist. Sie liegt in einer bergigen, mit kleinen Städten übersäten, Goierri genannten Landschaft, wo das Baskische (Euskera) die vorherrschende Umgangssprache ist und außerhalb der städtischen Siedlungen noch ein ländlicher, eng an das Bauernhaus (Caserío) gebundener Lebensstil üblich ist. Goio war der jüngste von drei Söhnen einer wirtschaftlich gut gestellten Händlerfamilie, die in dieser Gegend tiefe, teils bäuerliche Wurzeln hatte. Der Großvater mütterlicherseits war Müller gewesen, ehe er zum Bäcker eines kleinen Dorfes in der Umgebung wurde, der Großvater väterlicherseits war Viehhändler. Der Vater von Goio, von ihm zunächst als ernst und etwas autoritär, an einer anderen Stelle des Interviews auch als „trocken, aber empfindsam" beschrieben, hing der karlistischen Ideologie[2] an, von der auch die Vorfahren tief geprägt waren. Seine Grundwerte waren Ehrlichkeit, Arbeit und die Erhaltung der Familie, Orientierungen, die Goio irgendwie von ihm geerbt zu haben glaubt. „Eigentlich bin ich ein konservativer Mensch", behauptet er und betont, daß er von klein auf ein starkes Verantwortungsgefühl hatte, das ihn stets begleitete. Sein Vater hielt trotz seiner baskischen Herkunft den baskischen Nationalismus für eine Bewegung von Faulenzern und Herumtreibern, die den normalen, friedlichen Lebensrhythmus stören würde. Die Mutter hingegen, die mit ihrer Gefühlswärme und ihrem Schutzinstinkt als „klassisch" baskisch beschrieben wird, zeigte sich gegenüber den verschiedenen Strömungen des baskischen Nationalismus viel aufgeschlossener. Aus Goios Sicht waren beide Eltern nicht sonderlich religiös, wenngleich sie sich an die kirchlichen Gebote und Riten hielten.

Obwohl im Ort spanisch gebräuchlich war, wurde zuhause Euskera gesprochen. In der Tat machte der Vater den Kindern Vorhaltungen, wenn sie sich im Familienkreis auf spanisch unterhielten. Die Mutter bediente sich der baskischen Sprache, um den Kindern Sagen und Geschichten über das Baskenland zu erzählen, die diese damals mit dem gleichen Entzücken hörten, wie heute die Enkel. Bei dem Versuch, sich der Elemente zu erinnern, die zur Ausprägung seines baskischen Nationalbewußtseins beigetragen haben, schreibt Goio dem Euskera einen zentralen Stellenwert zu. Es handelte sich um jene Jahre, in denen die franquistische Diktatur jede Äußerung der einheimischen Kultur bestrafte; beispielsweise war spanisch die verbindliche und ausschließliche Schulsprache. Freilich genoß das Spanische, wie Goio einräumt, auch ein größeres Prestige und Gewicht bei den Basken selbst, und wer sich öffentlich in Euskera äußerte, wurde oft von seinen eigenen Landsleuten als Dörfler oder Analphabet abqualifiziert. Der Gegensatz zwischen der öffentlichen Ächtung der Sprache, die zuhause oder im privaten Umgang dauernd benützt wurde, erzeugte schon früh ein tiefes Unbehagen bei Goio, der sich daran erinnert, wie er „das glücklichste Kind auf der Welt war", als er in den Sommerferien auf einem Bauernhof, wo nur Euskera gesprochen wurde, einer Bediensteten bei der Ernte helfen durfte. Goio konnte als Kind schwer zusehen, wenn man sich über Kameraden, die wie er von Hause aus baskisch sprachen, lustig machte. Mehr als einmal geriet er in Streitigkeiten und Raufereien, weil er sie verteidigte. Erlebnisse dieser Art erzeugten bei ihm beizeiten ein Bewußtsein seiner ethnischen Besonderheit und eine tiefe Zuneigung zum Baskenland. Goio geht soweit zu behaupten, die mütterlichen Erzählungen „hätten ihn zum Nationalisten gemacht".

Damit übertreibt er allerdings. Tatsächlich bedurfte es noch weiterer Faktoren zur Politisierung jenes generellen Unbehagens, das die erlebten und beobachteten kulturellen Konflikte in ihm entstehen ließen. Zu diesen Faktoren gehören frühe Erfahrungen mit dem beherrschenden Regime und der ganze Kontext politischer Sozialisation, der Goios Kindheit und Jugend prägte. So erzählt er, daß „man schon mit zehn oder elf Jahren mitbekam, was der Franquismus war", obwohl zuhause nicht über Politik geredet wurde. Was den Bürgerkrieg betraf, so verband er damit keine konkrete Vorstellung, obwohl sein Vater auf der Seite der Karlisten gegen die Republikaner gekämpft hatte: „Das wenige, was ich über den Krieg im Baskenland wußte, erfuhr ich, nachdem ich 28 Jahre alt war und aus dem Gefängnis entlassen wurde." Als er rund 14 Jahre alt war, wurden drei ETA-Mitglieder aus seinem Dorf festgenommen, von denen einer der Freund seiner Schwester war. Die damals im Entstehen begriffene Geheimorganisation war ihm deshalb durchaus vertraut. Goio unterstreicht mit Nachdruck, daß er ab dem 13. Lebensjahr schon Nationalist war, allerdings weit entfernt von den Vorstellungen, die Sabino de Arana i Goiri im 19. Jahrhundert entwickelt hatte:[3] „All das hielt ich für Torheiten." Wie er weiter ausführt, las er ungefähr mit 16 Jahren den Text eines britischen Historikers über das Kommunistische Manifest: „Darauf wurde ich auch ein Roter." Und er fügt hinzu: „Der nächste Schritt war dann die ETA."

In jenen Jahren spielte sich das Leben Goios außerhalb der Familie vor allem im Rahmen der Cuadrilla ab, das sind Gruppen gleichaltriger Jugendlicher des gleichen Geschlechts, die in der baskischen Gesellschaft sehr verbreitet sind. Im Falle Goios setzte sie sich aus 10 oder 12 Söhnen von Geschäftsleuten des Ortes zusammen, die gemeinsam zur Schule gingen und in benachbarten Straßen wohnten, dazu kamen weitere, weniger eng miteinander verbundene Jugendliche. Die Cuadrilla war Angel- und Bezugspunkt für eine Reihe sportlicher, kulinarischer und allgemein festlicher Zerstreuungen, bei denen man gelegentlich auch mit Mädchengruppen zusammentraf, was angesichts der herrschenden sexuellen Repression jedoch allenfalls zu platonischer Verliebtheit und Onanie führte.

Die Cuadrilla wurde aber auch in anderen, mehr kulturellen Bereichen tätig, womit sie unter den gegebenen politischen Verhältnissen automatisch gegen Verbote der bestehenden Ordnung verstieß. Dies geschah beispielsweise durch die Aufführung von Theaterstücken auf baskisch, die, wie sich Goio erinnert, lange Gespräche über Politik auslösten; desgleichen durch informelle Vorträge und durch das Singen baskischer Lieder. All dies, ebenso wie die Durchführung gemeinsamer Bergtouren, galt zu dieser Zeit bereits als ein Zeichen politischen Aufbegehrens. Goio selbst organisierte Vorträge über den Marxismus und die nationale Frage. Später schlossen sich außer ihm noch zwei weitere Mitglieder seiner Cuadrilla der ETA an, außerdem leistete der eine oder andere Angehörige der Gruppe der Geheimorganisation gelegentlich Hilfsdienste oder setzte sich sonstwie mehr oder weniger intensiv für sie ein.

Bevor Goio in die ETA eintrat, zog er andere Alternativen für sein künftiges Leben in Betracht. Vor allem erwog er, das elterliche Geschäft fortzuführen, eine Idee, die er schließlich verwarf, obwohl ihn die Arbeit als solche ansprach: „Ich sah mich auf Lebenszeit begraben ...", erklärt er und fügt hinzu, er hätte sich auf diese Weise außerstande gesehen, „etwas für das Baskenland zu tun". Statt dessen nahm er ein großzügiges väterliches Angebot an, schon mit 15 Jahren nach San Sebastián zu gehen, um dort an den Werktagen ein kaufmännisches Studium zu betreiben und nur am Wochenende sowie an den Feiertagen nach Hause zurückzukehren. Obwohl er, um das Vertrauen des Vaters nicht zu enttäuschen, die Kurse ordnungsgemäß absolvierte, widmete er sich während dieser Studienzeit weniger den Büchern als den politischen Aktivitäten, die ihn in ihren Bann zogen.

Daneben überlegte er mit 15 Jahren auch, ob er Priester werden sollte, was in einer Gesellschaft wie der baskischen, in der die katholische Kirche einen sehr wichtigen Platz einnimmt, nichts Ungewöhnliches ist. Als Grund für die Absicht, in ein

Priesterseminar einzutreten, gibt Goio außer einer großen Hingabebereitschaft und dem Wunsch Missionar zu werden, vor allem an: „... ich wußte, daß das Priesterseminar zu jenem Zeitpunkt das Zentrum sämtlicher politischer Aktivitäten im Baskenland war. Dasselbe galt für die Kultur. Von dort kamen die Bücher, dort wurde diskutiert, dort konnte man reden. Außerhalb war irgendwie die Wüste. Plätze um pelota vasca zu spielen, und noch dazu Kameraden zum Reden und Diskutieren, und Bücher, die man lesen konnte. ... Das war wie ein Kloster. Ein besseres Leben als dieses gibt es nicht. Also sagte ich mir: da gehst Du hin." Einmal ging Goio bis zur Pforte des Priesterseminars; dort angekommen begann er nachzudenken und kam zu dem Schluß, daß er im Begriffe war, eine Dummheit zu begehen. Darauf kehrte er um und kam niemals mehr zurück.

Nach dem Sommer 1967 beauftragte ein Kontaktmann der damals noch in ihren Anfängen begriffenen ETA Goio damit, Flugblätter auszuteilen. Mit diesem Auftrag endete die Phase der bloßen Annäherung an die Geheimorganisation, seine Annahme kam dem formellen Eintritt in diese gleich. Bei der Erinnerung an jene Zeit meint Goio, „ich hielt mich bereits für eine wichtige Person". Er unterstreicht den Gegensatz zwischen dem Aufnahmeakt von damals und dem heute üblichen, der darin besteht, daß man dem neuen Mitglied eine Pistole überreicht. Der Unterschied erklärt sich nicht nur aus dem Mangel an Feuerwaffen, die der Organisation anfangs zur Verfügung standen, sondern wirft auch ein Licht auf die Möglichkeiten und Bedingungen politischer Agitation gegen Ende der 60er Jahre. Zu jenem Zeitpunkt erschöpften sich die Aktivitäten der baskischen Opposition gegen den Franquismus im wesentlichen darin, illegalerweise zum Treffen am Nationalfeiertag (Aberri Eguna), zur Feier des Ersten Mai oder eines anderen historischen Ereignisses aufzurufen. Die häufigen Zusammenstöße zwischen Demonstranten und Sicherheitskräften, zu denen die Begehung solch symbolträchtiger, von der Regierung mit einem umfassenden Verbot belegter Festanlässe führte, lösten monatelange Folgediskussionen bei jenen Bevölkerungsgruppen aus, die das Fehlen von Freiheitsrechten und das repressive Verhalten des Regimes als besonders unerträglich empfanden.

Während seiner langjährigen Zugehörigkeit zur ETA übte Goio verschiedene Funktionen aus. Von seinem Eintritt bis zu Beginn der 70er Jahre war er einfaches Mitglied, die als solches von ihm auszuführenden Tätigkeiten waren mit einem scheinbar normalen bürgerlichen Leben ohne weiteres vereinbar. Er befand sich in ständigem Kontakt mit einem Verantwortlichen der Untergrundorganisation, die in jenen Jahren erst aus sehr wenigen militanten Aktivisten bestand und zudem mit schweren inneren Problemen zu kämpfen hatte, die zu mehreren Spaltungen führten. Eine dieser Spaltungen ging von einem sehr kleinen, später als „Fünfte Versammlung der ETA" (Quinta Assamblea de ETA) bekannt gewordenen Flügel aus, den eine besondere Bereitschaft zur Gewaltanwendung kennzeichnete. Goio fühlte sich sowohl durch den pragmatischen Kurs als auch durch das Aktionsprogramm dieser Gruppe angezogen, die aus nicht mehr als 10 Aktivisten und Helfern bestand.

Bevor er sich ihr anschloß, leistete er jedoch den obligatorischen Wehrdienst ab, den er ohne traumatische Erfahrungen hinter sich brachte. Da seine Vorgesetzten glaubten, er ermangele der notwendigen militärischen Eigenschaften, beauftragten sie ihn als Gefreiten mit der Aufsicht über die Maultierställe. Nach dem Wehrdienst ließ er sich aus beruflichen Gründen in einem wichtigen städtischen Zentrum, nicht weit von seinem Heimatort, nieder. Zugleich wirkte er am Aufbau der besagten ETA-Gruppe mit: Aufbau der Infrastruktur, Propaganda, Anwerbung neuer Mitglieder. Diese Tätigkeiten nahmen immer mehr von seiner Zeit in Anspruch, so daß er nur wenig Gelegenheit hatte, Freundschaften zu pflegen oder affektive Bindungen zu knüpfen. Trotz seines intensiven Einsatzes für die Geheimorganisation erweckte er bei den Sicherheitskräften lange Zeit keinerlei Verdacht.

Erst anläßlich der Entführung eines Industriellen aus Navarra durch die Untergrundorganisation im Jahre 1972 wurde die Polizei auf Goio aufmerksam. Indes konnte er dank eines Fehlers, der der Polizei bei ihren Nachforschungen unterlief, einer Verhaftung zuvorkommen. Er floh und brachte sich auf baskischem Territorium in Frankreich in Sicherheit. Nachdem er nun polizeilich erfaßt war, mußte er seinen bisherigen Lebensstil ändern und in den Untergrund gehen. Er erhielt seine erste Pistole und brachte die nächsten zwei Jahre abwechselnd auf spanisch-baskischem Boden (jeweils drei bis vier Monate) und jenseits der französischen Grenze (jeweils zwei bis drei Wochen) zu. Er übte in dieser Zeit vielerlei Funktionen aus, von mehr koordinierenden Tätigkeiten bis hin zur direkten Teilnahme an bewaffneten Aktionen. Bald wurde er Mitglied des Exekutivkomitees, des Führungsorgans der Organisation, das aus vier besonders bewährten und bekannten Kämpfern bestand. Gleichzeitig führte er gelegentlich Überfälle und Sprengstoffattentate durch, obwohl dies nicht zu seinem engeren Aufgabenbereich gehörte.

Bei der Erinnerung an jene Zeit nimmt Goio eine eher kritische Haltung ein. Er äußert sich z.B. so: „Eines der Probleme, die mir immer gefährlich erschienen, war, daß ich mit 23 Jahren schon dem Exekutivstab der ETA angehörte, denn in dem Alter bist du noch ein Junge, auch wenn du meinst, daß du schon viel weißt. Es fehlt dir eine Menge Lebenserfahrung. Wir hatten keinerlei Erfahrung. Das war bei all unserem guten Willen einfach zu wenig." Goio suchte für sich persönlich dieses Defizit durch eine unersättliche Wissensgier auszugleichen, ein Zug, der ihm, wie er behauptet, angeboren sei: „Ich will mich damit nicht loben, aber das war keine geläufige Einstellung in der ETA ... Heute noch weniger." Seine Aktivität als Mitglied und Führer der ETA beurteilt er zusammenfassend wie folgt: „Ich wurde auf allen Ebenen eingesetzt; war weder der beste noch der schlechteste Aktivist; in politischer Hinsicht weder der Dümmste noch der Gescheiteste; weder der beste noch der schlechteste Organisator."

Was seine direkte Teilnahme an Gewaltanschlägen betrifft, so erklärt er sie mit dem Bestreben, der Langeweile der ermüdenden Routinefunktionen zu entrinnen, die ihm übertragen waren. Allerdings hat es nach seinen Worten den Anschein, als hätten ihn auch die begrenzten Personalressourcen der Gruppe zu solch unmittelbarem Engagement gezwungen. So erinnert er sich, daß die Organisation nach dem erfolgreichen Attentat auf L. Carrero Blanco (1973), den damaligen Regierungspräsidenten und Vertrauten Francos, praktisch von der Polizei zerschlagen wurde und kaum einer den Mut hatte, sie innerhalb Spaniens wieder aufzubauen.[4] Deshalb hing das wenige, das von der ETA übriggeblieben war, großenteils von Goios Person und der unermüdlichen Tätigkeit ab, die er bis zu seiner Festnahme entfaltete. Hinsichtlich seiner Gefährten im Exekutivkomitee erzählt er, der eine sei beim vorzeitigen Explodieren einer Bombe umgekommen, ein zweiter sei krank geworden, während ein dritter, der, wie er nicht ohne Ironie feststellt, heute ein berühmtes Mitglied der radikal-nationalistischen Parteienkoalition Herri Batasuna ist, aus Furcht aufgab. Goio schreibt es nicht zuletzt seinen Bemühungen um die Anwerbung neuer Mitglieder zu, daß die Gegend von Goierri sich damals in die wichtigste Rekrutierungszone für die Organisation verwandelte.

Als sich die Organisation im Herbst 1974 trotz ihrer prekären Situation zum x-ten Male spaltete, reihte sich Goio auf der Seite der Mehrheitsfraktion ein. Diese trat für die Verbindung politischer Initiativen mit punktuellen Gewaltakten ein, weshalb sie politisch-militärische ETA (ETA político-militar, ETA pm) genannt wurde, während der Minderheitsflügel, der sich für das Verbleiben im Untergrund und die Gewalt als ausschließliches Durchsetzungsmittel entschied, als militärische ETA (ETA militar, ETA m) bekannt wurde. Während bis 1977 der größte Teil der Gewaltanschläge auf die ETA pm zurückging, wurde sie danach in dieser Hinsicht von der ETA m überflügelt. Diese erlangte mehr und mehr militärisches Gewicht und erhielt zunehmend die Unterstützung der Bevölkerung, bis sich die ETA pm praktisch auflöste. Die Entwicklung der „Polimilis" überdenkend, bezeichnet sie Goio heute als „Intellektuelle wie aus dem Film" und „zu theoretisch", wenngleich er abschwächend bemerkt, vielleicht wäre es damals gerade notwendig gewesen, eine gute Theorie zu entwickeln.

Seine Erfahrung im Untergrund betreffend spricht Goio von einem „bequemen Exil", was er folgendermaßen erläutert: „Der baskische Untergrundkämpfer war im allgemeinen nicht sehr aufopferungsbereit. Jetzt ist er dies schon eher, früher aber nicht. Wir hatten ein bequemes, leichtes Leben, weil wir im nördlichen (d. h. französischen, P. W.) Baskenland waren; laufend Vergnügungen, Bars, Umtrunk ... Hinzu kam etwas, das noch wichtiger war als all das: jeder fühlte sich nämlich als ein kleiner König, alle waren kleine Könige vor ihrer Familie, ihren Freunden ...; das war die Solidarität. Die Leute glaubten es schließlich selbst." Wer in der Geheimorganisation kämpfte, wurde damit zu einem bevorzugten Gegenstand der Aufmerksamkeit seiner Freundesgruppe und seines Heimatortes; er erhielt häufige, mit einer gewissen Bewunderung für ihn verbundene Besuche in seinem Refugium in „Iparralde" – wie das französische Baskenland auch genannt wird –, und seine bei dieser Gelegenheit geäußerten Meinungen verbreiteten sich rasch in seinem Heimatort: „Plötzlich hast Du einen Zuhörerkreis, der deine wirkliche Bedeutung weit übersteigt." Ohne die Zugehörigkeit zur ETA wären das Prestige, das manchen Kameraden und ihren Worten zugestanden wurde, sicher geringer gewesen. Für seine Person hält Goio fest, daß er den beschriebenen Verhaltensmustern argwöhnisch gegenüberstand und sie zu vermeiden trachtete.

Nach Goio half die Genugtuung über die Beweise allgemeiner Zuneigung, die sie erfuhren, den ETA Aktivisten, die mit ihrer riskanten Lebensweise zwangsläufig verbundene Furcht zu überwinden. Dabei räumt er ein, daß die Gefahr der Festnahme heute, verglichen mit damals, ungleich größer ist, da nicht nur die spanischen und baskischen Sicherheitskräfte viel effektiver arbeiten, sondern auch die französische Polizei die Anwesenheit von Etarras auf ihrem Territorium nicht mehr duldet. Goio meint, das Kämpferdasein in revolutionären Gruppen des Linksextremismus, die ohne Volksunterstützung operieren, sei viel härter als damals in der ETA, da die Isolierung seelisch schwer zu verkraften sei.

In dieser Hinsicht sieht er eine gewisse Ähnlichkeit zwischen der ETA und der IRA, zu der, wie er zugibt, ziemlich enge

Beziehungen bestanden. Er beschränkt die Ähnlichkeit jedoch darauf, indem er in aller Offenheit feststellt: „Die von der IRA sind eine Bande brutaler Kerle, die es mit der Hostie haben." Er erinnert sich beispielsweise daran, daß er einmal eine Woche lang mit einem Mitglied der nordirischen Kampforganisation das Zimmer geteilt habe; eines Tages sei dieser Ire früh aufgestanden und zur 8-Uhr-Messe geeilt, weil er eine Stunde später jemanden umbringen mußte (den er dann, nebenbei, mit jemand anderem verwechselte und so den Falschen tötete). Desgleichen kommt ihm ein anderer IRA-Angehöriger in den Sinn, der sich für jeden, den er umbrachte, ein Zeichen auf den Arm tätowierte.

Nach der Strategie befragt, die dem Handeln seiner Organisation zugrundelag, erwähnt Goio die uruguayischen Tupamaros, fügt aber sogleich etwas für die Gewaltkonzeption der „Polimilis" Typisches hinzu: „Wir wollten einen revolutionären Prozeß auslösen, der, wie einige sagten, mit einer Volkserhebung verbunden sein sollte. Mir gefiel das nicht, denn ich habe nie an einen Volksaufstand geglaubt. Ich glaubte mehr an den bewaffneten Kampf, der es gestattete etwas herauszuholen, der, sagen wir, konkrete Früchte, in der einen oder anderen Form, trug."

Dabei warf die Gewaltanwendung für Goio gelegentlich durchaus moralische Probleme auf: „Du überdenkst manches, stellst es in Frage; aber schön, dann denkst Du, Du mußt es tun, weil man es tun muß, weil die Ideologie und eine Vielzahl anderer Dinge es erfordern, und dann tust Du es." Er erinnert sich noch gut an den „inneren Schwindel", der ihn erfaßte, als er, kaum einundzwanzig Jahre alt, aber kräftig und bewaffnet, eine Achtzigjährige, die sich weigerte eine Villa zu verlassen, die sie in Brand setzen sollten, gewaltsam aus ihrem Stuhl riß und fortschleppte. Die Sache war umso peinlicher, als Goio und der Etarra, der ihn begleitete, die falsche Villa anzündeten und sich zudem herausstellte, daß die Alte gelähmt war. Nach Goios Erfahrung tauchen moralische Probleme bei der Gewaltanwendung stets dann auf, wenn man Personen verletzen muß, vor allem wenn man sie unmittelbar vor sich hat. Trotzdem hält er alles aufgrund der Eigenlogik der Gewalt für gerechtfertigt: „Wenn Du den bewaffneten Kampf als eine Notwendigkeit ansiehst, dann sind all diese menschlich-persönlichen Situationen, die aus dem einen oder anderen Grund eintreten können, Begleitkosten, wie sie jede Tätigkeit mit sich bringt."

Gleichzeitig distanziert er sich jedoch von der heutigen Vorgehensweise der ETA militar, deren Mitglieder ihre kämpferische Laufbahn damit begännen, daß sie mit 18 oder 20 Jahren, ohne politische Vorerfahrung, hingehen und jemanden erschießen: „Man muß bedenken, daß Du zu unserer Zeit bereits viele Jahre der Mitgliedschaft in der Organisation und aktiver Militanz hinter Dir haben mußtest, bevor Du den Auftrag erhieltst, jemanden zu töten." Goio versichert, zur Gewaltanwendung sei langjährige Erfahrung erforderlich; um das Motorrad eines Dorfpolizisten ins Meer zu werfen, habe man Anfang der 60er Jahre mehr Mut gebraucht, als wenn man heute am Wachlokal der Gendarmerie (guardia civil) eine Bombe anbringt, die viele Zivilpersonen, auch Kinder, töten wird; „da wird einfach weitergemacht, ohne nachzudenken."

Goios Festnahme erfolgte im April 1975. Ihr ging eine wilde Schießerei voraus, bei der sein ETA-Gefährte getötet wurde, während er selbst mit schweren Verletzungen davonkam. Im Zusammenhang mit seiner Gefangennahme wurde von der Diktatur, deren Tage bereits gezählt waren, der Ausnahmezustand erklärt, um weitere Verhaftungen zu erleichtern und Protestdemonstrationen zuvorzukommen. Dadurch wurde das Gebot der richterlichen Nachprüfung von Festnahmen außer Kraft gesetzt, so daß er wochenlang auf verschiedenen Polizeistationen festgehalten wurde. Man unterzog ihn harten Befragungen, bei denen es ihm, wie er glaubt, gelang, die Polizisten gezielt irrezuführen, indem er viel redete ohne etwas Wichtiges preiszugeben. Er wurde mißhandelt, aber, wie er selbst sagt, nicht gefoltert: „Ich erhielt Schläge, das ist nicht dasselbe wie foltern." Später kommt er im Gespräch nochmals auf denselben Punkt zurück: „An mir ließen sie nicht ihre Wut aus. Eine Sache ist, daß sie dich schlagen, und eine ganz andere, wenn sie deinen Kopf nehmen und ins Wasser tauchen; das ist Folter."

Man klagte Goio wegen zahlreicher Delikte an, darunter wegen Anstiftung und Durchführung von bewaffneten Anschlägen, die Todesopfer sowohl unter den Sicherheitskräften als auch unter zufällig anwesenden Zivilisten gefordert hatten. Nach den damals geltenden Gesetzen hätten ihn wegen der gegen ihn erhobenen Beschuldigungen mehrere Todesurteile erwartet. Auch ein Militärrichter, der mit der Voruntersuchung zu einem Goio zur Last gelegten Polizistenmord befaßt war, prophezeite ihm die Todesstrafe. Goio erinnert sich, wie ihn angesichts der Möglichkeit, so jung hingerichtet zu werden, einige Augenblicke lang der Kummer überwältigte. Dann aber überwand er dank der Hilfe eines Zellengenossen, der wegen angeblicher Zusammenarbeit mit der ETA ebenfalls vor dem Untersuchungsrichter stand, rasch diese Gefühle und beide schmiedeten Pläne, wie man bei der Gerichtsverhandlung „Krach schlagen könnte".

Von seiner Familie erbat sich Goio eine Jacke, die aussehen sollte wie eine Uniformjacke des Militärs. Seine Mutter händigte ihm schließlich ein entsprechendes Kleidungsstück aus und forderte ihn auf baskisch auf, zu sterben wie ein baskischer Soldat. Bei der Erinnerung an diese Szene versäumt Goio nicht, auf das Paradoxe der Situation hinzuweisen: „... wo doch mein militärischer Geist so wenig ausgeprägt ist". Auf jeden Fall ist er sich dessen bewußt, mit seinem Überleben Glück gehabt zu haben: „Ich habe immer geglaubt, daß ich einen guten Stern habe." Sein Verfahren wurde durch zwei Umstände aufgehalten. Zum einen ließ es das nationale und internationale Echo auf die Erschießung von zwei ETA-Mitgliedern und drei Linksextremisten im September 1975 der Regierung nicht ratsam erscheinen, die Todesstrafe noch einmal zu verhängen: „Sie wagten nicht, mit dem Töten fortzufahren." Zum anderen starb am 20. November des gleichen Jahres der bereits betagte General Franco, die Verkörperung der fast vier Jahrzehnte während Diktatur.

Goio blieb ungefähr zweieinhalb Jahre lang eingesperrt, fast die Hälfte dieser Zeit in Martutene, einem Gefängnis in der Provinz Vizcaya, den Rest in einer Anstalt in Burgos. Diese

Erfahrung beschreibt er mit folgenden Worten: „... ohne Probleme, viel Pelota und Fußballspiele, viele Hungerstreiks und auch viele Strafzellen. Was mich betrifft, so habe ich das Gefängnis in guter Erinnerung." Er gibt zu, daß es anderen unter vergleichbaren Umständen sehr schlecht ging und erklärt sich seine eigene Erfahrung mit seinem Charakter: „Na schön, mir geht es eigentlich nirgendwo schlecht, und so verbrachte ich auch im Gefängnis eine gute Zeit." Dazu trug, nach einer Phase anfänglicher Furcht und nervöser Spannungen, schließlich auch die Gewißheit bei, nicht hingerichtet zu werden.

Die Zeit der Haft vertrieb man sich mit mehr oder weniger spielerischen Zerstreuungen und mit Aktivitäten ideologischer Natur. Zu den geläufigsten Zerstreuungen gehörten Sport und kulinarische Veranstaltungen[5] und die Lektüre von Büchern. Die ideologische Überzeugungsarbeit stärkte den Zusammenhalt zwischen den in der gleichen Strafanstalt einsitzenden ETA-Mitgliedern; außerdem diente sie der Schulung von Häftlingen, die nach kurzem Aufenthalt in der Anstalt wieder in die Freiheit entlassen wurden. In Martutene gab es zwei bis drei Dutzend Langzeithäftlinge der ETA, für die Goio eine Art Führer war, während sich die restlichen fast hundert Gefangenen nur jeweils einige Wochen oder Monate lang in der Anstalt aufhielten: „Sie wurden eingeliefert, wir indoktrinierten sie gründlich, dann raus mit ihnen, auf die Straße."

All dies war nur möglich, weil Goio und seine Kameraden die Möglichkeiten einer meist relativ lockeren Gefängnisdisziplin voll ausschöpften. Zugleich fühlten sie sich durch Erwartungen beflügelt, die das Ende der Diktatur auslöste: „Wir hatten Glück, denn wir saßen zu einem Zeitpunkt ein, als klar war, daß die Dinge sich ändern würden." Vor allem aber erlebten sie die Solidarität von seiten der baskischen Gesellschaft als Ermutigung: „... Du spürtest die soziale Wertschätzung Deines Volkes. Das ist sehr wichtig. Für mich ist es der Schlüsselfaktor. Das heißt, der Gefangene kann seine Moral aufrechterhalten oder nicht, je nachdem wie er seine Situation in Bezug auf die Gesellschaft einschätzt, die er theoretisch vertritt und verteidigt." Über die Massenmedien oder durch direkte Kontakte mit

Familienangehörigen und Rechtsanwälten erfuhren die gefangenen Etarras von den großen Protestdemonstrationen, mit denen in den ersten Jahren des Übergangs zur Demokratie im Baskenland eine Generalamnestie und mehr Selbstbestimmung gefordert wurden. Andere Solidaritätsbekundungen kamen von der Cuadrilla, der die Eingesperrten angehörten, und von den zahlreichen gastronomischen Gesellschaften, die kontinuierlich und reichlich Speisen und andere Dinge des täglichen Bedarfs zur Verfügung stellten.

Eine Erfahrung aus jener Zeit wirft ein bezeichnendes Licht auf die Einstellung der meisten ETA-Mitglieder. Als Goio in das Gefängnis eingeliefert wurde, gab es zwei Gruppen baskischer Gefangener: Auf der einen Seite die sogenannten Patrioten (abertzales), zu denen alle zählten, die mit der ETA verbunden waren. Und auf der anderen Seite die Gruppe der abwertend als spanienfreundlich (españolistas) Bezeichneten; sie bestand aus Anhängern der extremen Linken, deren Parteiorganisationen auf dem ganzen spanischen Territorium operierten und die sich zu jenem Zeitpunkt keineswegs mit den Forderungen des radikalen baskischen Nationalismus identifizierten. Die Abertzales sprachen nicht mit den Españolistas, sie verachteten sie sogar, erinnert sich Goio, der auch auf unterschiedliche Charakterzüge der Angehörigen beider Gruppen hinweist. Der zur extremen Linken gehörige, nicht nationalistisch gesinnte Gefangene habe stärkere intellektuelle Neigungen und einen ausgeprägteren Wissensdrang gehabt als der typische Etarra, der „mehr trank, aber auch mehr Fußball spielte". Tatsächlich brüsteten sich die Abertzales, den Españolistas bei Fußball- oder Pelota-Spielen überlegen zu sein.

1977 wurde Goio aus dem Gefängnis entlassen. Die Entlassung erfolgte aufgrund einer Regierungsvereinbarung, die zugleich festlegte, daß er, gemeinsam mit anderen führenden ETA-Mitgliedern, die in verschiedenen spanischen Gefängnissen einsaßen, nach Dänemark verbannt werden sollte. Obwohl er gern einige Zeit in dem skandinavischen Land verbracht hätte, um Englisch zu lernen, ließ sich Goio von seinen Kameraden überzeugen, daß aufgrund der außergewöhnlichen Situation des

Baskenlandes seine Präsenz dort erforderlich sei. Zusammen mit anderen Verbannten kehrte er alsbald nach Euskadi zurück. Dort wurde ihnen in vielen Dörfern ein großartiger Empfang bereitet; sie traten überall öffentlich auf, obwohl ihre Anwesenheit auf baskischem Boden klar gegen das Verbannungsurteil verstieß.

Sieht man von den inneren Zwistigkeiten der ETA ab, so befand sie sich damals auf dem Höhepunkt ihres Ruhmes. Ihr triumphales Gehabe heizte die politischen Erwartungen an, und einem Großteil der baskischen Jugend galt sie als Vorbild. In ihrer Ungeduld vollzog sich für viele Basken, auch für Goio, der Übergang zur Demokratie allzu langsam. Dies erklärt, warum sich die nationalistischen Positionen gegen Ende der 70er Jahre verhärteten und die ETA großen Zulauf erfuhr.

Etwa acht Monate lang organisierte Goio Demonstrationen und sammelte Geld für die Geheimorganisation ETA pm, mit der er weiter eng zusammenarbeitete. Gleichzeitig nützte er die neuen politischen Freiräume, um an der Gründung einer neuen, den „Polimilis" nahestehenden linken nationalistischen Partei mitzuwirken, aus der schließlich die Euskadiko Eskerra hervorging. Ende 1978 wollte er eine längere Zeit bei der IRA in Nordirland verbringen, um endlich Englisch zu lernen. Doch als er nach dem Überschreiten der französischen Grenze die Führer der „Polimilis" von seinem Vorhaben informierte, redeten ihm es diese mit der Begründung aus, sie seien in einem konkreten Fall auf sein Verhandlungsgeschick angewiesen. So kehrte er erneut in den Untergrund zurück. Er gehörte wieder dem Exekutivkomitee an und wurde mit der Leitung des bewaffneten Flügels betraut.

Bald danach geriet die ETA pm in eine definitive Krise. Die Polimilis hielten es, wie Goio berichtet, für besonders klug, Mitglieder der Vereinigung des Demokratischen Zentrums (Unión de Centro Democrático, UCD) anzugreifen, eine heute nicht mehr existierende Partei, die von 1977 bis 1982 an der Regierung war. Innerhalb der ETA pm dachte man : „Wenn wir auf die von der UCD einschlagen, könnte es für uns gut laufen." Man verübte dementsprechend viele Anschläge gegen Angehörige und lokale

Verantwortungsträger jener Partei. Aber diese Aktionen hatten nicht die erhoffte positive Wirkung.

Goio äußert sich dazu folgendermaßen: „Tatsächlich bin ich davon überzeugt, daß der Stein der Weisen des bewaffneten Kampfes darin besteht, die Politiker anzugreifen, nicht die Guardia Civil (...) Wir hatten den Mut, uns mit der UCD anzulegen, aber wir hielten zu tief und trafen das Baskenland, während wir auf Madrid hätten zielen müssen. Aber wir zielten eben auf das Baskenland. Darauf begannen dort die Proteste. Erstmals gab es im Baskenland Demonstrationen von drei- oder viertausend Personen gegen uns, d.h. zugunsten der von uns Getöteten." Das war für ihn ein Zeichen, daß der bewaffnete Kampf, politisch gesehen, am Ende war: „Die baskische Gesellschaft war nicht mehr die gleiche wie vorher." Sogar die Führer von Euskadiko Eskerra, der legalen Partei, die der Untergrundorganisation nahe stand, verwarnten diese wegen ihrer Anschläge: „Das war für mich ein Schock. D.h. wenn jene, die Dich auf der politischen Ebene verteidigen, nicht mehr mit Dir einig sind, was fängst Du dann an?"

Einer der Hauptgründe für Goio, die Gewalt aufzugeben, war auch das veränderte Verhalten seiner Freundin, die die Geheimorganisation stets unterstützt hatte. Wenngleich sie sich noch gelegentlich sahen und jede Woche miteinander telephonierten, schloß er doch aus ihren Reaktionen, daß es einen gewissen Bruch in ihrer Beziehung gab und die bewaffneten Anschläge von ihr nicht mehr nur positiv gesehen wurden. Darauf sagte er sich: „Hier geht etwas vor; das ist nicht mehr wie früher."

In dieser Situation kam es zu einem Treffen der hauptverantwortlichen Aktivisten, bei dem Goio es erstmals wagte, die Frage einer möglichen Auflösung der ETA pm aufzuwerfen. Der Vorschlag rief heftige Reaktionen hervor, und Goio wurde nur aufgrund seines Ansehens und Einflusses nicht aus der Organisation ausgestoßen. Immerhin wurde ein zeitlich begrenzter „Waffenstillstand" beschlossen. Zu diesem Zeitpunkt war bereits das Autonomiestatut für das Baskenland in Kraft getreten und dieses besaß ab 1980 ein eigenes Parlament und eine

eigene Regierung. Kurz darauf, noch während des „Waffenstill-
stands", fand der Staatsstreichversuch vom 23. 2. 1981 statt.[6]

Goio war je weiter die Zeit fortschritt, desto mehr davon
überzeugt, daß der bewaffnete Kampf nur noch den Sinn haben
konnte, angesichts der Auflösung der Gruppe das Gesicht zu
wahren. Deshalb stellte er bei einem erneuten Treffen seine
Gefährten vor die einzigen Alternativen, die er noch sah: sich
entweder „politisch von Euskadiko Eskerra zu trennen und
reinen Terrorismus zu praktizieren" oder „den Laden zuzuma-
chen". Mit anderen Worten: „entweder weiter töten und selbst
dabei umkommen oder nach Hause gehen". Wenngleich er mit
seinem Vorschlag zunächst allein stand, schlossen sich ihm
dann andere einflußreiche Organisationsmitglieder an, darunter
auch die Mehrheit der Angehörigen des Exekutivkomitees, die
sich nicht in blindem Terrorismus festfahren wollten, wie sie
dies bei der IRA feststellen zu können glaubten. Nach Goios
Schätzungen entschloß sich eine kritische Masse von etwa einem Viertel der Aktivisten, darunter jene, deren Stimme am
meisten Gewicht hatte, den Kampf aufzugeben; diese zogen
praktisch den Rest der Gruppe nach sich: „25 Prozent von uns
sagten, gehen wir nach Hause, und schließlich waren es 85 Prozent, die nach Hause gegangen sind."

Dies sei nicht zuletzt dank der zwar schwierigen, jedoch erfolgreichen Verhandlungen möglich gewesen, die zwischen dem
damaligen spanischen Innenminister und zwei wichtigen Führern von Euskadiko Eskerra stattfanden. Sie führten 1982 zu
einer Reihe von Reintegrationsmaßnahmen, die im Gegenzug
zum Verzicht auf Gewaltanwendung den einzelnen Mitgliedern
von ETA pm, je nach ihrer spezifischen Situation, die Rückkehr
in die Legalität erleichterten. Überhaupt hätten die Leute von
Euskadiko Eskerra maßgeblich dazu beigetragen, einen Ausweg
aus der schwierigen Situation zu finden. Goio erinnert sich, was
er einem der beiden Verhandlungsführer gesagt hatte, damit er
es an den Innenminister weitergebe: „Wir werden den bewaffneten Kampf aufgeben. Die einzige Bedingung ist, daß man uns
in Frieden und ohne Probleme nachhause zurückkehren läßt.
Wenn wir das nicht können, dann machen wir eben weiter ohne

ein politisches Ziel, wir werden Ärger machen nur um des Ärgers willen. Und wenn Du Ärger nur um des Ärgers willen machst, machst Du viel mehr Ärger, als wenn Du damit ein politisches Ziel verfolgst."

Nach einiger Zeit, gegen Mitte 1984, konnte Goio legal in das spanische Baskenland zurückkehren. Nachdem er sich zunächst nach Madrid begeben hatte, um seine rechtliche Situation bei den zuständigen Instanzen zu regeln, nahm er zuerst einmal einen Urlaub. Dann erhielt er eine vorläufige Stelle in der Lokalverwaltung. Gegenwärtig arbeitet er fest angestellt bei einem Dienstleistungsunternehmen, was ihm Sicherheit und Befriedigung gibt: „Nun, da ich Arbeit habe und an jedem Monatsende Geld bekomme, scheint es mir, daß es mir kaum besser gehen könnte." Außerdem besucht er die Universität und ist weiter innerhalb der Partei Euskadiko Eskerra aktiv.

Als er zurückkehrte, um sich endgültig im Baskenland niederzulassen, war er zuerst sehr traurig darüber, daß er sich ein sehr verzerrtes Bild von der baskischen Gesellschaft gemacht hatte. Er unterstreicht, wie enttäuscht er darüber gewesen sei, daß in der baskischen Gesellschaft traditionelle Werte und Verhaltensweisen (z.B. in religiöser Hinsicht), die er schon überwunden glaubte, weiter vorherrschten. Seltsamerweise bereitet ihm auch die Beobachtung Kummer, daß „nichts in diesem Land mehr besucht wird als die Bars", die gewöhnlich bis zwei oder drei Uhr morgens voll seien. „Damit kann man keine Revolution machen", fügt er hinzu, „das ist unmöglich." Erst jetzt, mit 40 Jahren, so stellt er fest, lerne er die Gegenwartsgesellschaft wirklich kennen: „Das heißt, ich ging von der Annahme aus, die Menschen seien im Grunde gut, es gebe Großzügigkeit und Kameradschaft und das Wort zähle etwas, all dies. Und das stimmt nicht." Er hatte irgendwie geglaubt, Solidarität und gemeinsames Verantwortungsbewußtsein, Werte, die so viele Jahre das Leben innerhalb der Geheimorganisation bestimmt hatten, würden auch von der übrigen Gesellschaft geteilt. Im Untergrund, so meint er, „lebst Du in einer verzerrten Welt". Und auf einen weiteren Umstand weist er hin, der seine Anpassung an den neuen Lebensstil erschwere: „Ich bin nicht an ein Gehalt gewöhnt."

Was ihn nach seiner Rückkehr tief getroffen hat, war das Gefühl, Opfer eines „sektiererischen Denkens" zu sein, wie er es nennt. Nachdem er fast zwei Jahrzehnte lang aus seinem Dorf fort gewesen war, organisierte seine Cuadrilla ihm zu Ehren ein Essen. Aber mehrere ließen sich entschuldigen, andere grüßten ihn nicht und einige brachten sogar Flugblätter in Umlauf, die ihn des Verrats bezichtigten. Anfangs habe er diesen sektiererischen Zug nicht verstehen können: „Jetzt weiß ich, daß es ihn gibt, daß es sich um eine Einstellung handelt, eine äußerst normale gesellschaftliche Einstellung." Es schmerzt ihn, von einigen Personen, auch aus der eigenen Familie, abgelehnt zu werden, glaubt er doch, immer mit gutem Gewissen gehandelt zu haben.

Goio steht zu seiner Vergangenheit und betont, er habe die Gewalt nicht aufgegeben, weil er ihrer überdrüssig geworden sei, sondern aus rationalen politischen Überlegungen: „Mir gefiel der bewaffnete Kampf und es ging mir gut." Er und seine Waffengefährten betrachteten ihr Vorgehen als Ausdruck sozialen Verantwortungsgefühls gegenüber der baskischen Gesellschaft in ihrer Gesamtheit. Dadurch unterschieden sie sich seines Erachtens von den partikularistischen Zielen, die die ETA m gegenwärtig verfolgt. Insgesamt scheint er einen Gutteil der Wechselfälle seines Lebenslaufs der historischen Situation zuzuschreiben, in die er hineingeboren wurde und mit der er leben mußte, insbesondere der Tatsache, daß er seit Mitte der 60er Jahre an der antifranquistischen Oppositionsbewegung teilnahm und einer Generation angehörte, die er als „verloren oder halbverloren" bezeichnet: „... unbestimmt und unsicher, zu sensibel im Hinblick auf das eine und zu wenig sensibel im Hinblick auf anderes." Einer Generation, die er als weniger konformistisch als die vorausgehenden bezeichnet, aber von der er doch in der ersten Person Plural sagt: „Es hat uns unvorbereitet getroffen."

2. Javier – der verschwiegene Patriot

Javier Aranceta wurde im Juli 1944 im Dorf Elgueta in der Provinz Guipúzcoa geboren. Er war das zweite von neun Kindern. Diese Kinderzahl war bis vor kurzem in der Gegend nichts Außergewöhnliches. Mit fünf Brüdern und drei Schwestern wuchs Javier drei Kilometer vom Dorf entfernt auf einem Bauernhof – Caserío – auf. Der Vater besorgte den Hof und arbeitete daneben in einer kleinen Möbelfabrik in Elgueta sowie als Textilarbeiter im Nachbardorf Vergara. Bis zu seinem 18. Lebensjahr verbrachte Javier sein Leben auf dem Hof. In dieser Zeit arbeitete er bereits als Büchsenmacher in einer Fabrik in Elgueta. Die Schule hatte er mit 15 verlassen. Für den Militärdienst meldete er sich freiwillig. Das brachte Vorteile. Er kam zu den Fliegertruppen in die kastilische Stadt Valladolid, konnte aber 12 der 18 Monate Dienstzeit zuhause verbringen. Als 22-jähriger wechselte er durch Vermittlung seines Vaters in eine kleine Textilfabrik. Mit 27 wurde er Lastwagenfahrer für die Möbelgenossenschaft „Dormicoop" in Elgueta. Das Autofahren interessierte ihn. Javier machte sich daran, Fachliteratur zu studieren und wurde mit 30 Jahren Lehrer an einer Autofahrschule in Durango. Das war sein letzter Beruf. Am 4. April 1976 verhaftete ihn die Polizei an seinem Arbeitsplatz. Die Anklage lautete, er habe als Chauffeur an einem Überfall auf Guardia Civil-Polizisten teilgenommen. Am 23. Juni – nach 80 Tagen Haft im Gefängnis von Zaragoza – wurde Javier nach Zahlung einer Kaution von 50 000 Peseten – damals etwa 3000 DM – auf Bewährung freigelassen. Er kehrte nach Elgueta zurück, blieb aber nur eine Nacht zu Hause. Auf Anraten seines Rechtsanwaltes floh er über die Grenze ins südfranzösische Baskenland. Dort wohnte er die vier restlichen Jahre seines Lebens. Von Aktivitäten in dieser Zeit ist nichts bekannt, außer daß er für kurze Zeit in einer Eisenfabrik arbeitete.

In Elgueta nannten die Leute Javier „Trautxiki", das bedeutet „kleiner Trau". Trau ist der Name seines Onkels. Trautxiki war in seinem Dorf sehr beliebt, seine Familie geachtet. Sein Bruder Juan María, sein Schwager José Antonio, seine Mutter und viele

Einwohner bezeugen, daß Javier fröhlich und leutselig war. „Ein guter Kamerad, wir schätzten ihn", erklärte eine Arbeitskollegin in der Möbelgenossenschaft, „anständig und freundlich", hieß es in einer Bar, die er viel besuchte. Javier war stämmig und zupackend, einer der Stimmung machte, gerne etwas unternahm und bei Spielen um den Sieg kämpfte. Trautxiki war einer der Initiatoren beim Bau der Ikastola von Elgueta, der Privatschule, in der in baskischer Sprache (Euskera) unterrichtet wird. Er half bei der Finanzierung mit und organisierte Tombolas. Die baskische Sache lag ihm am Herzen. Seine andere Leidenschaft galt der Jagd und den Bergen. Daneben spielte er Pelota. Sein Bruder Juan María betreibt diesen Sport beruflich. In die Ferne zog es Trautxiki nicht. Die weiteste Reise führte ihn mit seinem Schwager nach Galicien. Das Ausland kannte er nicht. Bis zu seiner Festnahme mit 31 Jahren lebte er bei seinen Eltern. „Seinen Lohn gab er immer mir" , berichtete seine Mutter.

Javier las selten, ideologische Literatur schon gar nicht. Er gehörte keiner Partei an, sondern war einfach *abertzale*, Patriot. Zuhause wurde ausschließlich baskisch gesprochen. „Er war einfach entschlossener als wir" , sagt sein Bruder. Bei der Festnahme Javiers fand die Polizei keinerlei Hinweis darauf, daß er ein „legales" Mitglied der ETA militar war. Die Brüder und Eltern wußten ebenfalls nichts davon. Seine Verschwiegenheit war total. Sie vermuten, daß Trautxiki während des Militärdienstes durch einen anderen baskischen Soldaten für die ETA gewonnen wurde.

Während der Haft wurde Trautxiki von der Polizei gefoltert. Man riß ihm Barthaare aus, hängte ihn an den Armen auf, tauchte seinen Kopf bis kurz vor dem Ersticken in schmutziges Wasser und simulierte eine Erschießung. In den Verhören gestand Trautxiki, daß er im Wald bei Elgueta ein Waffenarsenal angelegt hatte.

Nach seiner Freilassung wurde er ein *liberado*, ein Untergetauchter. Er erhielt von den ETA-Leuten, die mit ihm lebten, einen neuen Beinamen: Lepomotz. Das bedeutet „Kurzhals". Seine Familie besuchte ihn jenseits der Grenze regelmäßig, alle ein bis zwei Monate. „Wir brachten ihm, was er brauchte, Hemden, Hosen, Konservenbüchsen, Zucker, Wein, Kartoffeln", erzählt seine Mutter. Sie versuchte, ihn zur Rückkehr nach Elgueta zu bewegen. Sein Kommentar: „Ich bleibe hier, was ich tue, tue ich für die Befreiung des Baskenlandes." Im Herbst 1979 wurde die Lage schwieriger. Die französische Regierung erneuerte die Aufenthaltsbewilligung nicht. Der Status des politischen Flüchtlings wurde für Basken abgeschafft. Einige ETA-Leute wurden in Südfrankreich von unbekannten Agenten erschossen. Lepomotz tauchte unter. Die Familie sah ihn zum letzten Mal Weihnachten 1979.

Am 24. 4. 1990 wurde Javier Aranceta, 35 Jahre alt, bei einem Überfall auf einen Polizisten erschossen.

III. Irland: Die Geschichte wiederholt sich

von Madelaine von Buttlar

Spannungen und Konflikte zwischen den zwei Konfessionsgruppen der Katholiken und Protestanten hat es immer gegeben, seit Irland zu Beginn des 17. Jahrhunderts von der britischen Krone unterworfen und als erste Kolonie dem entstehenden, von London aus regierten Weltreich einverleibt wurde. Vor allem während des 19. Jahrhunderts gerieten im relativ früh industrialisierten Belfast, wo Angehörige beider Konfessionsgruppen eng beieinander wohnten, Katholiken und Protestanten in fast erwartbarer Regelmäßigkeit aneinander und machten ihren gegenseitigen Ressentiments in blutigen Schlägereien Luft. Die gegenwärtige, seit Ende der 60er Jahre anhaltende Krisensituation in Nordirland geht allerdings primär auf politische Weichenstellungen und Entscheidungen zurück, die unmittelbar nach dem Ersten Weltkrieg liegen.

Damals erklärte sich die britische Regierung unter dem Eindruck der zunehmenden Stärke der irischen Befreiungsbewegung, die im blutig niedergeschlagenen Osteraufstand von 1916 einen militanten Ausdruck gefunden hatte, dazu bereit, den südlichen und mittleren Teil der Insel, die heutige Republik Irland, in eine, zunächst nur begrenzte, Unabhängigkeit zu entlassen. Der nördliche Teil, in dem die meisten Protestanten leben, blieb von dieser Regelung jedoch ausgeschlossen. Dem Druck der dort ins Leben gerufenen protestantischen Gegenbewegung nachgebend, die ankündigte, in keinem Fall eine Loslösung von Großbritannien widerstandslos hinzunehmen, entschloß sich die britische Regierung, dieser Region einen politischen Sonderstatus einzuräumen. So entstand das von den Protestanten dominierte Ulster, ein politisches Gebilde, das nach der Aussage eines bekannten Politikwissenschaftlers weder ein

Staat noch eine Nation war. Denn es zerfiel in zwei kulturell-religiös unterschiedliche Bevölkerungsteile, von denen der schwächere, die Katholiken, von jeder politischen und gesellschaftlichen Teilhabe ausgeschlossen war.[1]

Zunächst erwiesen sich die neu geschaffenen politischen Verhältnisse, einschließlich des „Ulster-Staates", als relativ stabil. Die Freischärler, die sich im Süden weigerten, die Waffen niederzulegen, bis die definitive Befreiung der Insel vom britischen Joch erreicht sei, wurden von den Sicherheitskräften des jungen irischen Freistaats rasch zerschlagen. Zugleich gelang es den Protestanten im Norden dank der in ihren Händen konzentrierten wirtschaftlichen und politischen Machtmittel, die katholische Minderheit von der Aussichtslosigkeit eines ernsthaften Aufbegehrens gegen ihre Vorherrschaft zu überzeugen. Der letzte Versuch der radikalen Rebellenorganisation IRA, den machtpolitischen Status quo gewaltsam in Frage zu stellen, die sog. Grenzkampagne (border-campaign) von 1956-62, scheiterte und mußte nicht zuletzt mangels Interesse von seiten der Katholiken eingestellt werden.

Doch die äußere Ruhe trog; hinter der Fassade einer scheinbaren Gewöhnung der beiden Konfessionsgruppen aneinander und einer gewissen Akzeptanz der bestehenden Machtverhältnisse durch die Katholiken waren die historisch gewachsenen unterschiedlichen Wertvorstellungen und die gegeneinander gerichteten Fremdstereotypen und Feindbilder praktisch unverändert geblieben. Dies kam paradoxerweise genau in jenem Augenblick zum Vorschein, als in den 60er Jahren ein liberaler, an einer raschen wirtschaftlichen Modernisierung Ulsters interessierter Premier (O'Neill) erstmals Anstalten traf, die Diskriminierung der Katholiken abzubauen und eine Versöhnung zwischen den zwei Bevölkerungsgruppen in die Wege zu leiten. Seine schüchternen Reformversuche brachten den Katholiken erst das volle Ausmaß der bisher erduldeten Benachteiligung zum Bewußtsein und weckten bei ihnen stürmische Forderungen auf Beseitigung sämtlicher Ungleichheitsschranken. Dagegen ließen sie auf seiten der Protestanten die uralte Angst wiederaufleben, im Zuge der Vereinigung Nord- und Südirlands von den Katholiken überrollt, majorisiert und „ins Meer getrieben zu werden". So endete der insbesondere von den Mittelschichtgruppen beider Konfessionen mit großen Hoffnungen begleitete Dialog zwischen Mehrheit und Minderheit in einer erneuten gewaltsamen Konfrontation, die bis heute andauert, wobei sich vor allem die jeweiligen Unterschichten in alter Unversöhnlichkeit gegenüberstehen.[2]

Dabei ist das Ziel der radikalen katholischen Gruppen dasselbe geblieben, für das schon die Rebellen in früheren Jahrhunderten gekämpft hatten. Es geht ihnen um die Freiheit und Unabhängigkeit Irlands: Ganz Irland den Iren! Darin sind sich die Mitglieder aller republikanischen paramilitärischen Organisationen und der jeweils dazugehörigen politischen Parteien einig: die Offizielle IRA (Official IRA, OIRA) und die Arbeiterpartei (Workers Party), die Ende 1969 durch Abspaltung von ihr entstandene Provisorische IRA (Provisional IRA, PIRA, heute allgemein als die IRA bezeichnet) mit der Sinn-Fein-Partei, und die ebenfalls durch Abspaltung (1974) aus der OIRA hervorgegangene kleine, extrem linke Irische Nationale Befreiungsarmee (National Liberation Army, INLA) mit der Irischrepublikanischen Sozialistischen Partei (Irish Republican Socialist Party, IRSP). Uneinigkeit besteht zwischen diesen radikalen Gruppierungen nur darüber, welches Gesellschaftssystem Irland nach der Vereinigung erhalten soll.[3]

Auf der Gegenseite waren und sind es bis heute in erster Linie die Ulster Freiwilligen Korps (Ulster Volunteer Force, UVF) und die Ulster Verteidigungs-Vereinigung (Ulster Defense Association, UDA), die die Rechte der protestantischen Bevölkerung verteidigen, indem sie die IRA bekämpfen und die Katholiken „in ihre Schranken" verweisen. Dahinter steht unverändert das politische Ziel, den Status quo in Nordirland aufrechtzuerhalten und unter keinen Umständen eine Vereinigung der beiden Teile der Insel zuzulassen. Denn das würde bedeuten, daß die Protestanten, die bislang innerhalb Ulsters in der Mehrheit waren, in die Position einer ethnischen und konfessionellen Minderheit geraten würden und, wie sie meinen, darüber hinaus einen unkalkulierbaren wirtschaftlichen und sozialen Abstieg hinnehmen müßten.[4]

Die Auseinandersetzungen in und um Nordirland haben großes Leid über beide Teile der Bevölkerung gebracht. Von 1969 bis 1991 starben etwa 3000 Menschen eines gewaltsamen Todes. Dem Polizeibericht von 1990 zufolge wurden im gleichen Zeitraum 1 388 755 Gewehrpatronen, 10 163 Waffen sowie 96,7 Tonnen Sprengstoff beschlagnahmt und 14 429 Menschen wegen terroristischer Aktivitäten belangt. Ein Ende der Gewalttätigkeiten ist vorläufig nicht abzusehen.

Die folgenden biographischen Skizzen beziehen sich auf drei Gewaltaktivisten, die unterschiedlichen, z. T. gegensätzlichen Lagern angehören:

Der Protestant *James Watt* hat auf die briefliche Anfrage, ob er bereit sei, seine Lebensgeschichte zu berichten, positiv reagiert. Er gehört zu jenen UVF-Mitgliedern, die in einem protestantischen Arbeiterwohnviertel von Belfast groß wurden, sich Anfang der 70er Jahre einer paramilitärischen Organisation anschlossen und heute wegen ein- oder mehrfachen Mordes eine lebenslängliche Gefängnisstrafe verbüßen. Der Lebenslauf beruht im wesentlichen auf schriftlichen Äußerungen und Informationen von James.

Jim Lane repräsentiert den radikalen irischen Republikaner, der aufgrund seiner sozialistischen, religiösen und antiamerikanischen Grundeinstellung nur geringe Chancen hatte, in der traditionellen IRA eine Karriere zu machen. Sein Weg führte fast konsequent in die linksextreme INLA. Die „Lebensgeschichte" von Jim entstand nach zwei persönlichen Gesprächen mit ihm im Sommer 1987 und im Sommer 1988.

Bei der Kurzbiographie von *Sean R.* handelt es sich um die fingierte Lebensgeschichte eines IRA-Mitglieds, die sich aus Lebensabschnitten bzw. -fragmenten von zwei oder drei tatsächlichen existierenden IRA-Volontären zusammensetzt. Die Geschichte wurde einer Nummer der liberalen, eher für die Sache der Katholiken einstehenden Zeitschrift *Fortnight* entnommen.[5]

1. James Watt – ein reuiger Protestant

Auf James W. wurde ich durch einen Zeitungsartikel des protestantischen Nordiren G. Beattie aufmerksam, in dem dieser seine Jugendzeit in Nordbelfast in den 60er Jahren, bis kurz vor Ausbruch des Nordirlandkonfliktes, schilderte.[6] Danach war Beattie mit mehreren Jungen seiner Nachbarschaft befreundet, die sich später fast alle in paramilitärischen protestantischen Organisationen engagierten. Drei von ihnen wurden ermordet, drei andere wegen Totschlags zu hohen Gefängnisstrafen verurteilt. Zu den letzteren zählt James W. Er war ein Bombenspezialist der UVF, dem mehrere Morde zur Last gelegt wurden. Seit 1977 verbüßt er eine (theoretisch) mehrfach lebenslange Haftstrafe im Maze-Gefängnis bei Lisburn. Nachdem er sich 1980 von der UVF lossagte, hat sich James inzwischen zu einem glühenden Verfechter eines fundamentalistischen presbyterianischen Protestantismus entwickelt.

Ein Brief an ihn mit der Bitte, die notwendigen Informationen für einen Lebenslauf zur Verfügung zu stellen, wird sofort positiv beantwortet. Zur Begründung heißt es: „Während ich ganz mit Ihnen einverstanden bin, daß es wichtig und notwendig ist, der Sache der Protestanten zu einer wirksameren und wahrheitsgemäßeren öffentlichen Darstellung zu verhelfen, ist doch mein wichtigstes Ziel bei der Mithilfe zu einem Artikel, vom Ruhm des Herrn Jesus Christ zu künden, wegen des Wandels, den er in meinem Leben herbeigeführt hat." Die folgende Lebensgeschichte beruht auf dem Briefwechsel, der im Anschluß an diese Erklärung zwischen James W. und mir zustande kam.

James W. wurde 1952 in Belfast geboren. Sein Vater war Facharbeiter. Er arbeitete als Gießer in einer Eisenhütte und diente acht Jahre lang in der britischen Armee. Die Mutter ist Hausfrau. James ist das jüngste von fünf Kindern, drei Mädchen und zwei Jungen.

Die Eltern sind inzwischen Mitte siebzig und haben, so James, ihr Rentnerdasein verdient. Die Schwestern sind alle verheiratet, eine lebt in Neuseeland, eine andere in unmittelbarer Nähe der Eltern. Der Bruder wohnt direkt bei den Eltern.

Die Familie hält zu James und unterstützt ihn. Er weiß dies sehr zu schätzen („Gott sei Dank habe ich eine so gute Familie") und bemüht sich nach allem, was geschehen ist, sie nicht noch zusätzlich zu belasten. Vermutlich ist dies auch der Grund, warum er sich auf keine längere Diskussion über die familiären Verhältnisse zur Zeit seiner Kindheit einlassen will, sondern eine diesbezügliche Frage bündig wie folgt beantwortet: „Ich wurde in einem sehr liebevollen Zuhause und dem, was man eine sehr enge Familiengemeinschaft nennen könnte, großgezogen, wo man uns lehrte, ehrlich zu sein und die Älteren sowie das Gesetz zu respektieren; von daher kann ich Ihnen versichern, daß kein häuslicher Einfluß auch nur im entferntesten in die Richtung jenes Weges wies, den ich später nehmen sollte."

Bereitwilliger und ausführlicher geht er auf die Bedeutung der Religion in der Familie ein. Sie spielte offenbar nur eine geringe Rolle. Die Familienmitglieder könnte man am treffendsten als nominelle Mitglieder der presbyterianischen Kirche kennzeichnen: Man bezahlte den wöchentlichen Kirchenbeitrag, ohne besonders religiös engagiert zu sein. Abgesehen von Sonderereignissen (Geburten, Todesfälle, Hochzeiten etc.) stattete der Pfarrer der Familie zweimal im Jahr einen Besuch ab. Die Eltern gingen nur gelegentlich in die Kirche, schickten jedoch, wie allgemein üblich, ihre Kinder sonntags zum Gottesdienst und anschließend in die Sonntagsschule. James kann sich nicht daran erinnern, daß während seiner Kindheit zuhause über die Konfessionszugehörigkeit irgendwelcher Leute diskutiert worden wäre. Ihn selbst interessierten religiöse Fragen überhaupt nicht und er war froh, daß er ab seinem 14. Lebensjahr nicht mehr den Gottesdienst und die Sonntagsschule besuchen mußte.

James wuchs in einem protestantischen Viertel in Nordwest-Belfast auf. Sein Elternhaus ist eines der üblichen, vom Staat gegen eine geringe Miete zur Verfügung gestellten kleinen Reihenhäuser aus rotem Stein, mit hübschem Vorgarten und einem größeren Hintergarten, wo sich u.a. ein Gehege mit vielen preisgekrönten Brieftauben des Vaters befindet. Rückblickend zeichnet James ein positives Bild von seiner Kindheit: „Als

Kind und Jugendlicher war ich, wie ich meine, ziemlich normal und glücklich. Es fehlte mir nicht an Freunden, und wir machten Unfug und verübten Streiche, wie dies damals bei Kindern üblich war. Ich kann mich erinnern, daß ich einige Male gründlich versohlt wurde, aber ich glaube, daß ich nicht schlechter oder besser war als andere Kinder zu jener Zeit."

Als was für einen Typ er sich selbst im nachhinein bezeichnen würde, als scheu und zurückhaltend oder eher als eine Führernatur? Er wäre, so James Antwort, immer zur Stelle gewesen, wenn es darum ging, für die Mutter oder Nachbarn Besorgungen zu machen und Aufträge zu erledigen. An sich sei er ganz und gar nicht scheu, doch er könne sich auch nicht als „geborenen Führer" bezeichnen.

Für ihn und die Jungen aus der Nachbarschaft spielte sich das Leben großenteils auf der Straße ab. Die Möglichkeiten der „Freizeitgestaltung" waren in dem etwa acht Kilometer von der Innenstadt entfernten Arbeiterwohnviertel begrenzt: Gelegentlich ein Kino-, später auch ein Diskobesuch. Gewöhnlich traf man sich an der Straßenecke bei der Pommes frites-Bude und wartete darauf, daß irgendetwas passierte. Um den Ereignissen etwas nachzuhelfen, ergriff die Freundesgruppe gelegentlich auch selbst die Initiative, indem sie mehr oder weniger Verbotenes unternahm, etwa Leute ärgerte, an einer alten Mühle im Fluß badete oder Äpfel aus Gärten stahl. Später wurden die Diebstähle auch auf Schallplatten ausgedehnt. Der Polizei war der Treffpunkt der Bande bekannt und als Ende der 60er Jahre in einer Apotheke eingebrochen wurde – offenbar um Drogen zu erbeuten –, war es ihr ein leichtes, die Täter am Pommes frites-Verkaufsstand zu fassen.

James genoß diese Schuljahre mit seinen Freunden auf der Straße. Die Schule selbst dagegen haßte er. Er verließ sie zum frühestmöglichen Zeitpunkt, kurz vor seinem 16. Lebensjahr, entgegen dem Rat aller. Zunächst begann er in einer Lichtmaschinenfabrik zu arbeiten, dann entschloß er sich zur Freude seiner Eltern, eine Lehre als Installateur zu beginnen. Zuvor war er wegen seiner geringen Körpergröße von der Polizei, bei der er sich ebenfalls beworben hatte, abgewiesen worden.

Das war Ende der sechziger Jahre, in der Zeit, als sich in Nordirland die politischen Unruhen ankündigten. Im Herbst 1968 war eine katholische Bürgerrechtsdemonstration in Londonderry an der Grenze zur protestantischen Altstadt von der überwiegend protestantischen Polizei niedergeknüppelt worden. Belfaster Studentinnen und Studenten gründeten eine neue Partei, Volksdemokratie (Peoples Democracy, PD) genannt, mit dem Ziel, sich vermehrt für Reformen zugunsten der diskriminierten katholischen Minderheit einzusetzen. Im April 1969 trat der liberale nordirische Premierminister O'Neill zurück. Im darauffolgenden Sommer berichtete das Fernsehen von schweren Kämpfen in Londonderry zwischen Katholiken und in deren Wohngebiete eindringenden Polizisten, worauf die Regierung in London britische Soldaten nach Londonderry und Belfast entsandte, um die Ordnung wiederherzustellen.

Die Belfaster protestantische Jugend war an diesen Auseinandersetzungen zunächst kaum beteiligt. James kann sich an kein nennenswertes politisches Erlebnis aus jener Zeit erinnern. Er war nur an Mädchen und am Tanzen interessiert: „Ich besuchte eine Menge Tanzveranstaltungen in Belfast und ging mit Mädchen aller Konfessionen dorthin (...) denn offengestanden hatte ich damals nicht das geringste Interesse an Religion oder Politik."

Diese Gleichgültigkeit hielt jedoch nicht an. Die Forderungen der Katholiken nach mehr Wohnungen und Arbeitsplätzen und das schlechte Bild, das sie von ihrer Lage in den internationalen Medien zeichneten, alarmierte die Protestanten. Der Zulauf, den die IRA vonseiten der katholischen Bevölkerung erfuhr, erschien ihnen zunehmend gefährlich. Als die IRA dazu überging, in einigen Großstadtvierteln eigenmächtig die Polizeigewalt auszuüben, kam es Ende 1971 auch auf protestantischer Seite zum Zusammenschluß verschiedener paramilitärischer Organisationen. Besonders starken Zulauf bei den jungen Männern und Jugendlichen der Unterschicht fand die UVF.

1971 wurde James von einem Bekannten zu einer UVF-Versammlung mitgenommen. Die meisten seiner Freunde aus der Jugendbande gehörten inzwischen einer paramilitärischen

Gruppe an. James folgte dem allgemeinen Trend, kurz danach war auch er UVF-Mitglied. Wie er versichert, waren für den Beitritt keine politischen Motive maßgebend; er habe auch nicht zu den zugegebenermaßen wenigen gezählt, die es vor allem darauf abgesehen hatten, einen Katholiken zu töten („to kill a taig") oder sich durch die Mitgliedschaft irgendwelche materiellen Vorteile verschaffen wollten. Er habe sich einfach von der allgemeinen Stimmung tragen lassen: „Zu jener Zeit war es eben üblich, sich einer paramilitärischen Gruppe anzuschließen." Außerdem reizte ihn der militärische Kampf gegen die IRA: „Vor allem zog mich die militärische Ordnung an, ich sah, daß ich Befehlen gehorchen mußte (...) es kam mir darauf an, gegen die IRA zu kämpfen; obwohl dies auf die UVF zurückfallen mag, muß ich zugeben, daß ich zu jener Zeit keine konkreten politischen Ideen hatte."

James und die anderen Voluntäre wurden von der UVF nicht nur im Umgang mit Waffen geschult. Sie erhielten auch Unterricht über den Umgang mit Sprengstoff und den Bau von Bomben. Dabei erwies sich James zu seinem eigenen Erstaunen als außerordentlich geschickt. Dies wurde auch von seinen UVF-Kameraden anerkannt, so daß er nach eigenen Aussagen innerhalb der Organisation militärisch durchaus hätte Karriere machen können. Er gehörte der Nordbelfast-Brigade der UVF an, die in den folgenden Jahren zu den gewalttätigsten zählte.

Über das, was er während seiner sechsjährigen aktiven Mitgliedschaft in der UVF im einzelnen getan hat, berichtet er nur widerstrebend. In den Jahren 1973/74 erschoß er zwei Männer, die Waffenhändler für die IRA gewesen sein sollen. 1975 erfolgte ein Anschlag auf eine Bar, bei dem zwei Menschen getötet wurden – die benutzte Bombe stammte von James. Er baute und zündete auch die Bombe, die 1976 anläßlich der Beerdigung eines IRA-Mitgliedes explodierte. 1977 war er an dem Anschlag auf die Parade der OIRA zum Ostersonntag beteiligt, bei dem versehentlich ein elfjähriger Junge getötet wurde. Daneben gesteht James noch eine Reihe weiterer Bombenattentate auf die unterschiedlichsten Ziele, die meist im Auftrag der UVF ausgeführt wurden.

Was ihm beim Töten durch den Kopf ging, ob er an die Opfer dachte? Und wie ihm zumute war, als er Unschuldige umbrachte? James erklärt auf diese Fragen, es sei ihm wohl bewußt gewesen, daß man Menschen nicht töten dürfe und er somit ein Unrecht beging. Was die Opfer betraf, so äußert er sich wie folgt: „In der Zeit meines Engagements beschränkten sich meine Gefühle und Gedanken bezüglich der Opfer darauf, herauszufinden, ob sie aktive Republikaner, IRA-Leute etc. waren und, falls ja, möglichst viele von ihnen umzubringen." Daß auch Unschuldige getötet wurden rechtfertigte er so: „(...) aber es ist unvermeidlich und liegt vor allem in der Natur von Bombenattentaten und der von beiden Seiten verfolgten Politik des ,Auge um Auge, Zahn um Zahn', daß auch Unschuldige umkamen." Später stumpften seine Gefühle immer mehr ab: „Schließlich begnügte ich mich damit, meine Befehle auszuführen und verlor keine Gedanken mehr an die Opfer und ihre Familien."

Das Leben, das James zu jener Zeit führte, war nach außen hin recht normal. Er ging einer geregelten Arbeit nach und war mit einem Mädchen namens Carol befreundet. Nach sechsjähriger Freundschaft heiratete er Carol und zog mit ihr in eine gemeinsame Wohnung. Weder Carol noch seinen Eltern erzählte er etwas von seiner UVF-Tätigkeit, wenngleich sie spätestens nach einer polizeilichen Hausdurchsuchung ahnen konnten, daß er etwas mit den paramilitärischen Gruppen zu tun hatte.

Mitte Juni wurde James verhaftet. Im Jahr darauf verurteilte man ihn zu acht mal lebenslänglichem Gefängnis wegen der unmittelbaren Beteiligung an sechs Morden, zwei weiteren versuchten Mordanschlägen, einer Serie von 13 Bombenanschlägen sowie dem illegalen Besitz von Sprengstoff, Gewehren und Munition. Eine der acht Mordtaten, so James, wurde ihm zu Unrecht angelastet.

Nach dem Bericht des für James' Fall zuständigen Inspektors zeigte der Angeklagte bereits während des Prozesses Reue. Offenbar wurde ihm allmählich bewußt, was er seinen Opfern und deren Familien angetan hatte. Allerdings bezog sich diese Reue nicht auf die politischen Anschauungen, die er sich in den vorangegangenen Jahren zu eigen gemacht hatte, und sie tangierte auch nicht seine Ansicht über die UVF: „Es ärgert mich, wenn die Medien die UVF als eine Gruppe sektiererischer Mörder hinstellen. Wenn die IRA jemanden umbringt, dann wird dies gewöhnlich höheren Zielen zugeschrieben. Dagegen nimmt man von der UVF an, sie töte Katholiken um der eigenen Interessen willen oder, noch schlimmer, aus finanziellen Beweggründen. Ich und meinesgleichen, wir waren nicht wegen Geld dabei. Wir dachten, es sei unsere Pflicht, die Protestanten zu verteidigen. Zu der Zeit als ich davon ausging, wir kämpften, um Ulster zu retten, gab es einige Politiker, die den Krieg, den wir führten, keineswegs als einen Krieg betrachteten. Sie hätten Ulster einfach untergehen lassen. Jemand mußte die Verantwortung übernehmen."

Mit dieser Einstellung nahm James vom Sommer 1978 bis zum April 1980 zusammen mit anderen UVF-Häftlingen am loyalistischen (d. h. protestantischen) Decken-Protest teil. Der Protest richtete sich – genau so wie jener der Mitglieder der katholischen Gegenorganisationen IRA, PIRA und INLA – gegen die Kriminalisierung der politischen Gefangenen. Diese sollten nach dem neuen Gesetz anstatt, wie bisher, Zivilkleidung nunmehr Gefängniskluft tragen. Dagegen protestierten die Gefangenen, indem sie die Gefängniskleidung zurückwiesen und es vorzogen, nackt zu bleiben bzw. sich lediglich in Decken zu hüllen. Bekanntlich eskalierte der Deckenstreik später teilweise zum Hungerstreik, bei dem 1981 zehn Häftlinge umkamen.

James gab den Decken-Streik im Frühjahr 1980 auf, löste sich von der UVF und ließ sich in einen anderen Gefängnisblock verlegen, der vorwiegend mit gewöhnlichen Kriminellen belegt war. Die Gründe für diesen Entschluß können wir nur erahnen, er selbst schreibt, er sei ausschließlich familiär bedingt gewesen. Vielleicht trug dazu bei, daß lange Zeit nach seiner Verurteilung erneut Vorwürfe gegen ihn erhoben wurden, die zur Verhandlung kommen sollten, und daß er entschieden hatte, sich dieses Mal von einem christlichen Rechtsanwalt verteidigen zu lassen, was die UVF ablehnte. Möglicherweise glaubte er auch seiner Familie einen Prozeß wie den vorausgegangenen nicht ein zweites Mal zumuten zu können. Sicher ist jedenfalls, daß er sich von den UVF-Kameraden nicht im Streit trennte. Er konnte sie von seiner weiteren Freundschaft und Verschwiegenheit überzeugen. Dagegen gelang es ihm nicht, seine Ehe zu retten. Carol konnte, wie James an anderer Stelle erklärt, nicht darüber hinwegkommen, daß sie so lange mit einem Mann gelebt und diesen Mann geliebt hatte, der, ohne daß sie etwas bemerkte, imstande war, Menschen zu töten.

James war klar gewesen, daß nach seinem Ausstieg aus der UVF eine schwere Zeit für ihn anbrechen würde. Vor allem das Kameradschaftsgefühl, das während des Protestes besonders ausgeprägt war, würde er vermissen. Er hatte indes nicht geahnt, was für eine traumatische Erfahrung ihm bevorstand. Er war geradezu verzweifelt: „Ich kann Ihnen sagen, daß ich viele Nächte in Tränen auf meinen Knien zubrachte und die Tage darauf innerlich nicht weniger aufgewühlt war."

Damals begann er über Gott nachzudenken. Zunächst, wie er schreibt, aus rein egoistischen Gründen, weil er Hilfe brauchte. Es folgten Gespräche mit überzeugten Christen, von denen er lernte, die Bibel zu lesen. Weitaus am schwierigsten in dieser Krisenzeit war es für ihn, seinen Stolz zu überwinden und sich vor Gott als Sünder zu bekennen. Dieses Eingeständnis, ein Sünder zu sein, bezog sich ja nicht nur auf die Mordtaten, für die er verurteilt worden war, sondern auf sein ganzes bisheriges Leben im Unglauben, fern von Gott. Irgendwann kam dann der Punkt, an dem er sich für oder gegen Gott entscheiden mußte, und er entschied sich für Gott: „Schließlich gelangte ich, dank Gottes Führung, wie ich glaube, in eine Lage, in der ich Christus als meinen Retter verleugnen oder mich zu ihm bekennen mußte, und dank seiner Gnade wählte ich den Weg des Bekennens." An einer anderen Stelle beschreibt er den Akt der Bekehrung wie folgt: „Sie fragen mich, ob die Bekehrung mein eigenes Werk war oder irgend jemand anderer mich dabei beeinflußt hat; darauf würde ich antworten, daß Gott zwar jemanden benützt haben mag, um mir das Evangelium zu vermitteln, daß im Grunde aber mein einziger Beitrag zu meiner Erlösung meine Sünde war, während alles übrige Gottes Werk war." Die Bibelstellen, auf die sich James beruft, handeln in einfacher und klarer Sprache von Sündern und Gottes Gnade.

Seit seiner Bekehrung fühlt sich James wie „neu geboren". Er führt dieses neue Lebensgefühl unmittelbar auf Gottes Einwirkung zurück: „Darum, ist jemand in Christo, so ist er eine neue Kreatur, das Alte ist vergangen, siehe es ist alles neu geworden (2. Korinther, 5. Kap. 17)." Als Mensch, der einen Lebenssinn gefunden hat, kann James nun seine Vergangenheit akzeptieren und blickt relativ gelassen in die Zukunft. Der Gefängnisaufenthalt gibt ihm Zeit, über vieles nachzudenken, wobei er seine bisherigen Ansichten teilweise revidiert, zum Teil aber auch bekräftigt.

Eindeutig von ihm abgelehnt wird heute das Töten von Menschen. Es sei sinnlos und bringe ein durch nichts zu rechtfertigendes Leid über die Angehörigen. Das gilt seines Erachtens für jede Art des Tötens, auch jene im Rahmen eines Krieges: „Wer denkt heute noch an die Familien der Argentinier, die im Falklandkrieg umkamen?" Was Irland betrifft, so ist er der Überzeugung, daß der Teufelskreis von Gewalt und Gegengewalt nur mit gewaltlosem Vorgehen zu durchbrechen ist: „Das ständige Morden und Verstümmeln führt zu nichts außer Leid und Kummer."

Ein weiteres Thema, das ihn stark beschäftigt, ist der Katholizismus. Obwohl er, wie er mehrmals betont, gegen Katholiken als Menschen nichts hat und im Gefängnis gut mit katholischen Gefangenen auskommt, läßt sich aus seinen Briefen doch ein kritischer Argwohn gegenüber der katholischen Bevölkerung Nord- und Südirlands in ihrer Gesamtheit sowie eine eindeutige Ablehnung des Katholizismus als Religion herauslesen. So ist er der festen Überzeugung, die Katholiken seien die eigentlich für die Unruhen Verantwortlichen, da sie die Konflikte begonnen hätten. An anderer Stelle wirft er ihnen vor, sich von ihren Gewalttätern weniger zu distanzieren, als dies bei den Protestanten der Fall sei. Das Hauptargument gegen den Katholizismus als Religion lautet, daß von ihm die Bibel falsch ausgelegt werde; dies habe zur Folge, daß neben Gott zusätzlich Götzen (gemeint ist vor allem die in Irland stark verbreitete Marien- und Heiligenverehrung) angebetet würden: „Ich glaube, es gibt keine Rettung außerhalb des Herrn Jesus Christus und daß alle Religionen, in deren Mittelpunkt nicht Christus und seine Lehre stehen, letztlich Götzendienst und irreführend sind. (...) eine Menge der Lehren Roms widersprechen der Schrift und sind nicht christlich."

Von der Ablehnung des Katholizismus zur Ablehnung der Irischen Republik, in der die Katholische Kirche ein großes Gewicht hat, und weiter zur vehementen Zurückweisung der Vorstellung eines vereinten Irlands ist kein allzu weiter Schritt. Schon während seiner UVF-Zeit, so James, sei er sich über die politische Rolle Roms in der Irlandfrage klar geworden. Die Römisch-Katholische Kirche und die gesamte Priesterschaft in der Republik arbeiteten auf ein vereintes katholisches Irland hin und bekämpften die Idee eines immerhin denkbaren selbständigen Ulster-Staates: „Die Kirche von Rom und die gesamte katholische Hierarchie Irlands üben jeden erdenklichen Druck, sei er moralisch, geistig oder welcher Natur auch immer, auf die Katholiken aus, damit sie sich einer solchen Regelung widersetzen, denn ihr ganzes Streben gilt einem Vereinten Irland. Ständig sind sie dabei, ihren Willen dem politischen Leben in der Republik aufzuzwingen, in jüngster Zeit durch Referenden in der Scheidungs- und Abtreibungsfrage."

Da James sich mit seiner Vergangenheit auseinandergesetzt hat und relativ gelassen in die Zukunft blickt, kommt er auch mit der Gegenwart gut zurecht. Er ist, wie seinen Briefen zu entnehmen ist, ein „guter" Häftling. Dank seiner freundlichen Offenheit, seinem Humor und seiner Intelligenz wird er offenbar allgemein anerkannt. Er gilt als jemand, der die ihm übertragenen Arbeiten – erst in der Wäscherei, jetzt in der Küche – ordentlich verrichtet. Nach seinen Angaben nimmt er fleißig diverse Angebote beruflicher Weiterbildung wahr. Er liest regelmäßig Tageszeitungen, wobei er die Ereignisse im Zusammenhang mit der Irlandfrage mit besonderem Interesse verfolgt. Auch religiöse und schöngeistige Literatur schätzt er. Daneben begeistern ihn sportliche Wettkämpfe wie Olympiaden und Fußballweltmeisterschaften.

Weihnachten 1990 durfte James nach dreizehnjähriger Haft das erste Mal für drei Tage unbeaufsichtigt nach Hause. Seine Mutter erzählte mir später, wie sehr er in diesen Tagen von seiner Familie gefeiert wurde und wie er die Freiheit genoß. Sie verschweigt aber auch nicht, daß ihr Sohn vor dem Ende des Hafturlaubs einen psychischen Zusammenbruch erlitt. Die Familie plant bereits jetzt die nächste kurze Heimkehr des geliebten Sohnes. Dieses künftige Ereignis ist es, was James derzeit innerlich am meisten beschäftigt.

2. Jim Lane – Gratwanderung zwischen Sozialismus und Nationalismus

Das erste Treffen mit Jim L. fand in einem kleinen Glaskastenbüro in der Möbelabteilung des Corker Kaufhauses Cash und Co. statt. Der etwa 50jährige, untersetzte Mann, mit starker Brille, Ehering und korrektem Anzug, stellte sich vor: Er sei Atheist, Marxist und Leninist und vertrete die Interessen der IRSP. Er sei verheiratet und habe vier Kinder. Sodann hielt L. einen detaillierten Vortrag über die Entwicklung der IRA von den 50er Jahren bis hin zur heutigen PIRA unter Gerry Adams, dessen „opportunistischen Pseudo-Sozialismus" er zynisch abqualifizierte. Der erste Eindruck von Jim L.: intelligent, sehr belesen, bieder, diszipliniert, ein gestörtes Verhältnis – eine Art Haßliebe – zur IRA.

Weil Jim L. von sich kaum gesprochen hatte, blieb unklar, inwieweit er selbst im Nordirland-Konflikt engagiert war. In dem Kaufhaus, inmitten von Samtsofas und Ehebetten, wirkte die Vorstellung, der Verkäufer und Buchhalter Jim L. sei in der linksradikalen INLA aktiv, irgendwie absurd.

Jim sorgte dafür, daß unser zweites Treffen – ein Jahr später – in einer anderen Atmosphäre stattfand. Er führte mich durch ein stillgelegtes Mühlenviertel zum angeblichen Parteibüro. Plötzlich packte er mich am Arm und schob mich durch eine Holztür in einen dunklen Raum. Nachdem er sich vergewissert hatte, daß uns niemand gefolgt war, machte er in einem anschließenden Raum Licht. Es zeigte sich, daß wir uns am Anfang eines offenbar weitverzweigten, alten Lagerraum-Komplexes befanden. Die meterdicken Steinwände waren mit Plakaten von ausgemergelten Hungerstreikern sowie mit Anti-Thatcher-Plakaten beklebt; überall lagen Stapel von „rotem" Propagandamaterial herum. Unter den sorgfältig gerahmten Bildern von Marx und Engels erfuhr ich dann von Jim, was er aus guten Gründen in dem vorausgegangenen Briefwechsel über seinen Werdegang nicht schriftlich hatte preisgeben wollen: Er war neben seiner legalen IRSP-Tätigkeit zugleich Mitglied der IN-LA, der am vehementesten verfolgten paramilitärischen Organisation Irlands, und gehörte sogar ihrem obersten Entscheidungsgremium, dem Armeerat, an.

Jim L. wurde 1938 in Nord-Cork-City (Südirland) als erstes von insgesamt 7 Kindern des Ehepaars L. geboren. Die Familie wohnte zunächst in einem Zimmer eines ehemaligen Bürgerhauses, dessen Küche und Klo sie mit den anderen Mietparteien teilen mußte. Später, als diese teils starben, teils auszogen, hatte sie das ganze Haus für sich allein. Jim fühlte sich hier wohl. Er hatte in Cork Wurzeln geschlagen und nie das Bedürfnis verspürt, die Stadt oder das Land zu verlassen. Jims Vater, ein ungelernter Arbeiter, war häufig und über längere Zeiträume hinweg arbeitslos. 1939–1945 kämpfte er auf Seiten der Engländer gegen die Deutschen, später, in den 40er Jahren fand er zeitweise eine Anstellung bei den Ford-Werken in Cork. Jim versuchte, das Positive an ihm herauszustreichen: er sei belesen, wengleich ohne Schulbildung gewesen, habe nie getrunken, nur stark geraucht. Es wird aber doch deutlich, daß der Vater nicht allzu viel für die Familie getan hat.

Weit stärker als vom Vater wurde Jim von seiner Mutter geprägt, die seit ihrer frühen Jugend in einer Spinnerei arbeitete. Jim erinnert sich mit Anerkennung und Wertschätzung an sie. Von den Eltern war sie diejenige, die bestimmte Meinungen vertrat und auch entsprechend handelte. Ihr hervorstechendster Zug war ein Haß auf die Engländer. Dies hatte folgenden Grund: Der Vater der Mutter, also Jims Großvater, wurde im ersten Weltkrieg von den Briten eingezogen und starb als einfacher Soldat an der Somme. Seine Frau konnte diesen Schicksalsschlag nicht verwinden und ergab sich dem Alkohol. Ihre dreijährige Tochter, Jims Mutter, mußte von Großtanten aufgezogen werden, die sich abwechselnd als Haushaltshilfe in Frankreich verdingten. Die Mutter beschuldigte die Engländer, das Leben ihrer Eltern und damit ihre Kindheit zerstört zu haben, nur um ihren imperialen Krieg zu führen. Sie war in den zwanziger und dreißiger Jahren erst Mitglied der republikanischen Mädchen-Pfadfinder und trat anschließend der IRA-Frauenorganisation bei.

Überhaupt spielen geschichtliche Ereignisse, die mehr oder minder direkt Jims Vorfahren betrafen, für dessen Begründung seines radikalen Engagements eine wichtige Rolle. So gibt er eine Erzählung seiner Mutter wieder, nach der im 19. Jahrhundert ein Groß- oder Urgroßvater mit einem seiner Söhne nach Australien in eine Strafkolonie transportiert wurde, weil er sich gegen die britische Herrschaft aufgelehnt hatte. Der Vater des Vaters, also Jims Großvater, gehörte der IRA an und hätte fast an dem großen Osteraufstand von 1916 teilgenommen. Eine Schwester der Frau seines Großvaters genoß einiges Ansehen in der Republikanischen Bewegung. Sie arbeitete mit allen prominenten IRA-Führern der 20er Jahre zusammen, die sich z.T. regelmäßig in ihrem Haus trafen.

Jim wuchs in einem römisch-katholischen, jedoch nicht strenggläubigen Elternhaus auf. Zum Beispiel wurde bei ihm zuhause, anders als in den meisten anderen katholischen Familien, nicht der Rosenkranz gebetet. Im Alter von vier Jahren wurde er auf eine Schule in der Nachbarschaft geschickt. Mit sieben Jahren wurde er umgeschult. Er mußte nun einen weiten Weg zu einer Schule für Arbeiterkinder zurücklegen, die von den „Irish Christian Brothers" geleitet wurde. Eine viel näher gelegene, vom gleichen Orden geführte Schule zu besuchen, wurde ihm verwehrt, da diese Mittelschichtskindern vorbehalten war. Der tägliche lange Schulweg, sieben Jahre lang, lehrte Jim seine Klassenzugehörigkeit. Auch war ihm, wie er heute behauptet, bereits als Kind deutlich bewußt, welche Rolle die

Katholische Kirche bei der Aufrechterhaltung des sozialen Klassengefüges spielte und weiterhin spielt.

Jim sagt, er sei ein guter Schüler gewesen. Von den etwa 50 Schülern sei er bei Prüfungen immer unter den ersten 10 gewesen. Als Beweis, daß er ziemlich aufgeweckt und, wie die Mutter ihm beibrachte, nicht gewillt war, die Dinge widerspruchslos hinzunehmen, erzählte er eine kleine Geschichte („Sie können sie glauben oder nicht"): Der zwölfjährige Jim verdiente sich Geld, indem er für einen Zeitschriftenhändler Magazine austrug. Sein Lohn betrug 4 Pennies, und 4 Pennies kostete auch der Eintritt ins Kino, wo zweitklassige Filme gezeigt wurden. Eines Tages erhöhte das Kino den Eintrittspreis um einen Penny; daraufhin dachte Jim, auch in seinem Fall sei eine Lohnerhöhung an der Zeit und forderte fortan von seinem Arbeitgeber 6 Pennies. Als dieser die Erhöhung ablehnte, begann Jim seinen privaten kleinen Streik, indem er zur üblichen Arbeitszeit erschien, vor dem Fenster des Chefs auf und ab marschierte und die Frau beschimpfte, die an seiner Stelle die Zeitschriften austrug. Schließlich gab der Zeitschriftenhändler nach, Jim erhielt fünf Pennies, die Summe, die er von Anfang an im Auge gehabt hatte.

1952, im Alter von 14, verließ er die Schule und wurde Ladenjunge bei einem Pfandverleiher. Dort lernte er wirkliche Armut kennen. Später nahm er eine Stelle als Verkäufer in einem Männerbekleidungsgeschäft an, trat der Gewerkschaft bei, folgte einem Streikaufruf, verlor deswegen seinen Arbeitsplatz und suchte und fand einen neuen – wieder im Einzelhandel. Seinen Beruf hat sich Jim nie aussuchen können: „Keine Möglichkeit der Berufswahl, man nahm, was einem angeboten wurde."

Inzwischen erwachte sein Interesse an der IRA. Zwei IRA-Anschläge im Sommer 1954 überzeugten Jim davon, daß die totgeglaubte Befreiungsorganisation weiterhin aktiv war, ja sogar, wie er aus der Zeitung entnehmen konnte, in seiner eigenen Heimatstadt über Anhänger und Mitglieder verfügte. Sofort war der Sechzehnjährige zum Mitmachen entschlossen: „Ich wollte kein bloßer Zuschauer bei dem Kampf sein, den ich kommen sah." Er trat der IRA und der Sinn Fein-Partei bei, arbeitete allerdings hinter deren Rücken weiter für die damals laut Satzung ausgeschlossene Linke. Sein Vorbild war insoweit James Conolly, der am weitesten „links" stehende unter den von den Briten nach dem Osteraufstand von 1916 hingerichteten Rebellen. Im übrigen stimmte er jedoch voll mit den Zielen der IRA und Sinn Feins überein: „Meine ganze Vergangenheit hatte mich zu der Überzeugung gebracht, daß England die Quelle all unserer Probleme war und daß wir niemals frei sein würden bis zu dem Tag, an dem wir es davonjagen würden. Für mich war Englands Abzug eine noch nicht erledigte Angelegenheit." Die Engländer müßten mit Waffengewalt zum Verlassen der Insel gezwungen werden, denn eine andere Sprache als die der Gewalt verstünden sie nicht.

Ende des Jahres 1956 begann der „Grenzfeldzug" (border campaign) der IRA gegen die britischen Besatzungstruppen im Norden. Jim zählte zu den ersten, welche die Grenze nach Norden überschritten. Doch anstatt nun endlich losschlagen und ihr Leben für die Sache Irlands aufs Spiel setzen zu können, wurde die kleine Gruppe, der Jim angehörte, von der Corker IRA-Führung alsbald zurückbeordert. Jims Enttäuschung darüber war umso größer, als er, wieder in Cork eingetroffen, erfahren mußte, daß man ihn wegen unentschuldigten Fernbleibens von der Arbeit fristlos entlassen hatte.

Bis zum Oktober 1958 bemühten er und seine Kameraden sich vergeblich darum, erneut in den Norden geschickt zu werden. Schließlich besorgten sich die jungen Leute Gewehre und machten sich auf eigene Faust auf den Weg. Die Aktion erwies sich als ein Fehlschlag. Mangels der nötigen IRA-Kontakte war die Gruppe weitgehend handlungsunfähig, das Geld und die Vorräte gingen schnell aus. Danach war es Jim klar, daß Initiativen ohne die Unterstützung der IRA-Organisation zum Scheitern verurteilt waren. Der Alleingang hatte auch disziplinarische Folgen. Jim und seine Freunde wurden öffentlich aus der IRA ausgeschlossen, was sie als äußerst demütigend empfanden. Der Ausschluß zog u. a. ein Hausverbot auf den Docks nach sich, wo Jim gelegentlich etwas verdient hatte, so daß er nun definitiv arbeitslos war. In dieser Situation blieb ihm nichts anderes übrig, als ein Angebot der Ford-Werke anzunehmen, in England (Essex) zu arbeiten: „Nachdem man mich aus der Republikanischen Bewegung ausgeschlossen und mir die Möglichkeit genommen hatte, gegen die Engländer zu kämpfen, ohne Stelle und ohne Zukunftsaussichten, beschloß ich, zum Arbeiten nach England zu gehen." Er fügt hinzu: „Einer Sache war ich mir jedoch von vornherein sicher; ich würde nicht dorthin gehen, um mich niederzulassen, sondern arbeiten, sparen und in zwei oder drei Jahren heimkehren, um mich erneut an dem Kampf zu beteiligen – und genau so habe ich es auch gemacht."

Im Sommer 1961 kehrte Jim nach Cork zurück. Man nahm ihn zunächst in die IRA auf – über die alte Auseinandersetzung war offenbar inzwischen „Gras gewachsen" –, schloß ihn dann aber zusammen mit den alten „Linken", die stets wie er versucht hatten, der Organisation eine stärker marxistische Ausrichtung zu geben, erneut aus. Die folgenden zwanzig Jahre waren durch ständige ideologische, organisatorische, teils auch militärische Auseinandersetzungen mit der IRA geprägt, bei denen sich Jim trotz gelegentlicher pragmatischer Zusammenarbeit mit der ältesten und bekanntesten irischen Befreiungsorganisation immer weiter nach links bewegte, bis er sich schließlich der als besonders radikal geltenden IRSP/INLA anschloß, in der er beträchtlichen Einfluß erlangte.

Am Beginn dieser Auseinandersetzungen stand paradoxerweise ein vorübergehender Seitenwechsel der Kontrahenten. Die von der IRA Ausgeschlossenen taten sich zusammen und gründeten, sehr zum Ärger der Mutterorganisation, eine Zeitung, der sie den traditionsreichen altirischen Namen An Phoblacht (die Republik) gaben. Darin forderten sie in der zweiten Ausgabe in pathetisch-nationalistischem Ton für jeden Iren das Recht ein, Waffen tragen zu dürfen, um sich in Trainingslagern auf den zu erwartenden Kampf mit England vorzubereiten. Damit vertraten sie eine deutliche Gegenposition zur IRA- und Sinn Fein-Führung, die in den 60er Jahren, nach dem Scheitern der Grenzkampagne, eine Schwenkung nach links vollzogen hatte und nunmehr mit dem Slogan „nehmt die Waffen aus der

Politik heraus" für einen „friedlichen Übergang (zu einem geeinten Irland, M. B.) mit parlamentarischen Mitteln" warb. Die An Phoblacht-Leute beschimpften diesen neuen Linksflügel als „Chruschtschowisten" und „Revisionisten". Sie selbst beriefen sich inzwischen auf Maos Schriften und plädierten für eine kombinierte Anwendung politischer Mittel und militärischer Gewalt. Jim behauptet, daß die „Revisionisten" damals planten, ihn zu eliminieren. Er ist davon überzeugt, daß er sein Leben nur seiner entschlossenen Haltung, „auf Gewehrfeuer mit Gewehrfeuer zu antworten", zu verdanken habe.

Ab Mitte der sechziger Jahre bekämpfte die An Phoblacht-Gruppe weniger die britische Präsenz in Nordirland als die nordamerikanische in Vietnam. Zu diesem Zweck gründete sie die „Vietnamese Freedom Association" und organisierte Anti-USA-Demonstrationen. Ein Zeitungsphoto von 1967 zeigt Jim in der ersten Reihe einer etwa zehnköpfigen Gruppe, die gegen das Einlaufen eines amerikanischen Kriegsschiffes im Corker Hafen protestierte. Einem anderen Zeitungsbericht zufolge demonstrierte die Gruppe gegen den Besuch eines nordamerikanischen Botschafters in dem Städtchen Menagh (County Tipperary). Dabei wurde Jim nach eigenen Angaben von proamerikanischen Mittelstandsiren so zusammengeschlagen, daß neben mehreren Rippen auch seine Hand gebrochen war.

In jener Zeit war Jim fest von der Machbarkeit von Revolutionen überzeugt. Angesichts der weltweiten 68er Unruhen hielten er und seine Kameraden den Zeitpunkt für gekommen, sich offen zum Marxismus-Leninismus zu bekennen, deshalb tauften sie die Gruppe von „An Phoblacht" auf „Saor Eire", d. h. „Freies Irland" um. Der erneute Ausbruch des Konfessionskonfliktes in Nordirland, ein Jahr später, überraschte die IRA, die darauf nicht vorbereitet war und deshalb um die Mithilfe all derer bat, die (noch) Waffen besaßen. Die Saor Eire-Gruppe folgte diesem Aufruf umgehend: „Im August 1969, als die Unruhen ausbrachen, hatten wir Leute in Derry, wohin ich selbst innerhalb von Stunden eine Wagenladung (gemeint ist: von Waffen, M. B.) hintransportierte. Ich fuhr die Nacht durch. Wir reagierten auf einen Hilfeaufruf, wir kamen dort bewaffnet an." Im Rahmen dieser Solidarisierungsbewegung, von der auch andere Republikaner erfaßt wurden, die sich der IRA entfremdet hatten, wurde Jim ein letztes Mal die Mitgliedschaft in der nationalistischen Kampforganisation angeboten. Er lehnte sie jedoch, wie er sagt, aus Loyalität gegenüber den anderen „Linken" seiner Gruppe ab.

Es folgte eine Zeit großer Ernüchterung. Jim und seine Freunde mußten sich eingestehen, daß alle ihre Pläne fehlgeschlagen waren: „Gegen Ende 1969 waren wir es leid, ein Bündnis mit den Republikanern schließen zu wollen und wir waren auch mit Saor Eire als Vehikel, um die Kader einer künftigen kommunistischen Partei zu entwickeln, nicht vorangekommen." Das, so Jim, sei der Hauptgrund gewesen, warum die Gruppe dazu bereit gewesen sei, ihre politische Selbständigkeit aufzugeben und sich der bereits existierenden Irischen Kommunistischen Organisation (Irish Communist Organisation, ICO) anzuschließen. Doch bald sah sie ein, daß dies ein Irrtum war: „Nach elf Monaten verließen wir die ICO wieder, nach Meinungsverschiedenheiten darüber, wie die neue Politik aussehen sollte. Wir waren der Ansicht, daß in der Organisation nicht demokratisch verfahren wurde." Die Corker Gruppe gründete nun ihre eigene Corker Kommunistische Organisation und den Corker Arbeiter Club. Im Mittelpunkt ihrer Arbeit stand das Ziel, mittels Schulung und Bildungsveranstaltungen die Voraussetzungen für die Gründung einer gesamtirischen Kommunistischen Partei zu schaffen.

In Cork wurde ein Buchladen eingerichtet; Jim organisierte Vorträge und Diskussionsgruppen und übernahm die Herausgabe der Schriften Conollys sowie einer Serie von Nachdrucken historischer, für die sozialistische Bewegung relevanter Schriften. Zusammen mit einer Dubliner Gruppe, die ähnliche Ziele verfolgte, nahmen die Corker 1977 an einer großangelegten überregionalen Gewerkschaftskampagne gegen die Repression (Trade Union Campaign against Repression) teil. Ab 1980 mobilisierten beide Gruppen mit großem Erfolg Unterstützungsbewegungen für die „H-Block-Gefangenen" im Long Kesh-Gefängnis („Maze") in Nordirland, die für die Wiederanerkennung ihres politischen Status bis hin zum Hungerstreik demonstrierten. Noch vor dem Tod des ersten von zehn Hungerstreikern im Jahr 1981 gelang es in Cork, „Massen" auf die Straße zu bringen. Jim schreibt das Verdienst für diesen Mobilisierungserfolg großenteils seiner Initiative zu. Als Leiter der Kampagne im Raum Cork sammelte er in drei Monaten 20 000 Unterschriften für eine Protestresolution gegen die Behandlung der republikanischen Gefangenen in nordirischen Strafanstalten.

In jene Zeit fielen die ersten Kontakte Jims und seiner Freunde zur IRSP und ihrem bewaffneten Flügel, der illegalen INLA, die sich nicht mit einem militärischen Sieg über die Engländer und einer einfachen Wiedervereinigung Irlands zufriedengeben wollen, sondern darüberhinaus eine revolutionäre Umgestaltung der gesellschaftlichen und wirtschaftlichen Machtverhältnisse auf der Insel anstreben. Diese Kontakte führten bald danach zum Anschluß der Gruppe an die sozialrevolutionäre Partei, in der Jim schnell Fuß faßte. Er wurde bereits 1982 von ihr als Kandidat zu den Parlamentswahlen in der irischen Republik aufgestellt und vertrat ihre Interessen in der Öffentlichkeit durch Stellungnahmen zu den unterschiedlichsten Themen. Allerdings zeigt sich erneut, daß er und seine politischen Ansichten innerhalb der republikanischen Befreiungsbewegung, einschließlich deren linksextremen Flügel, nur bedingt konsensfähig sind. Als er als Leiter der IRSP (1983–1985) durchsetzte, daß der Marxismus-Leninismus zur offiziellen Parteidoktrin erklärt wurde, löste dies eine blutige Fehde zwischen dem politischen und dem militärischen Flügel der Organisation aus, die bis 1987 nicht nur acht Mitgliedern das Leben kostete, sondern auch den Niedergang der IRSP–INLA einleitete.

Jim ist ein Mensch, der sich primär als Träger einer politisch-militärischen Mission sieht, der gegenüber alles andere in seinem Leben zweitrangig ist. Das zeigt sich daran, daß er über seine privaten Verhältnisse, etwa seine Frau und seine Kinder, erst zu sprechen bereit ist, nachdem er seinen politischen Werdegang ausführlich geschildert hat, auch daran, daß selbst Aussagen über seine Familie meist gleichzeitig mit einer politisch-gesellschaftlichen Botschaft verknüpft werden.

So nützt er die Antwort auf die Frage nach seiner Frau zu einem Loblied auf die Fortschrittlichkeit der IRSP in der Frauenfrage aus. Seine Frau sei mit seinem politischen Engagement durchaus einverstanden, denn sie sei politisch sehr „wach". Irische Frauen spielten innerhalb der Familie seit eh und je eine wichtige Rolle, das sei schon daraus zu ersehen, daß sie meistens das Geld verwalteten. Im Freiheitskampf um Irland würden sie Außerordentliches leisten: „Dort an der Wand sehen Sie das Bild einer ehemaligen, inzwischen ermordeten IRSP-Vorsitzenden."

Dann kommen wir auf seine vier Kinder zu sprechen und Jim erzählt die Geschichte von der Adoption des ersten Kindes: Seine Ehe war einige Jahre lang kinderlos geblieben, worunter vor allem seine Frau sehr litt. Deshalb beschlossen sie, ein Kind zu adoptieren. Nun lag die Vermittlung von Adoptionskindern fest in den Händen der katholischen Kirche. Die Nonnen waren jedoch nicht bereit, jeden Interessenten zu berücksichtigen, sondern verlangten eine „Garantie" für die katholische Erziehung des Adoptivkindes. Was sollte Jim tun? Er war gezwungen Gläubigkeit vorzutäuschen und das tat er auch. Zwei Jahre später kamen zwei der „frommen Kirchendamen" unangemeldet zu Besuch und stellten erstaunt fest, wie leer und kahl die Wände bei der Familie L. doch seien. Sie drohten das Kind der Mutter wieder wegzunehmen, doch diese jagte sie wütend aus dem Haus. Seitdem habe sich von der Kirche niemand mehr bei ihnen blicken lassen.

Etwa ein Jahr nach der Adoption kam Lanes Sohn zur Welt. Später wurden zwei Mädchen geboren. Der adoptierte Junge wurde Klempner, der zweite Sohn studiert Geschichte an der Corker Universität. Am meisten Freude, das sieht man deutlich, hat Jim an seiner jüngsten Tochter. Sie sei frech, mutig, kämpferisch veranlagt und intelligent. Sie habe sich vom Religionsunterricht befreien lassen und versuche, einen Platz an der Sommerschule zu bekommen, um dort ihr Gälisch zu verbessern. Jims Kinder, hier stimmt er mir zu, wachsen unter unvergleichlich günstigeren Bedingungen auf als er selbst in den vierziger Jahren. Sie können aufgrund ihrer besseren Ausbildung relativ mühelos in den irischen Mittelstand aufsteigen. Ob das nicht ihn und seine Gesinnungsgenossen längerfristig vor ernsthafte Nachwuchsprobleme stellen würde?

Jim räumt ein, das sei eine wichtige Frage, über die er mit seinen Leuten im Corker Arbeiterclub viel diskutiert habe. Sie hätten versucht, Universitätsstudenten zu Lehrern für die Arbeiter auszubilden. Um sie erst einmal „vom hohen Roß" herunterzuholen und ihnen klar zu machen, daß es sich nicht nur um eine intellektuelle Spielerei handelte, habe man sie zunächst in diesen Raum gebracht: „Die Umgebung, in der sich jemand befindet, hat einen direkten Einfluß auf sein Bewußtsein. Finden Sie nicht auch?"

Letztlich hätte diese Art politischer Pädagogik keinen allzu großen Erfolg gehabt und sie seien zu der Überzeugung gelangt, entweder es sei jemand an Politik interessiert und dafür geeignet oder eben nicht. Was die politische Gesinnung seiner Kinder betreffe, so habe er darauf wenig Einfluß. Die Bücher stünden da und könnten gelesen werden. Er forciere nichts, denn meistens komme genau das Gegenteil von dem heraus, was man erreichen wolle.

Wie er die Aussichten auf eine grundlegende Veränderung der gesellschaftlichen und politischen Machtverhältnisse einschätze, ob er glaube, noch selbst ein geeinigtes sozialistisches Irland zu erleben? Jim gibt zu, daß die Wahrscheinlichkeit, in absehbarer Zeit seine Ziele zu verwirklichen, gering sind. Er sei nie euphorisch gewesen, wisse, daß nichts von heute auf morgen zu erreichen sei. Dennoch: Er habe nun 36 Jahre lang für die Befreiung Irlands gearbeitet und gekämpft. Das würde er auch weiterhin tun. Im übrigen, fügt er hinzu, sei sein Sohn Kommunist und, was Irland betreffe, politisch sehr engagiert.

3. Sean R. – eine ganz gewöhnliche IRA-Karriere

Sean wurde 1960 geboren. Sein Vater war Bauarbeiter. Sean war das jüngste von fünf Kindern, die Familie lebte im Lower Falls-Gebiet von Belfast, einem traditionellen Katholikenviertel.

Seans Großvater hatte in den 20er Jahren der IRA angehört und war nach seiner Gefangennahme auf dem Schiff „Argenta" interniert worden. Er hatte eine Medaille und erhielt von der Dubliner Regierung eine Pension. Er pflegte ziemlich viel über die alten Tage zu reden. Seans Onkel Charlie war in den 40er Jahren ebenfalls interniert worden und dann nach Amerika ausgewandert. Wenn er nach Hause kam, sprachen er und der Alte viel über die Polizei im allgemeinen und vor allem über die politische Sonderpolizei, die 'B'Specials. Sie haßten sie.

Die Kinder hatten all dieses Gerede ziemlich satt. Seans älterer Bruder, Dermot, sagte den beiden, sie seien starrköpfig: Die Dinge hätten sich inzwischen zum Besseren gewendet.

Seans Vater äußerte sich nie über Politik. Das einzige, was ihn interessierte, waren seine Tauben. In der Schule lehrte man sie ein wenig irische Geschichte, doch der „Christian Brother", der sie unterrichtete, war unbeliebt und sie brachten dem, was er sagte, nur geringes Interesse entgegen.

1969 brannten die Protestanten das Haus von Seans Tante Lily nieder, die einen Protestanten geheiratet hatte und in einem protestantischen Viertel lebte. Die Familie mußte für eine Zeit lang in das Haus von Seans Familie umziehen, das zum Bersten voll war.

Seans Bruder Dermot hatte sich der Bürgerrechtsbewegung angeschlossen und vertrat sozialistische Ideen. 1970 wurde er Mitglied der Official IRA. 1971 nahm man ihn fest, anschließend verbrachte er ein Jahr im Long Kesh-Gefängnis.

1974 arbeitete Seans Vater auf einem Bauplatz beim Stadtkrankenhaus. Da kamen Leute von der protestantischen UDA und zwangen alle Katholiken mit dem Gewehr, den Bauplatz zu verlassen. Seitdem hat er nur noch gelegentlich gearbeitet.

Sean verließ die Schule 1976 und besuchte ein staatliches Ausbildungszentrum für Straßenbau. Er pflegte, um von dort nach Hause zu kommen, eine Abkürzung durch ein protestantisches Viertel zu nehmen. Eines Abends wurde er dabei von der lokalen protestantischen Schläger-Bande („Tartangang") abgefangen. Sie schleppten ihn eine Straße entlang und versetzten ihm schwere Fußtritte. Anschließend brachte er zwei Monate im Krankenhaus zu.

Sean schloß sich der IRA an. Allzu viel stellte er dort nicht an – einige Raubüberfälle und Waffenschiebereien. 1978 nahm man ihn fest und brachte ihn in ein Verhörzentrum, wo man ihn heftig schlug. Darauf unterzeichnete er ein Geständnis und erhielt eine Sechsjahresstrafe. Er nahm am Deckenprotest und dem anschließenden „schmutzigen" Protest (gemeint ist die Phase, in der die Gefangenen die Zelle mit Ihren Exkrementen beschmierten, M.B.) teil und lernte Joe kennen, einen der Hungerstreiker, die 1981 starben.

1982 wurde Sean entlassen. Er konnte keine Stelle finden und lebt seitdem von der Arbeitslosenunterstützung. Ein bißchen später im selben Jahr heiratete er Mary; sie bekamen ein Kind, ein weiteres Kind ist auf dem Weg. Er ist nicht erneut Mitglied der IRA geworden, aber sehr aktiv in der Sinn Fein-Partei, wo er eine lokale Beratungsstelle leitet. Sein Bruder Dermot, der inzwischen die Official IRA verlassen hat, arbeitet nun auch in der Sinn Fein-Partei mit.

Seans Großvater befindet sich mittlerweile in einem Altersheim, aber Sean besucht ihn jede Woche. Er versucht den alten Mann dazu zu bringen, von seinen Erfahrungen aus den 20er Jahren zu berichten, aber dieser phantasiert meistens.

Sean hat die ganze Familie dazu gebracht, Sinn Fein zu wählen – d.h. alle mit Ausnahme seiner ältesten Schwester Roisin. Roisins Mann ist Beamter, sie leben in einem konfessionell gemischten Viertel. Die Beziehungen zu ihr kühlten sich ab, da Sean, als er im Gefängnis war, nur einmal oder zweimal von ihr besucht wurde.

Seans Mutter schwankt ein wenig. Sie ist sehr religiös und deshalb nicht damit einverstanden, daß die IRA Menschen umbringt. Bei den letzten Westminister-Wahlen stimmte sie für den Sinn Fein Kandidaten, aber bei den Europawahlen gab sie ihre Stimme den Konservativen.

Sean verfolgte kürzlich im Fernsehen eine Sendung über Nordirland, in der ein Politologe sehr kenntnisreich über die

Entfremdung der katholischen Minderheit sprach. Sean wendete sich zu Mary und sagte: „Weißt Du, meine Liebe, all diese Jahre wußten wir nicht, was uns fehlt. Hier hast Du es, wir sind entfremdet. Das ist es, was wir sind."

IV. Argentinien: Die „unehelichen" Kinder Peróns

von María José Moyano

Der Militärputsch, durch den Juan D. Perón 1955 nach rund 10 Jahren Regierungszeit gestürzt wurde, leitete ein Jahrzehnt tiefer politischer Instabilität in Argentinien ein. Duldeten es die Streitkräfte fortan nicht mehr, daß die Peronisten an der politischen Macht partizipierten, so erwies es sich in der Praxis als ebenso unmöglich, ohne ihre Unterstützung demokratisch zu regieren. Sämtliche Präsidenten, die dies versuchten, wurden zwischen dem Anspruch, eine solide Mehrheitsbasis zu finden und sich dennoch gegen die stärkste politische Kraft innerhalb des Parteienspektrums, die Peronisten, stellen zu müssen, zerrieben; keiner von ihnen erreichte das Ende seiner regulären Amtszeit. Deshalb wurde es allgemein mit einer gewissen Erleichterung aufgenommen, als das Militär 1966 in einem Staatsstreich selbst die Macht übernahm.

Der Putsch von 1966 durch General Onganía, der fünfte seit 1930, unterschied sich deutlich von seinen Vorgängern. Bis dahin hatten die Streitkräfte nur in sogenannten Notsituationen in die Politik eingegriffen und dabei stets die Absicht bekundet, innerhalb kurzer Zeit Wahlen abzuhalten. Diesmal bemächtigte sich das Heer jedoch der Herrschaft, um sie längerfristig auszuüben – das Motto „Argentinische Revolution", unter dem der Staatsstreich durchgeführt wurde, deutete darauf hin, daß grundlegende Veränderungen geplant waren. Allerdings konnte Onganía sein Projekt einer tiefgreifenden autoritären Umgestaltung von Wirtschaft, Politik und Gesellschaft nur ansatzweise verwirklichen. Ab 1969 sah sich das Militär aufgrund zunehmenden politischen Widerstands zum allmählichen Rückzug von der Macht gezwungen. Es hob, sozusagen als politische Beschwichtigungsmaßnahme, den über den Peronismus verhängten Bann auf und ließ freie Wahlen ausschreiben, aus denen, wie zu erwarten war, die Peronisten als Sieger hervorgingen. Peróns Rückkehr 1973, nach 18-jährigem Exil, um (nach 1946 und 1952) seine dritte Amtszeit anzutreten, brachte dem Land jedoch nicht den erhofften inneren Frieden. Bereits Mitte 1974 starb der greise Caudillo und hinterließ die Präsidentschaft seiner zur Vizepräsidentin gewählten Frau Isabel, die der neuen Aufgabe keineswegs gewachsen war. Unter ihr brachen die bereits schwelenden Rivalitäten zwischen den verschiedenen Flügeln des Peronismus offen aus, die Regierung bot ein Bild der Hilflosigkeit, Korruption und Ineffizienz. Dies hatte zur Folge, daß sich die Streitkräfte nach einigem Zögern 1976 erneut zum Eingreifen in die Politik entschlossen. Ihr zweiter, unter der Bezeichnung „Argentinischer Prozeß" (Proceso Argentino) gestarteter Versuch, die Gesellschaft zu „heilen" und von Grund auf zu verändern, fiel weit radikaler aus als der erste. Er war mit einer beispiellos blutigen Verfolgung aller der Opposition Verdächtigen verbunden und fand erst nach der unrühmlichen Niederlage des Militärs im Falkland/Malvinenkrieg gegen England 1982 ein definitives Ende.

Entstehung, Wachstum und Vernichtung der Guerilla, die in Argentinien primär als Stadtguerilla in Erscheinung trat, fallen in die Zeitspanne zwischen 1969 und 1980. Von dem Militärregime Onganías hervorgebracht, wurden die Guerillagruppen von der darauffolgenden Militärdiktatur des „Proceso" schließlich wieder zerschlagen. Dazwischen lag eine Phase raschen, teils geradezu stürmischen Wachstums der Aufständischenbewegung, das ihre Führer dazu verführte, ihr militärisches und politisches Gewicht zu überschätzen.

Wenngleich es zunächst eine ganze Reihe von Guerillaorganisationen gab, schälten sich nach einigen Spaltungen und Fusionen vor allem zwei heraus, die den weiteren Gang des Geschehens bestimmten: das marxistisch-trotzkistisch ausgerichtete Revolutionäre Volksheer (Ejército Revolucionario del Pueblo, ERP) und die linksperonistischen Montoneros (deren Name von den bewaffneten Reiterhorden aus der Zeit der Unabhängigkeitskriege, Anfang des 19. Jahrhunderts, entlehnt war). Entsprach der ERP mehr oder weniger dem üblichen Muster der in den 60er Jahren, im Anschluß an Castros Machtergreifung in Kuba, in zahlreichen Ländern Lateinamerikas sich bildenden bewaffneten linksradikalen Gruppierungen, so waren die Montoneros vor allem ein Produkt der politischen Ächtung des Peronismus. Die Mißachtung des politischen Willens der Mehrheit des argentinischen Volkes, vor allem seiner Unterschichten, zum einen, aufwieglerische, revolutionär klingende Parolen des exilierten Führers der Bewegung zum anderen, hatten einen Großteil der städtischen Mittelschichtjugend zu der Überzeugung gebracht, eine Rückkehr des Peronismus an die Macht werde nicht nur eine Lösung der politischen Legitimitätskrise, sondern auch eine darüber weit hinausgehende Umwälzung der gesellschaftlichen und wirtschaftlichen Strukturen des Landes bringen. Umso größer war die Enttäuschung dieser mehrheitlich aus dem studentischen Milieu stammenden Jugendlichen, als Perón nach seiner Wahl zum Präsidenten keinerlei Anstalten machte, eine soziale Revolution in Gang zu setzen, sondern sich als der auf Ausgleich und sozialen Frieden bedachte Politiker entpuppte, der er im Grunde immer gewesen war. Der Ausdruck „die unehelichen Kinder Peróns" im Titel dieses Kapitels (der übrigens von einem Montonero stammt) spielt auf diese zwiespältige Beziehung zwischen Perón und seiner jugendlichen Anhängerschaft an. Diese wurde von ihm zunächst zu militantem Vorgehen, auch mit Waffengewalt, ermuntert und als Werkzeug zur erneuten Erlangung der politischen Macht benutzt, anschließend jedoch mit ihren Forderungen zurückgewiesen und als „unreif", „grün" und „realitätsfremd" abgekanzelt.

Die argentinischen Guerillaorganisationen zählten zeitweise zu den numerisch stärksten innerhalb Lateinamerikas. In den Jahren ihrer maximalen Entfaltung, 1973 und 1974, dürften sie über rund 7000 geschulte aktive Kämpfer und ein Mehrfaches an Unterstützungskadern und Helfern verfügt haben. Zu ihrer logistischen Infrastruktur gehörten eigene Sendestationen, Druckereien, Autoparks, Falschmünzereien, Lazarette, Produktionsstätten von Waffen und Truppenausbildungsplätze.

Durch Entführungen von Geschäftsleuten und die Erpressung hoher Lösegelder hatten sie ein großes Vermögen angesammelt. Ihre Schlagkraft geht vor allem aus den zahlreichen von ihnen durchgeführten bewaffneten Aktionen hervor. Schon Mitte 1971 brachten sie es auf 77 Aktionen pro Monat. Diese Zahl steigerte sich bis Mitte 1974 auf rund 400 Anschläge im Monat. 1974/75 verloren innerhalb eines Jahres rund 500 Menschen ihr Leben durch politischen Mord (ein Großteil davon wurde allerdings durch die inzwischen ebenfalls entstandenen rechtsradikalen Todesschwadronen, insbesondere die „Triple A", umgebracht). All dies verdeutlicht die Dimensionen der Herausforderung, welche die mit Waffengewalt auf einen politisch-gesellschaftlichen Umsturz hinarbeitenden Guerilleros für die an der Erhaltung der bestehenden Strukturen interessierten Kräfte darstellten. Ihre intensive Bekämpfung und Verfolgung setzte bereits unter dem Peronismus ein, erreichte nach der erneuten Machtübernahme durch das Militär jedoch eine bislang unbekannte Härte und Brutalität, die auch vor der Mißhandlung und Tötung unzähliger unschuldiger Oppositioneller nicht halt machte.[1]

Der folgende Bericht bezieht sich auf die Guerillaerfahrungen zweier Personen, die wir Pedro und Roberto nennen. Das Material für beide Erzählungen stammt aus mehreren Interviews, die in Buenos Aires zwischen September 1987 und Januar 1988 durchgeführt wurden. Beide verlangten, daß ihre Identität geheim bleibe, weshalb gewisse Details und Anekdoten weggelassen und manche Hinweise absichtlich vage gehalten wurden.

Pedro und Roberto gleichen sich darin, daß sie beide mehr als nur einer Guerillaorganisation angehörten und insbesondere mehrere Jahre lang Mitglieder der sogenannten Montoneros waren. Damit hören die Gemeinsamkeiten aber schon auf. Beide stammen aus unterschiedlichen Teilen der Mittelschicht, und während Pedro ein Universitätsexamen bestanden hat, brachte es Roberto nicht einmal bis zum Abitur. Die Entwicklung, die sie bis hin zum bewaffneten Widerstand führte, verlief bei ihnen unterschiedlich. Pedro entschied sich scheinbar erst nach langer Überlegung für diesen letzten Schritt, dagegen bietet Roberto ein gutes Beispiel für die Devise „on s'engage, puis on verra" (etwa: „zuerst mitmachen, dann wird man weiter sehen"). Pedro ist ein ausgesprochener Rationalist, Roberto dagegen die reine Emotionalität. Vielleicht näherten sie sich deshalb der Gewalt auf unterschiedlichen Wegen und verarbeiteten sie unterschiedlich. Schließlich endete die revolutionäre Erfahrung Pedros im Gefängnis, während Roberto ins Exil ging, nachdem er zuvor den Guerillaverband verlassen hatte.

Worin die beiden Berichte wiederum übereinstimmen, das ist die nachträgliche Beurteilung des Erlebten. Sowohl Pedro als auch Roberto halten die Stadtguerilla immer noch für eine Form politischen Kampfes, der unter bestimmten Umständen die Legitimität nicht abzusprechen ist. Was sie persönlich betrifft, so gehört diese Form allerdings der Vergangenheit an. So sagt Pedro: „Ich schließe nicht aus, daß es in einigen Jahren wieder zu einem Aufruhr kommen könnte. Auch erschiene es mir nicht ethisch verwerflich, wenn jemand Astiz umbrächte. Aber das werden nicht wir sein. Es ist nicht an uns, irgendeine Führungsrolle zu übernehmen. Wir werden den bewaffneten Kampf unterstützen, sofern uns dies richtig erscheint, aber gegenwärtig ist es das nicht, oder wir werden unsere Erfahrungen einbringen, aber wahrscheinlich wird das Ganze an uns vorbeigehen." Roberto drückt es kürzer aus: „Die Demokratie erreicht uns als Alte."

1. Pedro – Faszination der Macht

Wie viele seiner alten Waffengefährten stammt Pedro aus einer Mittelschichtfamilie von Buenos Aires, sein Vater war Akademiker, die Mutter Hausfrau. Im Unterschied zu vielen ehemaligen Kameraden identifizierte sich jedoch Pedros Familie traditionell mit dem Peronismus. Diese Tatsache läßt seine Erfahrung in doppelter Hinsicht interessant erscheinen. Zum einen enthält sein Bericht konkrete Hinweise auf die Nachteile und Schikanen, welche die Angehörigen der unterdrückten peronistischen Bewegung nach 1955 erdulden mußten. Zum anderen erlaubten ihm seine Kindheitserfahrungen, sowohl als Guerillero als auch heute jene Züge präzis zu erfassen, in denen sich der Peronismus der 70er Jahre von dem der vorangegangenen Epoche unterschied.

Pedros Radikalisierung hing eng mit dieser politischen Bindung seiner Familie an den Peronismus zusammen, wie er selbst betont. Er behauptet, sich noch genau an jene Ereignisse zu erinnern, welche dem Sturz Peróns vorausgingen und darauf folgten: die Bombardierung der Stadt Buenos Aires während des Militärputsches; der peronistische Aufstand 1956, der von General Lavalle angeführt wurde; die sog. Operation Rückkehr (Operación Retorno), durch die Perón nach Argentinien zurückzukommen suchte (ein Unternehmen, das mißlang, da er in Brasilien festgehalten wurde); die Kampfpläne und -maßnahmen der Confederación General del Trabajo, der peronistischen Gewerkschaftszentrale.

Der Familienkreis war nicht nur von dem Los betroffen, das dem Peronismus auf nationaler Ebene beschieden war, sondern verhalf Pedro zugleich zu seiner ersten persönlichen „Unterdrückungserfahrung", wie er sie bezeichnet. Nachdem er ursprünglich in einer bekannten Privatschule als Schüler eingeschrieben war, wurde ihm nach dem antiperonistischen Putsch der Zugang zu dieser Schule verweigert, da sein Vater eine bekannte peronistische Persönlichkeit war. Während der Phase des „peronistischen Widerstands" bildet das väterliche Haus einen Treffpunkt für Politiker des abgesetzten Regimes. Pedro erinnert sich an sie als eine immer kleiner werdende Gruppe melancholischer Alter, die in Cafés zusammenkamen, um über die Vergangenheit zu reden. Es waren besiegte und gebrochene Männer, denn je deutlicher der Dauercharakter des neuen Militärregimes wurde, umso mehr breitete sich innerhalb des Peronismus die Überzeugung aus, daß Perón nicht mehr zurückkehren und seine Bewegung keine Zukunft mehr haben würde. Das Schauspiel eines in Auflösung begriffenen Peronismus, das durch jene um einen Kneipentisch versammelte Männer symbolisiert wurde, schien eine Lehre nahezulegen: nämlich, daß der Hauptirrtum 1955 darin bestanden habe, sich widerstandslos dem Militärputsch zu fügen, anstatt das Volk zu bewaffnen. „Für den Peronismus war das klar".

Pedro bestätigt, daß die Bildungsinstitutionen maßgeblich zu seiner Radikalisierung beigetragen hätten. Während er die ersten Schuljahre in einer Privatschule verbrachte, besuchte er während der Sekundarstufe das „Colegio Nacional" von Buenos Aires. Es handelte sich um eine staatliche Einrichtung, die dank ihrer hohen Ansprüche immer ein enormes Ansehen genoß. In ihr herrschte eine ausgesprochen progressive Atmosphäre, was ständige Debatten über politische und soziale Ideen unter den Schülern begünstigte. In jener Zeit – Mitte der 60er Jahre – trafen im „Colegio Nacional" mehrere der Gründungsmitglieder und künftigen Führer von Guerillaorganisationen, insbes. der Montoneros und der „Revolutionären Streitkräfte" (Fuerzas Armadas Revolucionarias, FAR), zusammen.

Nach Abschluß des Abiturs schrieb sich Pedro als Student der Sozialwissenschaften an der Universität von Buenos Aires ein. Onganía hatte die Universitäten einer eisernen Kontrolle unterworfen. Ihre traditionelle Autonomie, die in der Selbstverwaltung durch einen Rat von Professoren, Studenten und Assistenten ihren Ausdruck fand, war konsequent beseitigt worden. Die Studentenschaft, insbesondere jene der Philosophischen Fakultät und der verschiedenen Sozialwissenschaftlichen Fächer, befand sich in deutlicher Opposition zum Militärregime, und trotz des offiziellen Verbotes gab es eine Menge studentischer Organisationen. Zahlreiche Protestakte und -märsche fanden statt, sei es um auf eine Schwachstelle des Bildungssystems hinzuweisen, sei es um sich allgemein gegen eine Regierungsmaßnahme aufzulehnen. Diese Märsche und Blitzaktionen erforderten eine sehr sorgfältige Vorbereitung. Nachdem jede Art von politischer Meinungsäußerung ausdrücklich verboten war, wurden die Protestakte mittels mündlich übermittelter Einladungen organisatorisch vorbereitet. Jeder der „Eingeladenen" verpflichtete sich, eine bestimmte Zahl von Teilnehmern zu mobilisieren. Alle Teilnehmer trafen sich in einer Überraschungsaktion zu einer festgelegten Zeit an einem vereinbarten Ort, es wurden Reden gehalten und Flugblätter verteilt, und ehe die Sicherheitskräfte eintrafen, hatte sich die Versammlung bereits mit der gleichen Geschwindigkeit aufgelöst, mit der sie sich gebildet hatte. Allerdings ließen sich blutige Zusammenstöße mit der Polizei nicht immer vermeiden. Der Tod einiger Demonstranten verlieh der Konfrontation zwischen der Regierung und den Studenten zusätzlich symbolische Bedeutung.

Bereits auf dem Gymnasium, vor allem aber im Rahmen der studentischen Protestaktionen entwickelte sich Pedro zu einem politischen Kämpfer, wobei er das Einmalige der historischen Situation unterstreicht. „Was wir damals gemacht haben, wäre in einem anderen Zusammenhang undenkbar. Die Welt hat sich verändert." Man darf das intellektuelle Klima nicht vergessen, in dem diese Generation groß wurde: die progressive Wendung der Katholischen Kirche im Anschluß an das II. Vatikanische Konzil; der Einfluß der Kubanischen Revolution; die Maiereignisse von 1968 in Frankreich und, genau ein Jahr danach, ihre argentinische Version, der „Cordobazo". Mao Tse Tung und Clausewitz waren in bestimmten studentischen Kreisen Pflichtlektüre, Fanon und die algerische Revolution übten eine besondere Faszination aus. Alle, so berichtet Pedro, hatten mehrere Male den Film „Die Schlacht von Algier" (La batalla de Argel), gesehen, alle lasen das Buch „Algerien im 8. Jahr" (Argelia Año 8). Man diskutierte heftig darüber, welcher revolutionäre Weg für Argentinien am geeignetsten sei, eine allgemeine Volkserhebung oder der bewaffnete Kampf. „Es war eine rein theoretische Diskussion. Praktisch ging es darum, ob man für den bewaffneten Kampf war oder dagegen. Jene, die für eine Volkserhebung waren, wollten in Wirklichkeit nur dem bewaffneten Kampf aus dem Wege gehen. Andere, wie wir, dachten, beide Formen ließen sich verbinden, da eine Volkserhebung sich in keinem Fall ganz spontan vollziehen und allein auch nicht ausreichen würde; andererseits schienen bewaffnete Aktionen ohne breitere Volksunterstützung sinnlos zu sein."

Die politische Ausrichtung der Familie, seine Erfahrung als Student und das internationale geistige Klima sind die Hauptfaktoren, die, so Pedro, allmählich seinen Entschluß reifen ließen, sich der Guerilla anzuschließen. Einen Umstand, der diesen Entschluß besonders beschleunigt hätte, kann er nicht nennen. Er suchte in der Universität eine Kontaktmöglichkeit, bis er sie fand und seinen Wunsch äußerte, einer Guerillagruppe beizutreten. Zu jener Zeit war die Eingliederung in einen Kampfverband noch ein langwieriger Prozeß, der eine Probephase einschloß. Als Anwärter auf Mitgliedschaft nahm Pedro sechs Monate lang Befehle entgegen, ohne zu wissen, welche Organisation sie erließ – auch dies etwas in jener Phase durchaus Übliches. Man schickte Pedro zur Arbeit in Armenviertel im Großraum von Buenos Aires.

Nachdem die sechs Monate verstrichen waren, trat Pedro, der nunmehr 21 Jahre alt war, förmlich der Gruppe der „Hemdlosen" (Descamisados) bei. Es handelte sich dabei um eine sehr kleine, etwas umständlich operierende Organisation. Ihre Mitglieder mußten so tun, als seien sie unpolitische Personen; sofern sie, wie Pedro, eine politisch militante Vergangenheit aufwiesen, mußten sie vorgeben, das Interesse an der Politik verloren zu haben. Gleichzeitig täuschten sie vor, sich ein Hobby zugelegt zu haben, das einen großen Teil ihrer freien Zeit in Anspruch nahm und als Erklärung dafür dienen konnte, warum sie manchmal zwei bis drei Tage außerhalb des elterlichen Heimes verbrachten oder in dieses Personen einluden, die offenbar nicht ihre persönlichen Freunde waren. Im Unterschied zu dem, was üblicherweise angenommen wird, bedeutete die Mitgliedschaft in einer Guerillaorganisation keineswegs automatisch das Abtauchen in den Untergrund. Ganz im Gegenteil. Zu jener Zeit hatten alle Kämpfer, die von den Sicherheitsdiensten noch nicht als Angehörige einer bewaffneten Gruppe identifiziert waren, den Status eines „nicht-geheimen" Mitglieds. Hierfür waren praktische Gründe maßgebend, konnte sich doch auf diese Weise der größte Teil der Kämpfer selbst versorgen, ohne auf die Mittel der Guerillaorganisation zurückgreifen zu müssen. Entsprechend dieser Strategie verband Pedro während seiner Universitätszeit seine politischen Aktivitäten mit einer Reihe von kurzfristigen Beschäftigungen. Das entsprach den gängigen Verhaltensmustern: In einer Gesellschaft, in der der

Heranwachsende bis zur eigenen Heirat im allgemeinen im elterlichen Heim verblieb, das auch für seine Grundbedürfnisse sorgte, und der Staat sich um seine Ausbildung kümmerte, widmete sich der Student aus der Mittelschicht seinen Studien und betrachtete Jobs als Mittel zur Deckung seiner privaten Ausgaben.

Aufgrund der erwähnten organisatorischen Erfordernisse mußten die Familie und die Freunde vollständig in Unwissenheit gehalten werden. Nur dem Vater gegenüber beschloß Pedro aufrichtig zu sein. „Er war sehr beeindruckt. Der Alte ist ein sehr friedfertiger Typ." Die Enthüllung stieß bei ihm nicht auf Tadel, eher auf Verständnis. Das hing damit zusammen, daß der Radikalisierungsprozeß sich nicht auf jene beschränkte, die sich zur Teilnahme am bewaffneten Kampf entschlossen hatten: „Bis 1973 gab es in den verschiedenen sozialen Schichten breite Unterstützung. Vor allem in der Unterschicht fanden ‚die Jungs' (los muchachos) Rückhalt und Verständnis. Fast alles, was wir anpackten, zahlte sich politisch aus. Die Mittelschichten waren gespalten, verurteilten uns jedoch nicht. Ihre Unterstützung war mehr allgemeiner Natur. Alles hing mit einem gewissen Romantizismus und der Schwäche für die Jugend zusammen."

Gegen Ende 1972 schloß sich die Gruppe der Descamisados – und mit ihnen Pedro – der Organisation der Montoneros an, die im Laufe der Zeit mehrere der anderen Kampfverbände schluckte: „Die Descamisados trugen zur Verbesserung der Struktur der Montoneros bei. Bis dahin hatten sie bei den Montoneros wenig Ahnung, die Fehler, die sie machten, waren unverzeihlich." Pedro wurde militantes Mitglied der Montoneros und erreichte als solches den Rang eines „Offiziers", bis er einige Monate vor dem Militärputsch von 1976 verhaftet wurde. In der Zwischenzeit hatte er erfolgreich sein Universitätsstudium abgeschlossen.

Die große Popularität, deren sich die Guerillaorganisationen erfreuten, hatte die peronistische Regierung 1973 dazu veranlaßt, eine allgemeine Amnestie zu beschließen. Die Montoneros waren der unbestrittene Liebling: „Sie waren so beliebt, daß

Du, wenn Du in einem Armenviertel politisch gearbeitet hast, sagen mußtest, Du gehörst zu den Montoneros und nicht zu den Descamisados, denn alle wollten ‚die von der Montonero-Gruppe sehen‘." Pedro erklärt diesen Erfolg mit zwei in seinen Augen besonders geschickten Aktionen der Organisation. Die erste war die Entführung und Tötung von General Aramburu, eine Operation, durch die die Organisation in der Öffentlichkeit bekannt wurde. Aramburu hatte den Putsch von 1955 maßgeblich geleitet und den Peronismus sehr hart unterdrückt: „Mit dieser Operation waren alle Zweifel an der politischen Identität der Montoneros beseitigt. Jeder Peronist identifizierte sich mit ihnen." Das zweite sei die Entscheidung der Montoneros gewesen, sich an der Wahlkampagne von 1973 auf der Seite der Peronisten zu beteiligen, eine Entscheidung, die vom Standpunkt der revolutionären Theorie reine Häresie war."

Der letzte Kommentar ist bezeichnend für einen der auffälligsten Züge von Pedro: Seine ständige Betonung pragmatischer Politik. Wie er erklärt, unterschieden sich die Montoneros von der marxistischen Guerilla dadurch, daß letztere immer von der Theorie ausging, um zur politischen Praxis zu gelangen. Sein Pragmatismus wird auch deutlich, wenn er zu erklären versucht, warum eine Organisation wie die Montoneros, die sich als revolutionär bezeichnete, dennoch außerstande war, mit den etablierten Regeln über die Beziehung zwischen den Geschlechtern zu brechen: „Es gab viele Frauen in Führungspositionen, aber es gab noch mehr Frauen als einfache Kämpferinnen. Das ist verständlich, denn zum Kampf bedarf es einer nicht allzu großen körperlichen Widerstandsfähigkeit, aber für Führungsaufgaben reicht das nicht aus." Andererseits stellt er, nicht ohne Stolz, fest: „Du darfst nicht vergessen, daß die Frauen praktisch inexistent waren, bis wir auf der Bildfläche erschienen, es gab sie weder in den Parteien noch in den Unternehmen. Wir haben hier einen Wandel bewirkt, zumindest ansatzweise."

Er ist der Ansicht, die Montoneros hätten ihre größten Erfolge dann erzielt, wenn es ihnen gelungen sei, politische und militärische Aktionen miteinander zu verbinden. Als aktives Mitglied, zunächst der Descamisados und später der Montoneros, nahm Pedro an beiden teil, doch ist es nicht dieser Aspekt seines Lebens als Guerillero, über den er reden möchte. Und zwar nicht, weil er irgendwelche diesbezüglichen Hemmungen hätte, sondern weil ihn nichts mehr begeistert, als über Strategien, Optionen und Machtbeziehungen zu sprechen. Auch dies ist ein bemerkenswerter Zug an ihm. Während andere mit nostalgischen Gefühlen an das Netzwerk von Freundschaften und Affekten zurückdenken, das sich im Rahmen des Lebens im Untergrund entwickelte, läßt sich Pedro über die hohen intellektuellen Qualitäten einiger seiner ehemaligen Kameraden aus. Die bewaffneten Organisationen, so berichtet er, hatten in ihren Reihen einige das Durchschnittsniveau der Leute weit überragende Individuen. Er erinnert sich an mehrere inzwischen tote Führer, die über ein enormes Wissen verfügten, das sie dazu befähigte, auf die Argumente eines Gesprächspartners einzugehen und sie bis zu dem Punkt weiterzuentwickeln, an dem ihre innere Widersprüchlichkeit zutage trat.

Pedro betont, daß die argentinische Guerilla ein Phänomen der Jugend war. Davon ausgehend, daß das Scheitern des Peronismus 1955 auf das Fehlen von Arbeitermilizen zurückzuführen war, zog die Jugend den Schluß, daß die peronistische Bewegung, da sie mit Gewalt von der politischen Macht verdrängt worden sei, nur mit Waffengewalt die Macht zurückerobern könne. Der bewaffnete Kampf erschien nicht nur als das geeignete Mittel, die politische Ächtung des Peronismus zu beenden, sondern schien sich aus der politischen Erfahrung Argentiniens selbst zu ergeben. Die Ereignisse seit 1955 wurden als Beweis dafür angesehen, daß die traditionellen Methoden und Formen der Politik nicht ausreichten, um irgendeinen Wandel herbeizuführen: „Da war die allgemeine Überzeugung, das bringt nichts mehr, hier muß etwas anderes gemacht werden."

Die Betonung des jugendlichen Elementes in der Guerilla bedeutet keine Abwertung der Motive derer, die sich dem bewaffneten Kampf anschlossen. Bis 1973 waren diese Motive nach Pedro überwiegend ideologisch-politischer Natur. Ausgangspunkt war eine Einschätzung der Weltsituation, nach der die Länder in zentrale und periphere eingeteilt werden konnten.

Letztere – zu denen auch Argentinien zählte – waren einem Grad von Ausbeutung ausgesetzt, der nur durch eine Revolution zu beseitigen war. Der Nationalismus war wesentlicher Bestandteil dieses revolutionären Impulses. Er fand seinen Ausdruck primär in einer Anti-Yankee-Einstellung, die als der positivste Aspekt der verschiedenen zeitgenössischen Revolutionsprozesse betrachtet wurde. Der Nationalismus kam auch in der Entschlossenheit zum Tragen, keine fremden Modelle für die eigene Politik zu verwenden, weder in der Phase des bewaffneten Kampfes, noch nach einem eventuellen Triumph. Hauptzweck des bewaffneten Kampfes war zunächst, den Volksmassen ein Gefühl der Macht zu vermitteln, um sie für politische Aktionen mobilisieren zu können. Das Endziel sollte die Errichtung eines sog. sozialistisch-nationalen Regimes sein: „Wir waren für ein gemischtes Modell, das die kleine und mittlere Bourgeoisie einschließen sollte. Wir trachteten nicht nach einer Umwälzung nach sowjetischem Muster, sondern wollten zwar einen starken Staat, aber die Anerkennung sozialen und privaten Eigentums."

Ab 1973 wurde nach Pedro die Situation konfuser. Aufgrund der Amnestie waren die Guerillaorganisationen nunmehr legal anerkannt. Darauf erfolgte eine Reihe von Spaltungen und Fusionen, aus denen der ERP und die Montoneros als die zwei Hauptorganisationen hervorgingen. Die letzteren erfuhren nun einen raschen Zuwachs, dem sie strukturell nicht gewachsen waren; aufgrund einer Art von Ansteckungseffekt waren die neuen Mitglieder oft besonders radikal: „Das Dickwerden (Engorde) war schädlich für uns." Die jugendlichen neuen Guerilleros, so Pedro, hatten eine unglaubliche Energie, waren jedoch zugleich unwissend und unreif; deshalb machten sie sich eine „heroische Weltsicht" zu eigen, in der die politische Machtübernahme in greifbarer Nähe lag. Sie glaubten an eine lineare Entwicklung der argentinischen Geschichte, die mit der Integration der Mittelschichten in das politische Geschehen zu Anfang des Jahrhunderts begann und über die erste peronistische Regierung bis zur scheinbar letzten und entscheidenden Herrschaftskrise der Gegenwart führte.

Die Montoneros wurden 1975 durch Isabel Perón erneut verboten. Ein Jahr zuvor hatte allerdings die Organisation selbst schon ihren legalen Status freiwillig aufgegeben. Pedro erklärt diesen Rückzug aus der legalen politischen Sphäre mit dem Konflikt zwischen den Montoneros und Perón kurz vor dessen Tod. Nach diesem Konflikt sei für den weiteren Kurs der Organisation im wesentlichen ihre eigene innere Entwicklung maßgeblich gewesen. Während sie bis zu diesem Augenblick versucht hätte, auf die Massen Einfluß zu nehmen, sei ihre Politik von da an nur noch durch die Militanz der eigenen Kader bestimmt worden.

Eine Folge des freiwilligen Rückzugs in die Illegalität war nach Pedro die zunehmende Isolierung der Montoneros. Die Organisation merkte nicht, daß die Gesellschaft die Gewaltaktionen mehr und mehr als einen Krieg zwischen zwei „Banden", nämlich den Gruppen des Rechts- und des Linksradikalismus, auffaßte; desgleichen war sie nicht flexibel genug für eine Annäherung an die marxistische Guerillaorganisation ERP, um gemeinsam mir ihr gegen die Karikatur von Demokratie zu kämpfen, zu der die Regierung von Isabel Perón geworden war.

Pedro verbrachte einen großen Teil der letzten Militärdiktatur im Gefängnis, er wurde erst nach der Niederlage im Malvinas/Falkland-Islands-Krieg (1982) in die Freiheit entlassen. Sowohl im Gefängnis als auch im Exil gibt es nach seiner Aussage zwei Kategorien von Guerilleros. Zum einen die „Gebrochenen" (quebrados), d. h. jene, die im Exil bestrebt waren, sich voll und ganz in die Gesellschaft einzugliedern, die sie aufgenommen hatte; soweit sie eingesperrt waren, schworen sie gänzlich ihrer Vergangenheit ab, und einige gingen unter Umständen sogar so weit, Dokumente mit Reuebekenntnissen zu unterzeichnen, die von den Sicherheitskräften für propagandistische Zwecke benutzt wurden, oder aktiv mit den Repressionsorganen zusammenzuarbeiten. Dagegen wollten die „Kämpfer" ihre Exilsituation nicht wahrhaben und fuhren fort, sich ausschließlich der Politik zu widmen, wobei sie vergaßen, daß sie sich nicht in Villa Martelli (Argentinien) befanden, sondern in Madrid oder Rom. Im Gefängnis erhielten sie ihre militärischen

Strukturen aufrecht und forderten ununterbrochen bessere Haftbedingungen.

Pedro zählt sich zu den letzteren. Das verdankt er vielleicht seiner Verhaftung, die ihn vor der Phase des „militaristischen Wahnsinns" – so die von ihm gewählte Bezeichnung – bewahrte. Pedro spricht, wie andere ehemalige Guerilleros, von „ihnen", „den Montoneros", was sich in seinem Fall gewiß mit der durch seine Gefangenschaft bedingten Trennung von der Organisation erklären läßt. Doch die Haftatmosphäre erzeugte auch Zweifel und eine gewisse Demoralisierung. Obwohl Pedro vielen Verhaltensweisen und Entscheidungen der Montoneros äußerst kritisch gegenübersteht, zweifelte er doch nie an der Berechtigung der ursprünglichen Zielvorstellungen. Desgleichen fährt er fort, sich als Peronist zu bezeichnen, wenngleich er zugibt, daß Perón die Montoneros vernichten wollte und über die Aktivitäten der „Triple A" informiert war.

Daß Pedro kein „Gebrochener" ist, erklärt sich teilweise auch aus bestimmten Zügen seines Charakters. Pedro ist ein primär kopfgesteuerter Mensch. Der einzige Augenblick, in dem er die genaue, fast klinisch saubere Analyse seiner Geschichte unterbrach, war, als er auf das Zusammentreffen mit einem Mitglied der obersten Führung der Montoneros einging. „1982 kam er heimlich nach Buenos Aires und bat mich um eine Unterredung. Ich hatte erst vor kurzem das Gefängnis verlassen. Wir sahen uns, das war sehr bewegend nach so vielen Jahren. Er begann von einem großen Schlag (Argentinazo) zu sprechen. Sie hatten etwas für den Tag des Vielparteientreffens (multipartidaria) vor. Es kam mir seltsam vor und ich dachte, sollte ich nach soviel Jahren Gefängnis immer noch nicht gebrochen sein? Aber nein, es handelte sich um etwas neues Verrücktes und sie hatten damit Erfolg." Man darf auch Pedros Verhältnis zur Gewalt nicht unerwähnt lassen. Er kann zwar nicht mit der Spitze der Montoneros in einen Topf geworfen werden, die 1976 kaltblütig in Rechnung stellte, daß sie beim Widerstand gegen das Militärregime 80% ihrer Kampftruppen einbüßen würde. Nachdem er aber einmal von der Wirksamkeit des bewaffneten Kampfes überzeugt war, scheint es Pedro keine größeren inneren Schwierigkeiten bereitet zu haben, Situationen zu akzeptieren, in denen die Gewalt unschuldige Opfer forderte.

Mit dem Vorteil, den die historische Rückschau bietet, stellt Pedro fest, daß die Montoneros drei Problemen gegenüberstanden, denen sie nicht gewachsen waren. Das erste bestand darin, daß die Organisation zu schnell wuchs. Eng damit hing zusammen, daß sie sich der Mobilisierungskraft nicht bewußt war, die sie erlangt hatte, und, als sie dieser gewahr wurde, daraus die falsche Schlußfolgerung zog, sie sei zu einem ernst genommenen Gesprächspartner der Regierung geworden. Drittens schließlich habe das mit der Entführung der Gebrüder Born erpreßte Lösegeld in Höhe von 60 Millionen Dollar der Organisation ein wirtschaftliches Machtpotential verschafft, das die Verantwortungslosigkeit förderte.

Trotz allem hat sich seine Bewertung der Gewalt als Methode nicht wesentlich geändert. Heute wie damals ist er der Ansicht, daß die revolutionäre Gewalt eine Antwort auf die Gewalt des Systems darstellt, die sich in Ungerechtigkeiten und sozialer Ausgrenzung äußert. Allerdings hält er gegenwärtig den bewaffneten Kampf nur gegen ein politisches Regime für gerechtfertigt, das keine politischen Freiheiten duldet. Gleichzeitig wendet er sich gegen die sog. Theorie der „zwei Dämonen", wie sie von der bis 1989 regierenden Radikalen Partei (Union Cívica Radical, UCR) vertreten wurde. Nach dieser Theorie sind bewaffneter Widerstand und Staatsterrorismus nur die zwei Seiten derselben Medaille, und es mache keinen Sinn, den zweiten zu verurteilen ohne auch den ersten abzulehnen, mit dem der Terrorismus beginne und der zu seiner Rechtfertigung benützt wird. Pedro glaubt, die Theorie der zwei Dämonen reduziere das gesamte vergangene Geschehen auf das pathologische Verhalten einer Gruppe von Individuen, der Guerilleros, das entsprechende Reaktionen einer anderen Gruppe mit ähnlich pathologischen Zügen, der repressiven Sicherheitskräfte, ausgelöst habe. Dabei würden die Ziele des sozialen Wandels aus den Augen verloren: „Wir waren nicht verrückt, sondern von einem großen Willen, etwas zu verändern, erfüllt. Unser Verdienst bestand in der Entdeckung, daß Gewalt Wandel herbeiführen kann, eine Idee, der unser Scheitern nichts anhaben kann. Bis 1973 war legitim, was wir machten; 1973–1976 waren wir im Irrtum. Doch haben wir der argentinischen Politik eine Wende gegeben."

2. Roberto – Guerilla als Ersatzfamilie

Roberto und seine Geschwister sind Argentinier der ersten Generation. Die Vorfahren beider Eltern kamen aus dem spanischen Baskenland. Die väterliche Familie war sozialistisch, die mütterliche rechtsrepublikanisch. Innerhalb der Familie, die in Buenos Aires ansässig war, wurde der spanische Bürgerkrieg im Kleinen fortgesetzt, in dem der Großvater und der Vater von Roberto mitgekämpft hatten. Noch heute erinnert sich Roberto genau an gewisse Anekdoten des Großvaters väterlicherseits und erklärt, er habe sich in seiner Kindheit aus Mitgefühl mit diesem Mann, der den Krieg verloren hatte, als Sozialist gefühlt.

Die Familienstreitigkeiten erstreckten sich auch auf religiöse Fragen. Die mütterliche Familie war tief katholisch, die väterliche hingegen atheistisch. Die Mutter hatte sich aber durchgesetzt, so daß Roberto und seine Brüder auf eine katholische Schule geschickt wurden. Roberto bestreitet indessen, daß die Religion seinen politischen Werdegang und dessen Motive entscheidend beeinflußt habe: „Ich war Katholik bis zu einem bestimmten Grade", sagt er und berichtet mit einer gewissen Geringschätzigkeit von anderen Guerilleros, die aus einem militanten katholischen Milieu zu den radikalen politischen Gruppen gestoßen waren und lange Stunden damit verbrachten, die Texte der Kirchenväter nach Rechtfertigungen für die Gewaltaktivitäten abzusuchen, die sie vorhatten: „Sie wollten im voraus die Absolution. Das geht aber bei einem Katholiken nicht. Töten ist immer schlecht, und aus."

Konflikt und Streit waren die hervorstechenden Merkmale der Familie von Roberto. Wie er ausführt, gab es ständig Auseinandersetzungen; sie wurden noch durch den Umstand gesteigert, daß der Vater, der bei der Handelsmarine beschäftigt war, oft lange nicht zuhause war. Seine Vaterrolle wurde dann ersatzweise von einem Onkel wahrgenommen, einem in persönlicher wie politischer Hinsicht autoritären Mann, der an dem Militärputsch von 1955 und der darauf folgenden Regierung beteiligt war. Die Neffen lehnten sich gegen das autoritäre Verhalten des Onkels auf und schlossen sich zusammen, um sich dagegen wehren zu können.

Die Familie hatte nicht unter wirtschaftlichen Entbehrungen zu leiden: „Wir lebten gut, hatten zwar keinen Überfluß, aber es fehlte uns an nichts." Als Roberto jedoch dreizehn Jahre alt geworden war, verschlechterte sich die wirtschaftliche Situation der Familie und die Kinder mußten von der Privatschule der Salesianer auf eine Staatsschule überwechseln. Von da an ging, so Roberto, alles sehr schnell. Auf Empfehlung seines Vaters hatte Roberto das Buch „Krieg der Guerillas" (Guerra de Guerrillas) von Ernesto Guévara gelesen. Kurz darauf starb der „Che" in Bolivien, was bei Roberto einen starken Eindruck hinterließ. Schüler und Studenten begannen sich zu organisieren. An Robertos Schule gab es einen Pedell, der bereits einer Guerillaorganisation, den Bewaffneten Peronistischen Streitkräften (Fuerzas Armadas Peronistas, FAP), angehörte und lange Gespräche mit Roberto führte. Als dieser 14 Jahre alt war, gründete er mit einigen befreundeten Oberstufenschülern eine Gruppe. Als typisches Produkt der Rebellion Heranwachsender verfolgte die Gruppe auch politische Ziele. Anfangs stiftete sie vor allem Unruhe in der Schule, dann legte sie kleinere Sprengkörper, schließlich begann sie in den Armenvierteln politisch zu arbeiten.

Die Schülergruppe suchte Kontakt zu den FAP, die sie für eine spätere Mitgliedschaft vorbereiteten. Nachdem Roberto die Sekundarstufe abgeschlossen hatte und 18 Jahre alt war, schlossen sich er und seine Freunde förmlich den FAP an. Inzwischen hatte er zwar die fünf obligatorischen Jahre auf der Oberstufe verbracht, doch seine politischen Aktivitäten wirkten sich negativ auf seinen Schulerfolg aus. Er hätte noch einige Zusatzprüfungen ablegen müssen, um das Abitur zu erlangen, was er jedoch nie tat.

Die FAP gliederten sich nicht nach militärischen Rängen, sondern bestanden aus kleinen Gruppen, deren Führer lediglich
den Titel „Verantwortlicher" (responsable) erhielten. Außer für
die politische Arbeit und militärische Operationen traf sich die
Gruppe auch wöchentlich zu Sitzungen, die angeblich der politischen Diskussion dienen sollten, von Roberto jedoch als „psy-
chotherapeutische" Gespräche eingestuft werden, da in ihnen
alle möglichen Fragen zur Sprache kamen. Zu dem Zeitpunkt,
da sich Roberto den FAP anschloß, befanden sich diese bereits
mitten in einer schwierigen internen Auseinandersetzung, die viele Austritte nach sich ziehen sollte. Roberto und die übrigen Mitglieder seiner „Zelle" verließen die FAP bald, um zu den Decami-
sados und schließlich zu den Montoneros überzuwechseln.

Seine Brüder waren über seine Untergrundtätigkeit auf dem
laufenden. Einer von ihnen war ebenfalls vorübergehend am
bewaffneten Widerstand beteiligt. Die Eltern wußten von
nichts, allerdings dürfte die Mutter, wie Roberto meint, etwas
geahnt haben. Im allgemeinen, so erklärt er, hätten die Familien
nicht negativ auf die Nachricht reagiert, daß eines ihrer Mitglieder der Guerilla angehöre. Während der Militärregierung von
1966–1973 hätte die Guerilla mit einer breiten Unterstützung
von seiten verschiedener sozialer Schichten rechnen können.
Über diese Tatsache, so Roberto, habe sich die argentinische
Gesellschaft nie Gedanken gemacht, was die Beliebtheit und
Verbreitung der Theorie der „zwei Dämonen" erkläre. Denn
diese gestatte es, unter Ausblendung der Rolle der Gesellschaft
die Guerilla und die repressiven Sicherheitskräfte allein für die
politische Gewalt verantwortlich zu machen, die das Land in
den letzten 20 Jahren erduldete.

Man kann die Motive, die Roberto zur Teilnahme am bewaffneten Widerstand veranlaßten, unmöglich verstehen, ohne die
Verflechtung seiner Entwicklung mit der einer ganzen Gruppe
zu berücksichtigen. Er ist einer jener zahlreichen Fälle, in denen
eine Freundesgruppe sich mehr oder weniger zufällig für einen
bestimmten Kurs entschied, so daß daraus folgende Aktionen
automatisch dadurch gerechtfertigt waren, daß auch die Freunde mitmachten. Dies bedacht war der entscheidende Schritt für

Roberto nicht erst der Anschluß an eine Guerillaorganisation, sondern bereits das militante politische Engagement in der Schülergruppe. Der Übergang zum bewaffneten Kampf folgte der oben beschriebenen Logik.

Das alles bedeutet jedoch nicht, daß Robertos Teilnahme am bewaffneten Kampf letztlich nur Ausdruck der typischen Protesthaltung einer Gruppe Jugendlicher gewesen wäre. Robertos intellektuelle Entwicklung fiel zwar erst in die Zeit nach der Guerillaerfahrung. Er verfügte zu Beginn seines politischen Engagements aber schon über ein klares Weltbild: Nur der Sozialismus würde der Ausbeutung ein Ende setzen, und zwar – in einer Gesellschaft mit einer verspäteten Entwicklung, nicht allein über graduelle gewaltlose Veränderungen. Wie Roberto heute einräumt, orientierte sich diese von vielen gleichaltrigen Kameraden geteilte Weltsicht stark an dem verführerischen Beispiel der Revolutionen in Kuba und Algerien. Man zog zu viele Parallelen, sagt er: „Nie erkannten wir, daß die Algerier gegen die Franzosen kämpften, und wir gegen Argentinier. Hier gab es kein Besatzungsheer. So etwas hätte unser Vorgehen legitimiert, aber das gab es nicht. Alles lief nach dem Motto ‚so wie‘ und ‚als ob‘ ab. Das Übermaß an Metaphorik machte uns den Garaus.“

Tatsächlich hing die Rechtfertigung der Gewaltanwendung bei Roberto aufs engste mit der politischen Situation Argentiniens zusammen. Er und seine Altersgenossen wuchsen, wie er sagt, ohne Vorbilder auf. Sie konnten weder im Verhalten der Eltern noch bei den öffentlichen Persönlichkeiten etwas entdecken, was ihnen der Nachahmung wert erschien. Entscheidend für seine Motivation, der Guerilla beizutreten, war offenbar ein ethisches Moment, der Wunsch, der Ablehnung des politisch-gesellschaftlichen Systems sichtbaren Ausdruck zu verleihen und ein allgemeines Bewußtsein für dessen Ungerechtigkeit zu schaffen. Es darf nicht vergessen werden, daß er einer Generation angehört, die echt demokratische Politik nicht kannte: „Es gab keine Demokratie, weder real noch formal.“ Und im Rahmen von Onganías Militärherrschaft schien es aussichtslos, auf die Möglichkeit von Veränderungen innerhalb des bestehenden Systems zu setzen.

Als Montonero stieg Roberto bis zum Rang eines Offiziers auf, eine Funktion, die er jedoch nie ausübte, da er zum Militärdienst eingezogen wurde und die Organisation ihn aus Sicherheitsgründen aus ihren bewaffneten Kadern ausschied. In jedem Fall betrachtete er sich stets mehr als einen politischen denn als einen militärischen Kämpfer. Die Mehrzahl seiner militärischen Operationen habe er als Mitglied der Descamisados durchgeführt, denen er nur ein Jahr lang angehörte. Als Montonero habe er zwar bewaffnet an zahlreichen Aktionen teilgenommen, kann sich aber nur an eine erinnern, bei der es zum Schußwechsel gekommen sei. Er gibt zu, bei militärischen Operationen Angst empfunden zu haben, u. U. so sehr, daß er in die Hose machte.

Man könnte sagen, daß Roberto eine gespaltene Beziehung zur Gewaltanwendung hatte. Seine Erzählung verherrlicht streckenweise den Mut und die Selbstbeherrschung, die erforderlich waren, um die lähmende Furcht angesichts einer bevorstehenden Operation zu besiegen. Diese Furcht unterschied ihn von anderen, denen das Kämpfen leicht fiel, da sie sich „mit einer Granate allmächtig fühlten". Er behauptet, nie jemanden getötet zu haben, scheint jedoch keine Bedenken gehabt zu haben, den Tod von Menschen in Kauf zu nehmen, wenn eine bestimmte Situation ihn unvermeidlich machte oder die politisch-soziale Position des Opfers ihn rechtfertigte. Er weist darauf hin, daß ihn das ab 1974 befolgte Prinzip, zufällig ausgewählte Angehörige der Polizei zu töten, sehr gestört habe und den Beginn einer inneren Distanzierung von den Montoneros markiere. Eine von ihm erzählte Anekdote ist besonders aufschlußreich. In einem Schulungskurs für den Waffengebrauch habe man ihm beigebracht, wie man beim Raub eines Kraftfahrzeugs unnötige Menschenopfer vermeidet: Man müsse sich dem Fahrer nähern, ihm freundlich erklären, daß man Montonero sei, ihm die Waffe im Gürtel zeigen ohne sie auf ihn zu richten, von ihm das Gefährt verlangen, ihm sagen, wo er es nach der Operation wieder auffinden könne und ihn bitten, sich zu entfernen ohne sich umzudrehen. Der bewaffnete Kampf, so Roberto, war anfänglich „eine sympathische Sache". Er scheint ihn uneingeschränkt bejaht zu haben, so lange und soweit die Gewalt sich innerhalb der angedeuteten Grenzen hielt.

Die Erfordernisse des Untergrundlebens zwangen viele, den Kontakt zur Familie und zu jenen Freunden abzubrechen, die nicht am Kampf teilnahmen. Die Liebesbeziehung eines Guerillero zu einer unbeteiligten Frau endete oft damit, daß auch die Frau der Guerillaorganisation beitrat. Die Paare – so auch Roberto – heirateten im allgemeinen, was sich zum einen aus der argentinischen Tradition erklärt, von der sich auch die Guerillakämpfer nicht lösen konnten, zum anderen mit Sicherheitsgründen. Ein jung verheiratetes Paar, dessen Haus stets voller Freunde war, erschien der Nachbarschaft wesentlich unverdächtiger als eine bloße Gruppe junger Leute.

Unter solchen Umständen, welche die Gruppenbindungen verstärkten, wurde die Guerillaorganisation in gewisser Weise zur Ersatzfamilie. Für Roberto galt dies sehr ausgeprägt. Die gegenseitige Achtung und Bewunderung unter den Guerillakämpfern war seines Erachtens viel wichtiger als das Bewußtsein, man werde von der Gesellschaft unterstützt. Als positivsten Aspekt seiner Guerillaerfahrung hebt er die Gefühlsbeziehungen hervor, die sich zwischen den Kameraden und Führern entwickelten: „Auf diese Epoche sehen wir alle mit sehr großer Nostalgie zurück. Man erlebte alles sehr stark, weil Du morgen tot sein konntest. Außerdem warst Du von Leuten umgeben, von denen Du wußtest, sie wären bereit zu sterben, um Dich zu retten. Alle Gefühle waren sehr intensiv, denn man hatte wenig Zeit. Alles hing sehr mit dem Alter zusammen, wir waren alle 20 oder 21 Jahre alt."

Diese emotionale Verbundenheit machte auch den Tod von Kameraden besonders schmerzlich. Pedro erwähnt Fälle, in denen jemand seine Freundin oder Frau verlor, die an seiner Seite kämpfte, und den Wunsch nach Rache verspürte: „Das passierte mir mit meinem besten Freund, aber viel später." Jemanden sterben sehen, erklärt er, ist schrecklich; aber es ist nicht weniger unangenehm, die Nachricht telefonisch zu erhalten, durch eine Stimme, die beschönigende, vorher abgesprochene Wendungen benutzt, um einem mitzuteilen, daß jemand, der einem nahesteht, getötet wurde oder verschwunden ist: „Dann erfaßt dich ein Gefühl der Ohnmacht."

Roberto macht die Führung der Montoneros für viele dieser Toten in den eigenen Reihen verantwortlich. Die Kluft zwischen der Führungsspitze der Guerillaorganisation und den einfachen Kämpfern ist auch heute noch, zehn Jahre nach Beendigung der Guerilla, Gegenstand ausgiebiger Diskussionen. Manche leugnen sie und behaupten, die Führungskader seien durchaus repräsentativ für die Organisation gewesen, selbst wenn es in ihr keine Demokratie gab. Andere, wie Roberto, behaupten das Gegenteil. Eine Entfernung der Spitze von der Basis zeichnete sich nach ihm ab 1973 ab. Er erinnert sich, seinen Vorgesetzten mehrfach schriftliche Ausführungen zu Funktionsschwächen der Organisation übergeben zu haben, auf die er nie eine Antwort erhielt. Die Guerilleros um ihn herum „gehorchten einfach".

Während des Jahres, in dem Roberto seinen Militärdienst ableistete, setzte bei den Montoneros ein Prozeß förmlicher Militarisierung ein: Uniformen und Dienstgrade wurden eingeführt, man mußte vor einem Vorgesetzten strammstehen, die vertrauliche Anrede „Ihr" (vos) wurde durch das respektvollere „Sie" ersetzt. Dazu Pedro: „Was mich betrifft, so trug ich innerhalb der Kaserne die Uniform und stand stramm, doch außerhalb hatte ich dazu keine Lust." Gleichzeitig begannen die Guerillaverbände, spektakuläre militärische Operationen zu bevorzugen, bei denen mit einer großen Zahl von Guerilleros militärische Einrichtungen angegriffen wurden. Dies entsprach der Logik: Ein Heer gegen das andere, bei der nach Roberto das Leben der Kämpfer nur noch als Kostenfaktor betrachtet wurde: „Ich sah wie mit dem Leben der Leute gespielt wurde, wie man unnötige Risiken einging, dich beispielsweise unbewaffnet losschickte, um Plakate mit der Aufschrift ‚Die Montos sollen hochleben' zu kleben, zu einer Zeit, da die ‚Triple A' ihr Unwesen trieb und das Kleben eines Plakates dich das Leben kosten konnte."

Paradoxerweise war Roberto keineswegs gegen die Entscheidung der Montoneros, in den Untergrund zurückzukehren. Die

Mitglieder der Organisation, so erklärt er, waren daran gewöhnt, während der Woche als Bankangestellte zu arbeiten und sich am Wochenende in Guerilleros zu verwandeln. Aber die „Triple A" schlug während der ganzen Woche zu. Dadurch gerieten die Montoneros in ein Dilemma: Ging man unbewaffnet auf die Straße, risikierte man, wehrlos einer parapolizeilichen Einheit gegenüberzustehen; war man aber bewaffnet, so provozierte man die reguläre Polizei: „Diese Epoche war wie aus einem Horrorfilm, wo die Wände des Zimmers um Dich immer näherrücken. Der Wiederbeginn des Kampfes hatte eine Reinigungswirkung. Er bewies, daß wir noch lebendig waren."

Das erneute Abtauchen in den Untergrund erstickte aber andererseits jegliche innere Diskussion und verstärkte die Tendenz der Führung, die Organisation nur noch als eine Art Apparat zu gebrauchen. Nachdem die Montoneros im Jahr 1975 das Regiment 29 „de Monte" in der Provinz Formosa angegriffen hatten, eine Operation, bei der es auf beiden Seiten sehr viele Tote gab, verließ Roberto die Organisation, um sich der Gruppe „Macht der Arbeiter" (Poder Obrero) anzuschließen. Es handelte sich dabei um eine ursprünglich von Mitgliedern marxistischer Guerillaorganisationen gegründete Gruppe. Poder Obrero bestand aus einem politischen und einem militärischen Flügel. Roberto trat dem ersteren bei, als er aber nach einem Jahr sah, daß die Grenzen zwischen ihnen verschwammen und die Organisation Punkt für Punkt genau dieselben Fehler machte wie die Montoneros, gab er den bewaffneten Kampf auf.

1976 wird von Roberto als das Jahr „des Schreckens" beschrieben. Die Streitkräfte hatten erneut die Macht ergriffen, ohne daß die Guerilla auf die nun folgende Repression vorbereitet war. Man hatte eher eine relativ gemäßigte autoritäre Diktatur à la Onganía erwartet. Roberto und seine Frau irrten an vielen Tagen dieses Jahres durch Buenos Aires, um einen Ort zu finden, wo sie schlafen konnten. Dazu benützten sie so unterschiedliche Orte wie das Büro eines Rechtsanwalts, die Wohnung eines befreundeten Polizisten oder, wenn sie das notwendige Geld hatten, ein Stundenhotel. So wie ihm, sagt er, ging es vielen. Die Führung der Montoneros hatte beschlossen, ins Exil zu gehen, während die Basis sich durch „den Rückzug in die Volksmassen" schützen sollte: „Von da war es ein direkter Weg in den Tod, sei es auf dem Fahrrad, sei es auf dem Skateboard." Die Studenhotels wurden solange als Zufluchtsort benutzt, bis die Sicherheitskräfte dies entdeckten und sie zu kontrollieren begannen. Roberto erzählt von Bekannten, die auf Dächern schliefen oder in Zügen, indem sie für lange Strecken Hin- und Rückfahrkarten lösten. Am Ende dieses Jahres gingen Roberto und seine Frau ins Exil nach Europa, wo sie bis zum Ende der Militärdiktatur blieben.

Roberto führt für das Debakel, das die Guerilla erlitt, mehrere Gründe an. Die Guerilla habe, so meint er, die Radikalisierung der argentinischen Gesellschaft falsch verstanden und für revolutionären Eifer gehalten, was tatsächlich nur eine Ablehnung der Regierung Onganías und ihrer politischen Maßnahmen war. Die Mittelklasse war nicht zu Opfern bereit, auch der Arbeiterklasse ging es vor allem darum, den sozialen Status ihrer Kinder zu verbessern. Von diesen Realitäten hätten die Kampfverbände ausgehen müssen. Auch daß man sich auf einen Zwist mit Perón einließ, stellte einen schweren Fehler dar. Der alte Führer bediente sich zunächst der Montoneros, nachdem er jedoch die Macht erlangt hatte, versuchte er sie zu vernichten. Die Führungsspitze der Montoneros hätte ihrerseits gerne Perón als Werkzeug benutzt und sein politisches Erbe angetreten. Es bedurfte komplizierter Argumente, um gegenüber der Basis die politischen Divergenzen mit Perón zu rechtfertigen und das Auftauchen der Triple A zu erklären. Laut Roberto war dies eine Zeit der „doppelten Botschaften", in der das eine gesagt, aber etwas anderes getan wurde, was die zahlreichen Fälle von Verrat während der anschließenden Militärdiktatur erkläre.

Roberto bezeichnet sich heute noch als Revolutionär. Revolution und Reform sind für ihn keine Gegensätze sondern Abstufungen; so hält er im gegenwärtigen Argentinien auch im Rahmen der demokratischen Institutionen revolutionären Wandel für möglich. Es gäbe Formen politischen Handelns, die bisher noch kaum erprobt seien. Trotzdem sieht er nicht optimistisch in die Zukunft. Er findet, daß es zwischen den beiden Mehrheitsparteien, den Radikalen und den Peronisten, keine großen Unterschiede gebe, und daß es ihren Führern an der nötigen Phantasie fehle, um das Land vor einem allmählichen Niedergang zu bewahren. Gegenwärtig interessiert er sich für Politik nur noch in der Rolle des Beobachters. Wenn man jene Zeit miterlebt hat, erklärt er, falle es schwer, der heute herrschenden Mittelmäßigkeit etwas abzugewinnen.

Zu einem Gesamturteil über den bewaffneten Kampf aufgefordert, führt er aus, daß dieser allgemein eine zulässige, wenngleich verlustreiche politische Methode darstelle, wobei viel vom jeweiligen Ort und Zeitpunkt abhänge. Im heutigen Argentinien sei es undenkbar. Falls erneut ein Militärputsch stattfinden würde, bezweifelt er, daß er sich wieder dem bewaffneten Widerstand anschließen würde, schließt dies aber nicht ganz aus. Würde er noch einmal in jener Zeit geboren werden, würde er genauso handeln wie damals.

V. Quebec: Die Eltern sind Nationalisten

von Ann Charney

Die separatistische Gewaltorganisation FLQ (Front de Libéra-
tion du Québec), deren führendes Mitglied Paul R. im folgenden porträtiert wird bzw. zu Wort kommt, spielte zwar nur
eine untergeordnete Rolle in der nationalistischen Aufbruchs-
bewegung, welche die Provinz Quebec in den 60er und 70er
Jahren erfaßte. Dennoch erscheint es sinnvoll, kurz auf die allgemeinen geschichtlichen und gesellschaftlichen Rahmenbedingungen einzugehen, die ihr Auftreten bestimmten.[1]
Der Konflikt zwischen der Provinz Quebec und dem gesamt-
kanadischen Staatsverband hat seine historische Wurzel in der
Abtretung des ursprünglich französischen Kolonialgebietes an
England in der zweiten Hälfte des 18. Jahrhunderts. Bei der
Gründung des kanadischen Staates 1867 durch den sogenannten
British North American Act konnte zwar ein Kompromiß zwischen der anglophonen Bevölkerungsmehrheit und der franko-
phonen Minderheit, die mehrheitlich in der Provinz Quebec
lebt, erzielt werden, indem man letzterer gewisse Autonomierechte einräumte. Desungeachtet konnten es die Frankokanadier jedoch nicht verwinden, daß sie ihre einstige beherrschende
Position innerhalb des Gebiets des heutigen Kanada verloren
hatten. Zudem fürchteten sie, eines Tages von den wirtschaftlich, religiös und politisch dominierenden Anglokanadiern
gleichsam „geschluckt" zu werden.
Hatten diese Gefühle rund ein Jahrhundert lang nur latent
existiert, so traten sie ab den 60er Jahren dieses Jahrhunderts
offensiv zutage. Unter dem Motto „C'est le temps que ça change" (Es wird Zeit, daß sich das ändert) entstand eine politische
Strömung, die vom Bund mehr Kompetenzen und Mittel für
die Provinz einforderte. Sie stellte zunächst nur vergleichsweise

moderate Forderungen. Als der Bundesstaat nach anfänglicher Aufgeschlossenheit aber nur noch zögernd Zugeständnisse machte und der Prozeß der politischen und wirtschaftlichen Verselbständigung der Provinz ins Stocken geriet, radikalisierte sich das politische Klima. Es bildete sich eine Bewegung heraus, die nichts weniger als die vollständige Loslösung Quebecs aus dem kanadischen Staatsverbund verlangte. Ihr Hauptrepräsentant war die Quebec-Partei (Parti Québécois, PQ) unter ihrem langjährigen charismatischem Führer René Lévesque, eine Fusion von mehreren politischen Organisationen mit ähnlichen Zielsetzungen. Der PQ prägte die Orientierung und Vorgehensweise der auf die politische Unabhängigkeit hinarbeitenden Kräfte in entscheidender Weise. Sein Bestehen auf einem gewaltlosen, demokratischen Vorgehen in dieser zentralen Frage und sein Bemühen um Versachlichung der Diskussion verlieh der nationalistischen Bewegung einen berechenbaren und, innerhalb gewisser Grenzen, zugleich steuerbaren Zug. Der sich primär auf die neuen städtischen Mittelschichten stützende PQ vermochte jedoch nicht sämtliche nationalistische Gruppen zu integrieren. An den Rändern der Bewegung formierte sich eine ungeduldige radikale Minderheit, der, zum einen, das demokratische Procedere für die als dringlich erachtete nationale Befreiung als zu langwierig und unsicher erschien, und die, zum anderen, die allgemeine Aufbruchsstimmung dazu ausnützen wollte, eine tiefgreifende Umwälzung von Québecs wirtschaftlichen und politischen Machtstrukturen herbeizuführen, d.h. die nationale mit einer sozialen Revolution zu verbinden. Die wichtigste dieser Gruppen war der FLQ.[2]

Es handelte sich hierbei nicht um eine geschlossene Organisation, sondern um ein Netzwerk lose miteinander verbundener, fallweise gemeinsam agierender Zellen, die im allgemeinen relativ kurzlebig waren. Meistens wurden sie nach einiger Zeit von der Polizei entdeckt und zerschlagen, um kurz darauf in modifizierter Zusammensetzung aufs neue zu entstehen. Insgesamt zählte der FLQ 100–150 aktive Mitglieder. Seine revolutionären Aktivitäten fanden in mehreren „Gewaltzyklen" ihren Niederschlag, die 1963 einsetzten und 1971 jäh und definitiv endeten.

Die Mehrzahl der in diesen acht Jahren verübten 175 Anschläge waren Bombenattentate auf Sachobjekte von symbolischer Bedeutung, doch verloren dabei auch insgesamt 7 Menschen (darunter ein Mitglied der Untergrundorganisation) das Leben. Die Gewaltkampagne erreichte ihren Höhepunkt im Rahmen der sogenannten Oktoberereignisse von 1970, als die Terroristen zunächst einen britischen Diplomaten und kurz darauf einen Minister der Provinzregierung entführten. Während der Diplomat nach wenigen Tagen befreit werden konnte, töteten die „Felquisten" den als Geisel festgehaltenen Minister. Im Verlaufe jener dramatischen Wochen wurden von der Polizei Hunderte Verdächtiger festgenommen. Die Bundesregierung rief den inneren Kriegszustand in der Provinz aus und ließ Bundestruppen in sie einmarschieren. Entgegen den Erwartungen des FLQ hatte all dies nicht die erhoffte Solidarisierung der Bevölkerung mit der Gewaltorganisation und ihrem Vorgehen zur Folge; die meisten Frankokanadier reagierten vielmehr auf die brutale Ermordung der Geisel mit Abscheu und Empörung. Der FLQ sah sich zunehmend in die gesellschaftliche und politische Isolierung gedrängt und löste sich schließlich auf.

Es folgt die Lebensgeschichte von Paul R., einem der führenden Köpfe des FLQ, erzählt von einer kanadischen Journalistin. Paul R., wegen seiner Mitverantwortung für die Oktoberereignisse 1971 zu lebenslangem Gefängnis verurteilt, wurde nach 12 Jahren auf Bewährung wieder in die Freiheit entlassen. Die deutsche Fassung ist gegenüber dem englisch-sprachigen Original des Artikels, der bereits 1983 erschien, leicht gekürzt.

1. Paul R. – der unbeugsame Revolutionär

Paul R. wurde 1943 im Arbeiterviertel St. Henri, Montréal, als erstes Kind von Jean Paul R. und Rose R. geboren. Sein Vater war Arbeiter in einer Zuckerfabrik, seine Mutter war in einem Tabak-Unternehmen beschäftigt. Paul erinnert sich, wie er als Kind den Vater in der Fabrik besuchte und wegen des Zuckerstaubs in der Luft fast nicht atmen konnte. Nach der Geburt der

Kinder – es waren deren fünf, zwei Jungen und drei Mädchen – blieb Pauls Mutter zuhause und übernahm Näharbeiten. Obwohl die Eltern viel Zeit und Energie aufwenden mußten, um den Unterhalt der Familie zu sichern, war der Haushalt glücklich und hielt eng zusammen.

Jahre später, während Pauls Haftzeit, lag seine Mutter wegen Krebs im Sterben, ohne daß man ihm erlaubte, sie noch einmal zu sehen. Es gelang ihm, ein Tonband mit einem zweistündigen Text aus dem Gefängnis zu schmuggeln, der sie einige Tage bevor sie starb erreichte. Auf dem Tonband huldigt Paul den Werten, die seine Mutter ihm eingeprägt hatte: „Du hast mir zweimal das Leben gegeben, das zweite Mal, als Du mich auf die soziale Dimension des Lebens aufmerksam machtest (...), darauf, daß wir Verantwortung tragen für unsere Umgebung und die Gesellschaft, in der wir leben (...)." Als Paul acht Jahre alt war, zog die Familie nach Longueuil (oder Ville Jacques-Cartier, wie es heute heißt) am Südufer des St. Laurence Stroms. Dieses Gebiet war damals eine Art Niemandsland, wo Arbeiterfamilien wohnten, die von Slums der Innenstadt fortgezogen waren. Das Haus von Pauls Familie, das sie für 3500 Kanadische Dollar erstanden hatte, war eine Hütte mit zwei Zimmern. Es gab kein fließendes Wasser und keinen Wasserspeicher innerhalb des Hauses, im Winter pfiff der Wind durch die Ritzen in den Wänden. Die Familie bemühte sich, den Ort erträglich zu gestalten. Neben ihren üblichen Beschäftigungen verdienten die Kinder mit allen möglichen Arbeiten Geld. Bei einem dieser „jobs" kam erstmals Pauls Führungstalent zum Vorschein.

Im Sommer 1955 wurde Paul von einer Firma angestellt, um Erdbeeren zu säubern. Für einen mit gesäuberten Erdbeeren gefüllten Behälter bekam er einen halben Cent. Man arbeitete sechs Tage in der Woche von 7 Uhr 30 morgens bis 9 Uhr 30 abends. Obwohl er vor dem Vorarbeiter Angst hatte, organisierte Paul, der damals zwölf Jahre alt war, einen Streik, um eine Lohnerhöhung durchzusetzen: „Wir waren fünfzig oder sechzig, meistens Frauen und Kinder. Wir versammelten uns und weigerten uns, auseinanderzugehen. Der Streik wurde von den

Medien aufgegriffen, was gleich einen großen Unterschied aus-
machte. Die Leute waren schockiert darüber, daß man Kinder
unter solchen Bedingungen arbeiten ließ. Man verlangte nach
einer Untersuchung. Die Firmenbesitzer waren rasch mit dem
von uns geforderten einen Cent einverstanden. Es war mein
erster Geschmack davon, was ein politischer Sieg ist."

Als Paul dreizehn war, ereignete sich ein anderer dramati-
scher Zwischenfall, der weniger glücklich ausging. Bei Schrei-
nerarbeiten im Haus flog ihm eines Tages ein Nagel ins Auge
und durchbohrte es. Da er allein zuhause war, ging er mit einer
bemerkenswerten Gelassenheit zum Nachbarn und bat, man
möge ihn ins Krankenhaus fahren. Auf dem betreffenden Auge
büßte er das Sehvermögen ein. Eingefallen und trüb, wie es
aussieht, gibt es seinem Gesicht einen leicht düsteren Zug.

Trotz der oben erzählten Streikepisode meint Paul, weder er
noch seine Familie seien politisch besonders engagiert gewesen.
Vielmehr wurden, wie er sich erinnert, Bildung und Erziehung
großgeschrieben. Paul mochte die Schule. Als er einmal gegen
einen Lehrer aufbegehrte, der ihm mißfiel, hatte er keine
Schwierigkeiten, die Klasse hinter sich zu bringen. Während er
seinen Bildungsweg verfolgte, verrichtete er weiter einfache Arbeiten. Es war nicht außergewöhnlich, daß er bis spät in den
Abend hinein arbeitete und dann, heimgekehrt, seinem Vater
half, das Haus in Ordnung zu bringen. Zu der Zeit, als er in das
Collège St. Marie aufgenommen wurde – ein traditionelles Collège für Jugendliche aus der Mittelschicht –, arbeitete er zugleich als Hafenarbeiter und als Laufbursche für ein Hotel. Er
war der erste in seiner Familie, der die tertiäre Bildungsstufe
erreichte.

Pauls politisches Erwachen geht nach seinen eigenen Angaben auf die berüchtigte Johannes-der-Täufer-Parade von 1968
zurück, die in Quebec als „Knüppel-Montag" (le lundi de la
matraque) bekannt wurde. Der 24. Juni ist Quebecs Nationalfeiertag. In jenem Jahr waren für den 25. Juni Bundeswahlen
angesetzt. Während seines Wahlfeldzuges, der unter dem Motto
„ein Kanada, eine Nation" stand, hatte Pierre Trudeau wiederholt betont, daß er Quebec nie einen Sonderstatus zugestehen

würde.[3] Als Reaktion darauf war von verschiedenen nationalistischen und linken Gruppen eine Demonstration organisiert worden, die gegen die Anwesenheit des Ministerpräsidenten (d. h. Trudeaus, P. W.) bei jenem patriotischen Ereignis protestieren sollte.

Paul beschloß, mit seinem Bruder und zwei jüngeren Schwestern an der Demonstration teilzunehmen. „Ich kannte keinen der Organisatoren", erklärt er, „und ich gehörte keiner politischen Partei an. Ich beschloß einfach als Quebecer hinzugehen und zu protestieren. Unsere Eltern waren Nationalisten. Das ist etwas, womit alle französischen Quebecer aufwachsen, vor allem wenn sie arm sind." Sobald die ersten leeren Flaschen gegen das Podium vor dem Park Lafontaine flogen, ging die Polizei gegen die Menge vor. Die Gewalttätigkeit der Szene wurde noch dadurch gesteigert, daß die über den Kampflärm erschrockenen Polizeipferde auf bedauernswerte Zuschauer trampelten. 250 Menschen wurden verletzt, mehr als 300 festgenommen. Paul gehörte zu den Festgenommenen: „Wir wurden zu dreißig in eine Zelle geworfen. Man schlug mich ins Gesicht und in den Magen. Um mich herum gab es Leute, die ernsthaft verwundet waren. Es war das erste Mal in meinem Leben, daß ich begriff, wie brutal die Polizei sein kann. Es war ein echtes Erwachen für mich, als ich sah, wie Macht sich verteidigt."

In dem Wagen, der ihn zur Polizeistation brachte, riß Paul einen Streifen von seinem Hemd ab, um die Wunden eines neben ihm liegenden bewußtlosen jungen Mannes zu verbinden. Das war seine erste Begegnung mit Jacques L., einem zweiundzwanzig Jahre alten Taxi-Fahrer, der Pauls Mitarbeiter und Mitbegründer einer neuen FLQ-Zelle werden sollte. Nach ihrer Entlassung begannen Paul und Jacques Augenzeugenberichte über die Brutalität der Polizei am Abend des 24. Juni zu sammeln. Die Zeugnisse und Hinweise, die sie zusammentrugen, wurden von einem Quebecer Verlagshaus (Parti Pris) in Buchform herausgebracht. Bei der Sammelarbeit entwickelte Paul ein Geschick für politischen Aktivismus. Fortan wurde sein politisches Engagement zunehmend militant. Er trat der Vereinigung für nationale Unabhängigkeit (Rassemblement pour l'Indépendance Nationale, RIN) bei und wurde zu einer vertrauten Figur bei Gewerkschaftskundgebungen und Demonstrationen gegen die Regierung.

Während er seine Studien an der Universität von Quebec fortsetzte, arbeitete er gleichzeitig als Teilzeitlehrer an einer Sekundarschule für Kinder mit Lernschwierigkeiten. Seine Schüler waren in mehreren Behelfsräumen untergebracht, die „Kükenkäfige" genannt wurden. Paul protestierte mehrmals gegen die ghettoartige Abschließung von Kindern, die ohnedies schon durch ihre Lernschwäche bestraft seien. Schließlich beschloß die verantwortliche Schulkommission, seinen Vertrag nicht mehr zu verlängern. Die Frustration über die in seinen Augen ungerechte Behandlung einer Gruppe, die sich nicht verteidigen konnte, trug dazu bei, daß Paul immer radikalere Positionen vertrat.

Im Juli 1969 benützte Paul das Geld, das er aus seiner Lehrertätigkeit gespart hatte, um ein Warenhaus in der Stadt Percé, in der Gaspé[4], anzumieten. Sein Ziel war, das Gebäude in ein Genossenschaftsheim für junge unbemittelte Arbeiter und Studenten umzuwandeln. „Percé ist fast ein Nationalheiligtum in Quebec", erklärt Paul. „Wenn Du jedoch zu jener Zeit weniger als 20 Dollar in der Tasche hattest, wurdest Du von der Polizei aus der Stadt hinausgeworfen. Sie war für die Armen unzugänglich. Wir wollten Percé für die Jungen und die Fischer vor Ort zurückfordern, die vom sommerlichen Reichtum ausgeschlossen waren."

Das „Fischerhaus", wie das Heim genannt wurde, zog bald eine Menge junger Leute an, von denen viele lange Haare und kein Geld hatten. Örtliche Geschäftsleute erhoben Einspruch gegen die Anwesenheit dieser „hippies", und die im Sommer zusätzlich verstärkte Polizei machte sich daran, die Gruppe zu zerstreuen. Zunächst versuchte sie es mit Wasser aus Feuerwehrschläuchen. Als dies nichts fruchtete, nahm sie Paul wegen Friedensstörung fest. Nach jedem Polizeiangriff fanden sich Paul und seine Gruppe wieder zusammen, um das Heim erneut zu eröffnen. Gleichzeitig intensivierten sie ihre politische Tätigkeit vor Ort, indem sie sich für verschiedene Anliegen einsetzten. Diese reichten von der Organisation der Fischer bis hin zur Besetzung eines Radiosenders, den sie benützten, um die Zuhörer 22 Minuten lang über „die Formen der Ausbeutung in der Gaspé" zu unterrichten. Der Zusammenstoß wurde in der Quebecer Presse ausführlich kommentiert und Paul wurde zu einer bekannten und umstrittenen Figur.

Der unruhige Sommer des Jahres 1969 wurde von einem gespannten Herbst abgelöst, in dem die Opposition in Quebec schärfere Konturen annahm. Im September und Oktober wurde die Provinz von einer Welle von Streiks und nationalistischen Demonstrationen erschüttert, die oft zu offenen Schlachten zwischen den Protestierenden und der Polizei ausarteten. Die politisch Verantwortlichen der Provinz und die städtischen Behörden reagierten mit zunehmend repressiven Maßnahmen. Es kam zu wiederholten Polizeieinsätzen gegen Bürger- und Arbeiterkomitees. Akten wurden beschlagnahmt, Oppositionsführer festgenommen, Dissidentengruppen unterwandert. Als die Erregung und der Umfang der Demonstrationen weiter zunahm, erließ die Stadtverwaltung von Montréal eine Verordnung, durch die sämtliche öffentlichen Versammlungen und Demonstrationen untersagt wurden. Für Paul und seine Gruppe kam dies einer Kriegserklärung gleich. Sie glaubten, sie seien dem Staat nicht länger zu Gehorsam verpflichtet. Die Tage, in denen sie sich bemüht hatten, die Gesellschaft mit demokratischen Mitteln zu verändern, waren für sie nun vorbei.

„Es war keine über Nacht getroffene Entscheidung", sagt Paul heute. „Der Wechsel vom RIN zum FLQ vollzog sich sehr allmählich. Erst nach und nach erreichte ich den Punkt, an dem ich überzeugt war, es sei nicht mehr möglich offen weiterzuarbeiten. Der Handlungsspielraum war zu eng geworden. Wir fühlten uns in jeder Hinsicht behindert und die einzige Möglichkeit, die uns blieb, war, in den Untergrund zu gehen." Die andere verbliebene Alternative, ein Engagement in der neugebildeten Quebecer Partei (Parti Québécois, PQ), weckte bei Paul wenig Begeisterung. Obwohl der RIN und andere kleinere politische Gruppierungen im PQ aufgegangen waren, betrachtete Paul diesen nicht als einen angemessenen Ersatz. Er fand ihn „zu groß, zu weit von der Straße entfernt und zu sehr auf Wahlsiege fixiert".

Man versteht diese Ansicht besser, wenn man bedenkt, daß man sich in anderen Teilen der Welt ähnlich entschied. Die Radikalen jener Zeit umgingen Wahlen, um raschere und dramatischere gesellschaftliche Veränderungen zu erreichen. In den USA verließen sie die Antikriegs- und Studentenbewegung, um die Weather-Untergrundorganisation zu gründen. In Südamerika wurden die Tupamaros als ein Modell städtischen Guerillakampfes betrachtet. Die italienischen Roten Brigaden und die Baader-Meinhof-Gruppe in Deutschland waren 1972 schon in voller Aktion. Nach den riesigen Bürgerrechtsmärschen in Nordirland, die von Bernadette Devlin angeführt wurden, entstand dort die IRA neu. Jean-Paul Sartre schrieb, „daß die Gewalt, gleich der Lanze des Achilles, die Wunden wieder heilen könne, die Gewalt geschlagen hat", und viele Leute nahmen diese Parole gegen Ende der 60er Jahre wie ein Evangelium auf.

Im Herbst 1969 gründeten Paul und Jacques L. ein neues FLQ-Netzwerk, bestehend aus etwa einem Dutzend Personen. Diese standen entweder Paul oder Jacques nahe, so daß sich zwei unterschiedliche Zellen bildeten. Die Zelle von Paul, Südufer-Abteilung genannt, konzentrierte sich auf das Aufbringen der nötigen Finanzmittel sowie auf organisatorische und propagandistische Aufgaben. Mißtrauisch gegenüber fremden Modellen, nahmen sie die Quebecer Alltagswirklichkeit zum Ausgangspunkt ihres Vorgehens. Jacques L. hatte sich seit seinen frühen Jugendjahren in radikalen Kreisen bewegt. Man hatte ihn mit 17 wegen von ihm gelegter Brandbomben verurteilt, das Urteil jedoch zur Bewährung ausgesetzt. Er bewunderte Castro und die Tupamaros, liebte theoretische Diskussionen und betrachtete sich als Mann der Tat, der Zwischenstufen gern übersprang. Er und Paul konnten sich schwerlich einigen.

Paul beschreibt seine Auffassung von dem, was damals zu tun war, wie folgt: „Ich hielt es für unser wichtigstes Ziel, die Bevölkerung politisch wachzurütteln, indem wir Informationen verbreiteten, die auf legalem Wege nicht mehr verbreitet werden durften. Nie hatten wir die Absicht, die Regierung zu stürzen. Wie soll eine Handvoll Leute die Macht übernehmen können? Vielmehr hofften wir, daß wir den Prozeß des Wandels beschleunigen könnten, wenn wir die Leute soweit bringen würden, daß sie ihn wirklich wollten. Als man uns unsere Hauptwaffe, die öffentliche Demonstration, wegnahm, mußten wir uns nach anderen Mitteln umsehen. Die Gewaltstrategie früherer FLQ-Gruppen – Bomben, Dynamit – interessierte uns nicht. Sie hatten ihren Zweck in den frühen 60er Jahren erfüllt, waren aber für uns unbrauchbar. Wir waren der Ansicht, daß derartige Aktionen, vor allem wenn ihnen Unschuldige zum Opfer fielen, uns genau jene Leute entfremdeten, die wir zu gewinnen hofften. Wir betrachteten uns nicht als Terroristen und identifizierten uns nicht mit terroristischen Gruppen." Immerhin kamen sie jedoch zu dem Schluß, daß Entführungen zu den wenigen Druckmitteln gehörten, die ihnen verblieben waren.

Gegen Ende 1969 waren Paul und seine Gruppe wegen ihrer auffälligen Teilnahme an politischen Demonstrationen und Streiks für die Polizei keine Unbekannten mehr. Aufgrund dieser Tatsache und um ihre zunehmend illegalen Aktivitäten nicht zu gefährden, beschlossen sie, vom öffentlichen Schauplatz zu verschwinden. Sie zogen sich von allen öffentlichen Betätigungen zurück und hielten nach geheimen Treffpunkten Ausschau. Um ihr weiteres Vorgehen zu finanzieren, begingen sie Kreditschwindel, Anleihenbetrug und sonstige Formen der Unterschlagung. Dabei profitierten sie von der Erfahrung eines ehemaligen Polizisten, der wegen Betrügereien aus dem Dienst entlassen worden war und nun in nationalistischen Kreisen verkehrte. Als der Mittelbedarf stieg, wechselten sie zum Bankraub über: „Wir hatten wegen der Banküberfälle keine allzu großen Skrupel", meint Paul. „Schließlich gehören sie nicht zu den unschuldigsten Institutionen. Was uns dagegen bekümmerte, war die Möglichkeit, Personen zu verletzen oder eine Schießerei zu provozieren, bei der Unschuldige getötet wurden. Wir waren gegen die Gewalt und benützten aus Vorsicht nie geladene Gewehre. Wir planten jede Aktion sehr sorgfältig. Im Falle auch nur des geringsten Risikos gaben wir den Plan auf. Das Ergebnis war, daß bei unseren Überfällen nie jemand verletzt wurde." Paul hütet sich, Namen zu nennen, aber es hat den Anschein, als würde seine Behauptung stimmen. Es wurden gegen ihn nie Beschuldigungen im Zusammenhang mit Raubüberfällen erhoben.

Das gestohlene Geld wurde dazu verwendet, Häuser und Autos zu kaufen oder anzumieten, die aber oft wieder aufgegeben werden mußten, wenn die Polizei von den betreffenden Adressen bzw. Fahrzeugnummern Kenntnis erlangte. Im Januar 1970 kauften Paul und seine Gruppe eine Farm. Sie planten, sie als Versteck und als „Volksgefängnis" für politische Geiseln zu benützen. „Hinter der Farm", erklärt Paul, „stand die Idee, uns so zu organisieren, daß wir durch laufende Geiselnahmen nie in eine ausweglose Situation geraten würden. Wir hatten die Absicht, die Geiseln nie zu töten, sondern jeder Entführung eine weitere Entführung folgen zu lassen, bis man uns das geforderte Zugeständnis machen würde. Um das zu bewerkstelligen, bedurfte es der Organisation."

Im Juni 1970 erschien die Polizei auf der Farm, um eine Durchsuchung vorzunehmen. Sie hatte die Adresse und einen Plan bei einem der Mitgliedschaft im FLQ Verdächtigen gefunden, den sie am Vortag festgenommen hatte. Die Entdeckung des „Volksgefängnisses" bedeutete einen ernsthaften Schlag für die zwei FLQ-Zellen. Ihre Reaktion darauf fiel unterschiedlich aus. Während Pauls Gruppe der Ansicht war, es gelte die Organisation wieder neu aufzubauen, verstärkte die Polizeiintervention die Ungeduld der anderen Gruppe. Dieser ungelöste Konflikt bildete den Hintergrund für die Tragödie vom Oktober 1970.

Anfang September fand in einem der anderen zwei Häuser der Organisation ein Strategie-Treffen statt. Die neun erschienenen Mitglieder erörterten ihre Entführungspläne. Dabei trat die Spaltung zwischen Paul und Jacques deutlich zutage. Jacques drängte auf sofortiges Handeln, während Paul dazu riet, abzuwarten, bis sie über mehr Hilfsquellen verfügten. Paul besteht darauf, daß es sich nicht um eine ideologische Entzweiung gehandelt habe: „Ich hatte einfach den Eindruck, daß wir in Bezug auf Geld, Waffen und Organisation noch nicht genug vorbereitet waren. Das Risiko war in diesem Augenblick zu groß. Was dann im Oktober passierte, sollte mir recht geben, denn wir gerieten in eine Situation, in der wir mit dem Rücken zur Wand standen." Als abgestimmt wurde, war das Ergebnis 5:4 zugunsten von Jacques' Standpunkt. Paul, für den Solidarität ein grundlegender Wert ist, fügte sich der Mehrheit. Jacques' Gruppe, die sich nun „die Befreiungszelle" (the liberation cell) nannte, begann Entführungen zu planen. Inzwischen reisten Paul, sein Bruder und noch ein Mitglied seiner Gruppe in die USA, wo sie Geld aufzutreiben hofften. Sie hatten vor, sich für die angebliche Entwendung von Reiseschecks entschädigen zu lassen und dasselbe Betrugsmanöver in vielen kleinen Städten entlang ihrer Reiseroute zu wiederholen.

Pauls Leute waren in Dallas, als sie in den Nachrichten hörten, eine FLQ-Zelle in Quebec habe den britischen Diplomaten J. Cross entführt. Sie waren zunächst erstaunt und enttäuscht, denn sie hatten nicht erwartet, daß die andere Gruppe so schnell handeln würde. In der Tat hatte Paul beabsichtigt, nach seiner Rückkehr die anderen noch einmal zu weiterem Zuwarten zu überreden. Er war nun noch mehr davon überzeugt, daß ein überstürztes Vorgehen all ihre Pläne zunichte machen würde. Auch die Wahl der Geisel bereitete Enttäuschung: „Es war nie davon die Rede gewesen, nur einen englischen Diplomaten zu entführen", meint Paul. „Wir hatten es auf amerikanische und britische Geiseln abgesehen, als Symbol für die wirtschaftliche und politische Beherrschung Quebecs. Ich wollte nicht, daß man unsere Aktionen ausschließlich im Sinne eines Kampfes zwischen Engländern und Franzosen auslegen würde." Sie wendeten das Auto und fuhren zurück nach Quebec: „Nachdem die Sache einmal in Gang gekommen war," so Paul, „mußten wir mitmachen und sie unterstützen."

Auf dem Weg nachhause hielten sie am Straßenrand an, um sich die Verlesung des FLQ-Manifestes anzuhören – das erste und einzige Zugeständnis, das die Regierung an die Entführer machte. Es begann folgendermaßen: „Der FLQ ist weder der

Messias noch ein zeitgenössischer Robin Hood. Es ist eine Gruppierung Quebecer Arbeiter, die beschlossen haben, alles zu versuchen, damit das Volk von Quebec schließlich sein Schicksal selbst in die Hand nehmen kann." Paul und die anderen kannten den Text auswendig. Sie hatten Monate damit zugebracht, ihn immer wieder neu zu formulieren. Aber wie sie ihn nun am Radio hörten, schien er eine besondere Bedeutung zu erlangen. Sie lauschten schweigend, ergriffen über die Macht, die von ihren einfachen Worten ausging.

In Montréal eingetroffen, ließen sie sich in einem der beiden Häuser nieder, um ihre weiteren Schritte zu beraten. Sie wußten nicht, wo die „Befreiungszelle" den entführten britischen Diplomaten gefangen hielt, so daß sie nicht mit ihr Verbindung aufnehmen konnten. Man hatte stets die Absicht gehabt, solange mit Entführungsaktionen fortzufahren, bis die Regierung bereit sein würde, die „politischen Gefangenen", d. h. die im Gefängnis einsitzenden FLQ-Mitglieder, freizulassen. Also beschlossen Paul und seine Gruppe entsprechend diesem Plan vorzugehen. Seit Monaten hatten sie das Kommen und Gehen mehrerer in Montréal ansässiger Diplomaten genau beobachtet. Nun begannen sie sich auf P. Laporte, Quebecs Minister für Arbeit und Einwanderung, zu konzentrieren, der zugleich Vizepräsident der Provinz war. Sie riefen bei ihm zuhause an, um zu erfahren, wo er in etwa sei, und erhielten von seiner Frau den Bescheid, daß er nicht ans Telefon kommen könne. Es schien der Gruppe unfaßbar, daß eine Persönlichkeit wie Laporte in einem so kritischen Augenblick so leicht zu erreichen war.

Nachdem sie ihr Äußeres sorgfältig mit Perücken, falschen Schnurrbärten und Schminke verändert hatten, machten sie sich in einem alten Chevrolet auf den Weg: „Wir waren ziemlich ruhig, als wir das Haus verließen", erinnert sich Paul. „Ich fühlte mich nicht beunruhigt. Alle eventuellen Bedenken waren zuvor viele Male durchgesprochen worden. Immer noch glaubte ich, daß es nicht zur Gewaltanwendung kommen würde, wenn ich aber zwischen der Lebensbedrohung für einen einzelnen und der Hilfe für eine gefährdete Gemeinschaft zu wählen gehabt hätte, dann hätte ich mich für letztere entschieden. Diese

Sicht der Dinge kann man nur aus dem Kontext der damaligen Zeit heraus verstehen." Als sie das Haus des Ministers erreichten, konnten sie kaum fassen, welches Glück sie hatten. Laporte befand sich im Freien und spielte Ball mit seinem Neffen. Polizei sah man nicht. Nun war der entscheidende Augenblick gekommen, alle wußten, daß sie nicht mehr zurück konnten. Als sie mit gezogenen Gewehren aus dem Auto sprangen, war Laporte starr vor Überraschung. Nachdem sie ihn zum Einsteigen gezwungen hatten, mußten sie, einige Blöcke weiter, noch mehrere gespannte Sekunden überstehen, als ein Polizeiwagen direkt auf sie zuhielt; er fuhr jedoch an ihnen vorbei, um unmittelbar hinter ihnen eine Straßensperre zu errichten.

In ihr Hauptquartier zurückgekommen, waren sie gut gestimmt. Ihr Glück bei der Aktion erschien ihnen als ein günstiges Omen. „Wir glaubten, daß die Regierung aufgrund der zweiten Entführung gezwungen sein würde zu verhandeln", sagt Paul. „Wir waren bereit, unsere Forderungen auf das Wesentliche herunterzuschrauben – die Entlassung der politischen Gefangenen und die Wiedereinstellung der Arbeiter in der Firma L." Wenngleich Paul nach wie vor nicht in der Lage war, zur „Befreiungszelle" einen Kontakt herzustellen, war sein Optimismus nicht gänzlich unbegründet. Die Kühnheit und das „Timing" der zweiten Entführung hatten die Phantasie einiger Quebecer erregt. Die in dem Manifest aufgeführten Ungerechtigkeiten hatten bereits eine Resonanz in bestimmten Sektoren der Gesellschaft von Quebec gefunden. Der Herausgeber der Zeitung „Le Devoir" schrieb: „Verhandeln ist die einzige menschliche und realistische Lösung." Eine Gruppe prominenter Quebecer erließ einen Aufruf, in dem sie die Gewaltanwendung verurteilten, jedoch die Behörden aufforderten, mit den Entführern zu verhandeln. Am 15. Oktober versammelten sich in einem Stadion in Montréal 3000 Menschen, um ihre Zustimmung zu den FLQ-Forderungen zum Ausdruck zu bringen.

In jener Nacht, als sich die Demonstranten, FLQ-Sprüche singend, zerstreuten, ergriffen die Behörden Gegenmaßnahmen. Sie entsandten 8000 Mann Polizei in die Provinz Quebec.

Die Nacht darauf beschloß das Bundeskabinett, daß in Quebec ein Zustand des Aufruhrs herrsche und setzte das Gesetz für Kriegsmaßnahmen (War Measures Act) in Kraft, das die Grundfreiheiten aufhebt und der Polizei das Recht zu Untersuchung und Festnahme ohne richterliche Vollmacht gibt. Am folgenden Tag fand man auf dem Flugplatz den Körper des toten Ministers. Er lag im Kofferraum des alten Chevrolet, der zu seiner Entführung benützt worden war.

Inzwischen sind dreizehn Jahre vergangen, Paul wehrt sich aber weiterhin, über die Begleitumstände von Laportes Tod zu reden. Seine Weigerung geschehe, wie er stets aufs neue betont, aus Solidarität. Seine Loyalität gegenüber den Kameraden hat nur wenig mit Heldenmut oder der Verherrlichung von Gewalt zu tun, die für Revolutionäre oft charakteristisch ist. Wenn man ihn über den Toten reden hört, spürt man, daß er sich selbst, seine Sicht der Wirklichkeit und der sozialen Beziehungen verleugnen müßte, wenn er sich von diesem Gewaltakt distanzieren würde. Dann wäre vielleicht all das Leiden als vergeblich erschienen. „Laportes Tod war nicht im Voraus geplant. Keiner von uns wollte, daß es so enden würde. Wir waren aus persönlichen Gründen gegen Gewaltanwendung und hielten diese als Strategie für selbstzerstörerisch. Laportes Tod war aber auch kein Zufall. Die Ereignisse nahmen eine Wendung, die wir nicht vorausgesehen hatten. Wir wußten nicht, daß es Gesetze wie den War Measures Act gab. Wir waren außerstande, weitere Geiseln zu nehmen. Wären wir besser organisiert gewesen, dann hätte der Tod vermieden werden können. Tatsächlich befanden wir uns in einer ausweglosen Situation. Wir hatten keine Wahl. Das ist keine Rechtfertigung, aber eine Erklärung. Sie müssen sich in unsere damalige Lage versetzen. Die Situation war sehr gespannt. Das Haus, in dem Laporte gefangen gehalten wurde, befand sich gegenüber dem Flughafen. Während der ganzen Nacht des 16. und am darauf folgenden Morgen landeten Truppen auf dem Flugplatz. Man konnte die Hubschrauber und Flugzeuge, die die Truppen brachten, gut von dem Haus aus sehen. Die Entscheidung, Laporte zu töten, war keine langfristige, sondern eine Entscheidung des Augenblicks. Unsere

Wirklichkeit war nicht die des einzelnen, sondern die der Gruppe. Wenn man auf den Tod der einen Person abstellt, mißversteht man die Situation. Es ist wahr, daß mir Laportes Tod weniger Kummer bereitet als der eines Arbeiters – dennoch, es ist der Tod eines Menschen."

In den Tagen nach der Entdeckung des Mordes ging eine Welle des Abscheus über die Nation hinweg und brachte das Gleichgewicht der öffentlichen Meinung zugunsten des Rufs nach Recht und Ordnung zum Kippen. Paul, der von seinem Versteck aus beobachtete, wie unschuldige Leute festgenommen und eingesperrt wurden, empfand Enttäuschung. „Wir waren keine Terroristen. Wir hatten zu vermeiden gesucht, daß man die Bevölkerung terrorisierte. Die Entführungen selbst hatten nur wenige französischsprachige Leute erschreckt. Trudeau hingegen benützte uns, um die Bevölkerung zu terrorisieren. Er erklärte den Leuten über Radio, daß ihre Nachbarn oder Kinder die nächsten Opfer des FLQ sein könnten. Dann kam das Kriegsmaßnahmen-Gesetz. Die Leute von Québec hatten mehr Angst vor der Armee als vor dem FLQ."

Obwohl Paul und seine Gruppe nun von 15 000 Mann Polizei gejagt wurden, schlugen sie ein Angebot der Schwarzen Panther (Black Panthers) aus, ihnen bei der Flucht nach Algerien behilflich zu sein. Es schien ihnen nicht schwerzufallen, das Angebot zurückzuweisen. „Unser Kampf war hier", sagt Paul. „Wir wußten, daß man uns fangen würde, zogen dies aber dem Exil vor. Wofür hätten wir all das getan, wenn wir schließlich in Algerien landeten. Wir mußten bleiben, um eine Art Kontinuität sicherzustellen." Es gelang ihnen zweieinhalb Monate lang, sich der Festnahme zu entziehen, meist dank der Hilfe Bekannter, die nicht dem FLQ angehörten. Ihr letztes Refugium war eine Farm nahe einem Dorf. Ende Dezember wurde die Farm von 20 schwerbewaffneten Polizisten umstellt. Nachdem die Polizei die Farm schon zweimal vergeblich in Augenschein genommen hatte, war sie sich dieses Mal ihrer Sache sicher. Das Abhören des Telefons, Erkundigungen im nahegelegenen Dorf, Überwachungsergebnisse – alles deutete darauf hin, daß hier das Versteck der Gruppe war.

Im März 1971 wurde Paul zu lebenslangem Gefängnis verurteilt. „Niemand kann ein solches Urteil hören, ohne betroffen zu sein", entsinnt sich Paul. „Es liegt wie ein großes Gewicht auf deinen Schultern. Langfristig hat es meine Überzeugung bestärkt, daß das System eher dazu dient, die Macht zu festigen als die Rechte des Bürgers zu schützen." Pauls Kampf mit dem Justizsystem nahm einen großen Teil seiner Zeit in Anspruch. Es gab ein zweites Verfahren wegen Entführung, wieder Berufungen und verschiedene mit dem Verfahren zusammenhängende Manöver: „Wenn Du zu lebenslang verurteilt bist, wird jeder kleine Punkt, den Du machst, zu einem großen Sieg. Die Vorbereitungen auf diese rechtlichen Scharmützel halfen mir, glaube ich, gesund zu bleiben."

Nach seiner ersten Verurteilung wurde Paul in das B.-Gefängnis gebracht und dort in einer Abteilung in Isolationshaft gehalten, die „dead watch" genannt wurde, weil man dort all jene unterbrachte und beaufsichtigte, die zum Tode verurteilt waren. Dann wurde er in ein anderes Gefängnis verlegt, wo er zwei Jahre lang 23 von 24 Stunden isoliert war. Man verbot ihm zeitweise die Benützung von Papier, von Schreibmaterial und Büchern. Das Licht in der Zelle wurde nie abgeschaltet: „Ich erinnere mich, wie ich mir einbildete, ich befände mich im Rumpf eines Schiffes. Es gab ein Fenster in der Decke für die Aufsichtsbeamten, von dem ich mir vorstellte, es sei der Himmel. Ich muß zugeben, daß dies die härteste Zeit meines Lebens war. Ohne meine Familie hätte ich es, glaube ich, nicht geschafft, sie hatten alle meinetwegen gelitten. Meine Schwester Claire war elf, als man sie festnahm und meine Mutter bedrohte man mit einem Gewehr, das man gegen ihren Kopf richtete. Dennoch fuhr meine Familie in all diesen Jahren fort, mich zu unterstützen."

Als Paul in ein weiteres Gefängnis, ebenfalls eine Hochsicherheits-Anstalt, überführt wurde, wählte ihn sein Zellenblock als Vertreter in das Gefangenen-Komitee. Er war so erfolgreich beim Organisieren der Gefangenen, daß die Behörden es vorzogen, ihn wieder in der Anstalt, aus der er gekommen war, in Isolationshaft zu nehmen. Darauf unterschrieben 538 Gefangene eine Petition, in der sie um seine Rückkehr baten. Gleichzeitig wurde außerhalb des Gefängnisses von einem neu gebildeten „Komitee für Information über politische Gefangene" eine Petition mit 50 000 Namen zugunsten Pauls und anderer FLQ-Mitglieder eingereicht. Paul selbst verlangte zwar nie, als politischer Gefangener anerkannt zu werden, noch machte er irgendwelche mit diesem Status verbundene Privilegien geltend. In der Tat bat er mehrmals darum, ähnlich wie die anderen Gefangenen behandelt zu werden. Aber: „Wir wollten, daß man anerkannte, daß wir aus politischen Motiven gehandelt hatten, darum ging es. Das Strafsystem war es, das uns von den anderen Gefangenen trennte und uns einen Sonderstatus gab, indem es uns einer negativen Sonderbehandlung unterwarf."

1978 wurde Paul in eine Anstalt „mittlerer Sicherheit" verlegt. Ein Bankräuber, der dort vier Jahre mit ihm zubrachte, schildert Paul im Gefängnis so: „Ich war in mehreren Gefängnissen. Es ist immer das gleiche. Entweder man akzeptiert Dich oder nicht; wenn nicht, dann kannst Du genau so gut tot sein. Ich wurde zuerst auf Paul aufmerksam, weil er immer von den Ausgegrenzten des Gefängnisses umgeben war. Sie hängten sich an ihn aus Schutzbedürfnis. Wenn es Streitigkeiten gab, die böse auszugehen drohten, war immer er es, der einschritt. Ich war überrascht, wie er es fertigbrachte, sich Respekt zu verschaffen, ohne dies eigentlich zu wollen. Als ich ihn dann besser kannte, war ich von seiner Geduld und Großzügigkeit beeindruckt. Ich sah ihn nie wütend oder bitter, wenn man ihm eine Entlassung auf Bewährung oder die Erlaubnis zum Besuch seiner Mutter verweigerte. Im Unterschied zu den anderen Gefangenen, die über ihre kleinen privaten Besitztümer wachten, ließ Paul seine Zellentür offenstehen. Jedermann konnte ungehindert eintreten und sich nehmen, was da war. Diejenigen von uns, die ihn besser kannten, lernten eine Menge von ihm."

Paul hätte an sich ab 1977 tageweise, und ab 1980 ganz auf Bewährung entlassen werden können, doch seine entsprechenden Gesuche wurden zurückgewiesen. 1980 wurde es ihm gestattet, das Gefängnis für einen Tag zu verlassen, um der Beerdigung seines Vaters beizuwohnen. Im Jahr darauf wurde der

Antrag, seine Mutter zu besuchen, die wegen Krebs im Sterben lag, abgelehnt. Die Massenmedien spielten den Vorfall hoch, so daß Pauls Fall zu einer „cause célèbre" in Quebec wurde. Paul selbst ist heute der Ansicht, er sei zwar wegen seiner Taten verurteilt worden, doch daß man ihn im Gefängnis behielt und nicht auf Bewährung entlassen wollte, sei seinen Ideen zuzuschreiben. In der Tat räumt W. O., der Vorsitzende der Nationalen Bewährungskommission, ein, daß die Kommissionsmitglieder u. a. deswegen zögerten, Paul zu entlassen, weil sie in seiner ideologischen Einstellung keine Veränderung feststellen konnten. Obwohl Reue keine Voraussetzung für die Entlassung auf Bewährung ist, bedurfte es doch mehrerer Gesuche und öffentlichen Drucks, bis Paul Ende 1982, zwölf Jahre nach Strafantritt, auf Bewährung freikam. „Ich hätte früher herauskommen können", sagt Paul, „aber es interessierte mich nicht, nur körperlich frei zu sein. Außerdem war meine Arbeit an und mit den Gefangenen genau so wichtig wie irgendetwas, was ich außerhalb tun konnte. Worauf es ankam, war, zu meinen eigenen Bedingungen herauszukommen."

Pauls Hartnäckigkeit ist besonderes bemerkenswert angesichts eines Ereignisses, das in sein letztes Gefängnisjahr fiel. Paul lernte eine junge Frau namens André B. kennen, eine Studentin, die zusammen mit einer Gruppe von Besuchern ins Gefängnis gekommen war. Sie zählte bald zu Pauls regelmäßigen Besuchen und es entwickelte sich – unter den beschränkten Bedingungen des Besucherraums des Gefängnisses – eine gegenseitige Zuneigung. Als Paul entlassen wurde, zog er in ihre Wohnung. Seitdem haben sie schon bei mehreren Projekten zusammengearbeitet. Mit der Zustimmung seines Bewährungshelfers hat Paul ein Magisterstudium für regionale Entwicklung an der Universität Quebec aufgenommen. Die Bedingungen für seine lebenslange Bewährungsfrist – er muß sich einmal im Monat bei seinem Bewährungshelfer und der Stadtpolizei melden und darf sich ohne Erlaubnis nicht weiter als 30 Meilen von seinem Wohnort entfernen – können sich, je nachdem wie er sich verhält, ändern: „Ich weiß, daß sie mich jederzeit zurückschicken können", sagt Paul. „Sicher habe ich nicht die Absicht, ihnen hierzu einen Anlaß zu geben, aber ich weigere mich, in der ständigen Furcht vor der Rückkehr ins Gefängnis zu leben. Ich werde mein Leben nicht beschneiden und ich habe nicht vor, nur von außen zuzusehen. Alles was ich mache, auch mein Studium, muß einer Art von sozialem Zweck dienen. Ich bin nicht aus dem Gefängnis gekommen, um in einem Skischlitten herumzufahren."

Obwohl Paul seinen politischen Zielen treu geblieben ist, gibt er zu, daß die Zeiten sich geändert haben: „In der heutigen Situation ist es in Quebec nicht notwendig, außerhalb des Gesetzes vorzugehen. Die Gesellschaft hier hat sich ungeheuer entwickelt. 1970 wurde man eingesperrt, wenn man lange Haare hatte oder ein Separatist war. Die Unabhängigkeit der Provinz war ein Tabuthema. Heute ist es meines Erachtens am wichtigsten, das Monopol zu brechen, das der PQ oder welche Partei auch immer im Hinblick auf die Unabhängigkeitsfrage hat. Ich glaube, daß eine Vielfalt von Parteien und politischen Interessengruppen für die Gesellschaft gesund ist."

„Im Augenblick besteht mein Ziel darin, soviel wie möglich über das heutige Quebec zu lernen und meine Fertigkeiten zu verbessern, um sie dann wirkungsvoll einzusetzen. Ich werde nie aufhören, Unterdrückung zu bekämpfen. Ich werde nie eine Gesellschaft akzeptieren, in der einige Menschen das 200- oder 300-fache des Mindestgehalts verdienen. Ich bin nicht für einen Einheitslohn, aber soviel Ungleichheit ist unmoralisch. Ich werde nie aufhören zu glauben, daß die soziale Dimension unseres Lebens wichtiger ist als die persönliche. Wir leben nicht allein, sondern in Gruppen. Es gibt eine Brüderlichkeit zwischen Männern und Frauen, die gestärkt werden sollte. In meinem eigenen Leben trenne ich nicht scharf zwischen persönlichem, beruflichem und sozialem Bereich. Ich sehe heute so viele Leute, die in den Widersprüchen zwischen ihren Wertvorstellungen, ihrer Arbeit und ihren politischen Überzeugungen gefangen sind. Ich will nicht so leben."

VI. Italien: Terrorismus aus Solidarität

von Donatella della Porta

Die 70er Jahre werden in Italien oft als „Jahre des Bleis" (anni di piombo) bezeichnet. Es handelte sich in der Tat um Jahre einer weitverbreiteten politischen Gewalt, die oft die Form eines organisierten Untergrunds annahm. Einige Zahlen mögen dies verdeutlichen: Zwischen 1969 und 1982 zählte man 13 227 politisch motivierte Gewaltverbrechen, darunter 6153 Bombenanschläge auf Sacheigentum, deren Urheber unbekannt sind, und 2712 Anschläge, für welche Untergrundgruppen die Verantwortung übernahmen (davon 324 gegen Personen). Dutzende politischer Untergrundorganisationen entstanden und breiteten sich aus. Zwischen 1978 und 1988 wurden 6000 Menschen wegen der Bildung einer subversiven Vereinigung und einer bewaffneten Bande („banda armata") angeklagt. Im Sommer 1989 verbüßten 464 Mitglieder von Untergrundgruppen Haftstrafen, 60 davon waren zu lebenslangem Gefängnis verurteilt.

Die Geschichte des italienischen Terrorismus beginnt am 12. Dezember 1969, als in der Landwirtschaftsbank an der Piazza Fontana in Mailand 17 Menschen bei einem Bombenanschlag umkommen. Das Massaker wurde von neofaschistischen Terroristen verübt, die in den folgenden Jahren noch eine Reihe weiterer Massaker begingen.[1] Die Aktivitäten der rechtsextremistischen Organisationen wurden als eine Reaktion der konservativen Kräfte – einschließlich eines Teils des Staatsapparates – auf den langen und intensiven Protestzyklus betrachtet, der 1967 in den Universitäten seinen Anfang genommen und in den folgenden Jahren auf die unterschiedlichsten sozialen Gruppen übergegriffen hatte. 1969 war es in der Geschichte der italienischen Arbeitskämpfe zur längsten und intensivsten Streikserie im industriellen Bereich gekommen.

Etwa zu derselben Zeit gingen auch linke Gruppen zu gewaltsamen Formen politischen Handelns über. Doch nur eine winzige Gruppe von Links-Militanten beschloß, in den Untergrund zu gehen; sie gründete 1970 die Roten Brigaden (Brigate Rosse, BR). Ihre Aktivitäten bestanden bis 1974 darin, Autos in Brand zu setzen, Dokumente aus dem Hauptquartier der Rechtsextremisten zu stehlen und Entführungen „als Warnung" durchzuführen, die jeweils nur einige Minuten lang dauerten. Eine gewisse Gewalteskalation stellte die Entführung des Richters Sossi im Jahr 1974 dar, die sich über mehrere Wochen hinzog. Als die Roten Brigaden jedoch ihren ersten vorsätzlichen politischen Mord planten, befanden sie sich in einer ernsthaften organisatorischen Krise; denn es waren kaum zehn Untergrundkämpfer noch auf freiem Fuß. Gleichzeitig ging der Terrorismus der Rechten zurück, nachdem er zum einen durch die Reform des italienischen Geheimdienstes, zum anderen durch den Fall der autoritären Regime in Griechenland, Spanien und Portugal seine wichtigsten Verbündeten verloren hatte.

In der zweiten Hälfte der 70er Jahre kam es zu einer zweiten terroristischen Welle. Die Wirtschaftskrise von 1973 hatte zwar demobilisierend auf die Protestaktivitäten eingewirkt, doch waren viele der Protestorganisationen bestehen geblieben. Einige hatten sich in legale Institutionen umgewandelt, andere wurden immer radikaler. Die Aktivisten dieser zweiten Gruppe trugen 1977 zum plötzlichen Ansteigen einer neuen Welle des Jugendprotestes bei. Konfus in ihrer Ideologie und gewaltsam in den Aktionsformen, ließ die „77er Bewegung", die innerhalb weniger Monate endete, eine relativ große Zahl halb illegaler Gruppierungen zurück. Einige davon verschwanden von der Bildfläche, nachdem sie einige Bombenanschläge verübt hatten; andere entwickelten festere organisatorische Strukturen und waren die Haupturheber des nicht abreißenden Stroms von Gewaltangriffen auf Menschen zwischen 1978 und 1980. Unter ihnen war die „Vorderste Front" (Prima Linea, PL) die einzige, die sich an militärischer Schlagkraft mit den neu organisierten Roten Brigaden messen konnte. Zur selben Zeit ahmten neu entstandene neofaschistische Gruppen die linksradikalen Gruppen teilweise in Taktik und Strategie nach. Anfang der 80er Jahre gingen die terroristischen Aktivitäten zurück. Die linken Untergrundgruppen gerieten durch die Festnahme vieler Mitglieder und ihre zunehmende politische Isolierung in eine Krise, die dazu führte, daß die meisten der früheren Militanten den „bewaffneten Kampf" aufgaben. Sogenannte „Belohnungs"-Gesetze, die für jene, die freiwillig den Untergrund verließen, reduzierte Strafen vorsahen, beschleunigten diesen Auflösungsprozeß.

Als die terroristische Gefahr vorüber war, wurden mehrere wissenschaftliche Untersuchungen durchgeführt, um die Ursachen der dramatischen Ereignisse jener Jahre zu verstehen. Einige davon konzentrierten sich auf die individuellen Motive, die Tausende von jungen Leuten bewogen hatten, zum radikalsten Mittel politischer Einflußnahme zu greifen.[2] Die zwei Biographien, die folgen, wurden im Rahmen eines großangelegten Untersuchungsprojektes über „Politische Gewalt und Terrorismus" erstellt, das vom Carlo Cattaneo-Institut in Bologna koordiniert und von der Region Emilia Romagna gefördert wurde. Insgesamt wurden dabei Daten für ungefähr 60 Lebensgeschichten von früheren Links- und Rechtsterroristen gesammelt, überwiegend unter Benutzung der Gerichtsakten und persönlicher Interviews, von denen die meisten in Gefängnissen durchgeführt wurden.

Aus dem bisher vorliegenden Material kann der allgemeine Schluß gezogen werden, daß man nicht nach der „typischen" Lebensgeschichte von „Terroristen" suchen sollte. Selbst wenn man ausschließlich die linksradikalen Untergrundorganisationen in Betracht zieht, ist zu betonen, daß ihre Mitglieder sich in einer Reihe von Merkmalen voneinander unterscheiden. Geht man beispielsweise von den Daten aus, die ich aus einer Stichprobenauswahl von 1138 gerichtlichen Fällen gewonnen habe, dann rekrutierten die terroristischen Organisationen sowohl Personen unterschiedlichen Geschlechts (25% waren Frauen) als auch unterschiedlichen Alters (40% der Mitglieder wurden nach 1955 geboren). Ein sehr großer Teil der Aktivisten – rund ein Drittel – war im Raum von Mailand konzentriert, aber nicht wenige lebten auch in Turin (18%) oder in Rom (16%). 40% stammten aus dem Arbeitermilieu, doch der Rest kam aus kleinbürgerlichen oder Mittelschichtfamilien.

In den Lebensgeschichten von Grazia und Marco spiegeln sich einige dieser Unterschiede wider. Grazia ist eine auf dem Land geborene Frau; sie wuchs in einer bäuerlichen Familie auf, in der ein autoritärer Erziehungsstil vorherrschte, den das katholische Internat, das sie später besuchte, fortsetzte. 1950 geboren, gehört sie zu jener Altersgruppe, die Anfang der 70er Jahre schon erwachsen war. Sie hatte ihre politischen Schlüsselerlebnisse als Mitglied des Arbeiterkollektivs in dem Krankenhaus, in dem sie als Krankenschwester arbeitete. Einer Geheimorganisation schloß sie sich erst am Ende der zweiten Terrorismuswelle an; obwohl sie in den Untergrund ging, nahm sie nie an Anschlägen auf Menschen teil. Auch nachdem sie inhaftiert worden war, erhielt sie ihre Mitgliedschaft in der Untergrundorganisation aufrecht, bis ein kollektiver Beschluß gefaßt wurde, „den bewaffneten Kampf" aufzugeben.

Marco dagegen ist ein Mann aus einer Mailänder Mittelschichtfamilie, die ihm eine liberale Erziehung zukommen ließ. 1956 geboren war er zur Zeit seines intensivsten legalen politischen Engagements noch ein Jugendlicher. Seine politische Sozialisation erfuhr er in einem Studentenkollektiv. Als er sich 1977 einer Untergrundorganisation anschloß, lagen schon zahlreiche Erfahrungen mit Formen gewaltsamen Handelns hinter ihm. Er ging nie definitiv in den Untergrund, nahm aber an der Vorbereitung und Ausführung von Anschlägen gegen Menschen teil. Als er festgenommen wurde, hatte er die terroristische Organisation schon seit einem Jahr verlassen. Im Gefängnis war er zur Zusammenarbeit mit den Richtern bereit.

Es handelt sich hier gewissermaßen um Kontrastfälle. Die Lebensgeschichten von Grazia und Marco können keineswegs als repräsentativ für das Gros der Linksterroristen, deren Biographien teilweise ganz andere Merkmale aufweisen, gelten.

In beiden Lebensgeschichten werden aber in einer lebendigen Sprache detailliert einige Erfahrungen beschrieben, die durchaus typisch für eine Vielzahl jener waren, die in den Untergrund gingen. Erstens rufen Grazia und Marco bei dem Bericht über ihre Primärsozialisation wieder jene besondere Atmosphäre wach, die für die frühen Erinnerungen der meisten Mitglieder terroristischer Gruppen bezeichnend war: eine Atmosphäre rascher sozialer Veränderungen, radikalen kulturellen Wandels und verbreiteter geographischer Mobilität. Zweitens spiegeln beide Biographien ein stark gefühlsbetontes politisches Engagement wieder, das typisch für eine ganze Generation war, die sich während einer Phase des Protestes für Politik zu interessieren begann. Drittens ist aus beiden Interviews zu ersehen, daß die allgemeine Überzeugung, der Staat habe die demokratischen Spielregeln verletzt, eine gewichtige Rechtfertigung für die politische Gewaltanwendung lieferte. Viertens geht aus beiden Interviews hervor, wie sich die politische Militanz zur Hauptaktivität entwickelte, die alles übrige zurücktreten ließ. Fünftens beschreiben sie sehr plastisch die Entstehung einer einseitigen und geschlossenen Subkultur „der Bewegung", welche die externen Ereignisse filterte und bestimmte Verhaltensmaßstäbe festlegte. Sechstens stellt sich in beiden Biographien der Entschluß für den bewaffneten Kampf als eine kollektive Entscheidung dar, die gemeinsam mit Genossen getroffen wird, mit denen man lange Jahre legaler politischer Militanz geteilt hat. Siebtens vermitteln beide Lebensgeschichten ein sehr realistisches Bild vom Alltagsleben im Untergrund, das sich deutlich vom Stereotyp des kalt und rational vorgehenden Berufskillers abhebt. Schließlich zeigen beide Interviews in ähnlicher Weise, wie langwierig und schwierig der Prozeß der Loslösung von den terroristischen Gruppen war.

Abschließend noch einige Bemerkungen technischer Natur zu den zwei Biographien. Sie beruhen auf Interviews, die mit Grazia und Marco teilweise im Gefängnis durchgeführt wurden. Der Nachname wurde jeweils weggelassen und ein frei erfundener Vorname benützt, um die Anonymität der beiden

Interviewten zu wahren. Da ihre Lebenserzählungen ursprünglich viel zu lang waren, mußte ich sie erheblich kürzen. Ich habe dabei versucht, dem jeweiligen subjektiven Erzählfluß gerecht zu werden, indem ich möglichst viele wörtliche Zitate aus den Interviews übernahm und weitgehend auf eigene Kommentare verzichtete.[3] Meine eigene Rolle bei der Wiedergabe der Interviews beschränkt sich im wesentlichen auf die Gliederung der ursprünglich rein chronologisch verlaufenden Erzählungen nach den entscheidenden Wendepunkten, die sich herausgeschält hatten.

Ich möchte dem Institut Carlo Cattaneo sowie der Region Emilia Romagna für die Erlaubnis zur Benutzung der Interviewdaten danken; desgleichen den Mitgliedern des Untersuchungsteams für all die wertvollen Anregungen, die ich von ihnen empfing. Vor allem aber bin ich Grazia und Marco dankbar für ihre Bereitschaft, in langen Stunden für sie oft schmerzvolle Erinnerungen wieder wachzurufen. Ich danke ihnen für ihr Vertrauen und ihr Bemühen, zu einem Verständnis jener Jahre beizutragen.

1. Grazia – Rebellion gegen Autoritäten

Grazia wurde 1950 in einem kleinen Dorf von 3000 Einwohnern in der Nähe von Bergamo geboren. Das soziale Umfeld, in dem sie ihre Kindheit verbrachte, beschreibt sie als sehr bigott: „Ich wurde vor 36 Jahren in der Provinz Bergamo geboren, und Provinz Bergamo ist gleichbedeutend mit katholisch und bigott (...) Die dortige Gesellschaft ist sehr an bäuerliche Traditionen und an die Kirche gebunden (...) Es ist eine blockierte Gesellschaft, auch und gerade unter kulturellen Gesichtspunkten, eine Gesellschaft, die ganz und gar unfähig war, Antworten auf die neu entstehenden sozialen und individuellen Bedürfnisse zu finden." Ihre Eltern gehörten dieser Gesellschaft an. Beide stammten aus Bauernfamilien benachbarter Dörfer und machten, nachdem sie geheiratet hatten, einen kleinen Laden auf, in dem sie ihr ganzes Leben lang arbeiteten. Grazia hat all dies als eine glückliche Kindheit in Erinnerung behalten. Während ihre Eltern arbeiteten, besuchte sie, zusammen mit ihren zwei älteren Brüdern, die zahlreichen Verwandten in den nahe gelegenen Tälern. Grazia hing sehr an dem, was sie als „nomadische Lebensweise" bezeichnet. Die Szenen ihrer Kindheit waren außerdem angefüllt mit Spielen im Freien: Spielen im Hof, auf der Straße, in den Bergen.

Als sie heranwuchs, begann Grazia die Beschränkungen, die eine traditionelle Erziehung einem jungen Mädchen auferlegte, als störend zu empfinden: „Zunächst wurde ich auf den Nachteil, eine Frau zu sein, vor allem aufgrund des unterschiedlichen Freiheitsspielraums aufmerksam, der mir und meinen beiden Brüdern zustand." Die Beziehung zu ihrem Vater gestaltete sich, wie sie sagte, äußerst konfliktreich, da der Vater seine Autorität in sehr spürbarer Weise ausübte: „Vater traf Entscheidungen gegen meinen Willen, und zwar sehr oft." Im Jahr 1964 führte die Auswahl der Sekundarschule zur ersten größeren Auseinandersetzung mit dem Vater. Grazia wollte auf ein wissenschaftliches Gymnasium gehen, doch ihr Vater entschied sich für die „Magistrali" (eine Lehrerbildungsanstalt), die traditionell für eine Frau als eher geeignet galt. Weil es nahe dem Heimatdorf keine Sekundarschule gab, mußte Grazia in einer größeren Stadt ein von katholischen Nonnen geführtes Internat besuchen. Sie mochte diese Schule nicht, denkt mit Ablehnung an die dort herrschende „Heuchelei", den „Zwang" und „Autoritarismus" zurück. Im übrigen sind jedoch ihre Erinnerungen an diese Jahre die eines normalen Teenagers. Mit ihren Brüdern und einer Reihe von Freundinnen zusammen bildete sie eine Gruppe von 15–20 Personen. „Es war die Zeit der ersten Rockbands. So gingen wir tanzen, oder – da ich sehr gerne schwamm – schwimmen, in einem der zwei Seen, die nahe meinem Haus lagen."

Nachdem sie 1969 ihr „Diplom" erhalten hatte, wollte Grazia auf der vor kurzem errichteten Soziologischen Fakultät von Trient studieren, doch ihr Vater war nicht einverstanden. So ging sie nach Mailand und schrieb sich in einer Schule für Soziale Dienste ein. Während sie noch die Sekundarschule besucht hatte, studierte einer ihrer älteren Brüder bereits an der Katholischen Universität von Mailand. Er erzählte ihr über die Studentenbewegung, an der er sich beteiligte: „Die Erzählungen meines Bruders über Massendemonstrationen und die kollektive Rebellion gegen Autoritäten sowie die Schule zogen mich sehr an; sie entsprachen genau dem, was ich subjektiv durchlebte, ganz allein in dem kleinen Zimmer in der Heimschule." In Mailand lernte Grazia die Freunde ihres Bruders kennen und besuchte mit ihnen die großen Versammlungen der Studentenbewegung. Dabei begann sie an der revolutionären Luft Geschmack zu finden. „Ich fand in anderen Menschen meine eigenen Konflikte mit der Familie (...), der Kirche, den hierarchischen und autoritären Verhältnissen wieder. Ich entdeckte, daß das, was ich allein in der Heimschule erlebt hatte, Bestandteil einer kollektiven Situation war, die mit einem Bruch zwischen den Generationen zu tun hatte." Auch in ihrer Schule, an der sie nun eingeschrieben war, wurden Versammlungen organisiert: „Da gab es diese Auseinandersetzung in der Schule: Was wir lernen sollten, wie wir es lernen sollten und über das Bewertungssystem (...): ‚Professor, woher nehmen Sie die Autorität und das Wissen, um meine Vorbereitung zu beurteilen? Und was bedeutet eigentlich Vorbereitung? Lernt man aus den Büchern oder aus der konkreten Erfahrung in der Verwaltung und der Gesellschaft?'" Die Kritik am Erziehungssystem bewegte sich im Rahmen der allgemeinen Ideologie jener Jahre: „Das waren die Jahre der internationalen marxistischen Solidarität; da war die Chinesische Revolution, da war Vietnam, da war Lateinamerika, all die Kämpfe in Lateinamerika, und die ersten Tupamaros. Die Ideologie, die auch die konkreten Ziele bestimmte, war die, ‚daß man den bürgerlichen Staat nicht verändern kann, sondern ihn zerstören muß', daß die herrschende Klasse nie die Macht aufgeben würde, wenn man nicht bereit sei, Gewalt anzuwenden." In dieser politischen Atmosphäre traf Grazia ihre Entscheidung für die Zukunft: „In meiner Naivität dachte ich wahrscheinlich, daß man, wenn man schon über den Krieg spricht, diesen auch führen muß. Ich mußte konsequent sein, also machte ich Krieg."

Auf den Protestmärschen, an denen Studenten und Arbeiter gemeinsam teilnahmen, traf Grazia mit Genossen verschiedener Gruppen der neuen Linken zusammen, darunter mit jenen der Kommune von Lodigiano (Comune del Lodigiano) und Mitgliedern des Einheitskomitees der Basis (Comitato Unitario di Base) der großen Fabrik Pirelli. Die gemeinsamen politischen Aktivitäten stärkten die Freundschaftsbande. Zusammen mit zahlreichen Genossen, unter denen sich auch ihr künftiger Ehemann befand, schloß sich Grazia der „Sinistra proletaria" (proletarische Linke) an, einer kleinen linken Gruppe, der viele Gründer der Roten Brigaden angehörten.

Politische Aktionen wurden immer wichtiger in Grazias Leben. 1971 verließ sie die Schule, „um eine Arbeiterin zu werden": „Weil ich immer wörtlich nahm, was gesagt wurde und deshalb glaubte, die Theorie müsse auch in die Praxis umgesetzt werden." Sie erinnert sich, daß sie in dieser Zeit viele Bindungen löste: „Ich verließ die Schule, verließ meine Familie, ich verließ alles, brach radikal mit der Vergangenheit." Kurz darauf, im Jahr 1972, wurde ihr Freund verhaftet und brachte einige Monate im Gefängnis zu. Grazia mußte untertauchen, da der erste Aussteiger in der Geschichte des italienischen Terrorismus ausgesagt hatte, während ihrer Abwesenheit einige Nächte in Grazias Wohnung verbracht zu haben.

Nachdem sie vor Gericht freigesprochen worden waren, heirateten Grazia und ihr Freund 1973. Sie war schwanger und ihr Mann mußte die Universität verlassen und sich eine Arbeit in einer großen Fabrik suchen. Das Kind starb jedoch wenige Stunden nach der Geburt. Grazia versuchte noch mehrmals ein Kind zu bekommen. Vier weitere Schwangerschaften endeten mit Fehlgeburten, die letzte im Jahr 1978. Daß sie trotz ihres Wunsches kein Kind haben konnte, empfand sie als persönliches Versagen, aber auch als ein soziales Unrecht: „Ich hatte stets Schuldgefühle wegen des gestorbenen Kindes (...) Ich dachte, ich hätte vielleicht nicht genug Erfahrung gehabt und sei während meiner Schwangerschaft nicht vorsichtig genug gewesen." Sie schrieb die Tatsache, daß sie das erwünschte Baby nicht bekam, aber auch den Arbeitsbedingungen zu. Sie hatte

1973 eine Arbeit als Krankenschwester im Poliklinikum von Mailand aufgenommen, wo sie bis 1978 bleiben sollte: „Zusammen mit einem Anästhesisten, der dort arbeitete, sammelte ich Material, das aus Forschungen über amerikanische Krankenhäuser stammte. Sie hatten entdeckt, daß das Gas, das wir für die Betäubung verwendeten, giftig war: es schädigte die weiblichen und männlichen Fortpflanzungsorgane, verursachte Sterilität und Abgänge."

Die Jahre am Poliklinikum beschreibt Grazia als sehr wichtig und reich an politischen Aktivitäten und emotionalen Bindungen. Sie betont wiederholt, das Krankenhaus habe ihr sehr viel bedeutet, sowohl wegen der politischen Erfahrungen als auch wegen der persönlichen Beziehungen zu den Männern und Frauen der Gruppe, wegen des Solidaritätsgefühls, das alle verband: „Das Krankenhaus war alles für mich, fast wichtiger als meine Ehe (...) das waren sehr erfüllte Jahre, die wirklich die Beziehungen zwischen den Menschen veränderten." Sie war gerne Krankenschwester: „Ich kam dort fast zufällig hin, weil ich erfahren hatte, daß es eine Arbeitsmöglichkeit gab; doch je länger ich dort arbeitete, desto mehr wurde mir bewußt, daß es der Beruf war, den ich am liebsten hatte, vielleicht wegen der persönlichen Beziehungen zwischen uns, aber auch wegen der Beziehung zum Patienten. Ich spürte, daß ich das starke menschliche Mitgefühl, das wir hatten und immer noch haben, zum Ausdruck bringen konnte."

In diesen Jahren war Grazias Leben ganz mit politischer Militanz ausgefüllt: „Ich erinnere mich, daß ich meine Wochen zwischen dem einen und dem anderen Kollektiv zubrachte, mit der Koordination all der Nachbarschaftskollektive, all der Fabrikkollektive, der Frauenkollektive, mit der Koordination auf der Stadtebene und der nationalen Koordination." Grazia teilte diese politischen Erfahrungen mit ihrem Mann, der einer anderen „autonomen" Gruppe angehörte. Ihre Arbeitszeiten erschwerten ihre Beziehungen: „Mein Mann hatte oft Nachtschicht, und ich mußte pendeln. So ging ich sehr früh am Morgen weg und kam spät nachts zurück. Oft trafen wir uns an der Bushaltestelle, wenn ich zum Krankenhaus fuhr und er von der Fabrik zurückkam, oder wir begrüßten uns im Treppenhaus." Andererseits vertiefte das gemeinsame politische Engagement ihre gegenseitige affektive Bindung: „Wir tauschten viele Dinge miteinander aus (...) Er gehörte den politischen Kollektiven von Lodigiano an; ich war Mitglied des Kollektivs der Poliklinik. Wir besuchten gemeinsam die allgemeinen Treffen und Versammlungen, auf der lokalen und auf der nationalen Ebene. Wir fuhren oft nach Rom, Florenz und Bologna. Wir befanden uns innerhalb dieses Diskurses über die ‚Autonomie der Arbeiter‘, obwohl wir keinem bestimmten Zweig der Bewegung angehörten."

Die Geschichte des „Kollektivs der Poliklinik" war ähnlich jener vieler „autonomer" linker Gruppen, die in den großen Fabriken Norditaliens entstanden: „An erster Stelle stand die Kritik an den Gewerkschaften, vor allem an dem linksgerichteten Allgemeinen Italienischen Bund der Arbeit (Confederazione Generale Italiana del Lavoro, CGIL) (...) Das Kollektiv wurde gegründet, um Kritik an der Politik der Gewerkschaften vorzubringen. 1976 hatten wir als betriebliche Arbeitsvertreter eigenständig eine Welle von Protestaktionen innerhalb des Krankenhauses organisiert. Darauf wurden fünfzig von uns aus der CGIL ausgestoßen. Wir waren aber weiterhin Betriebsvertreter und versuchten, immer mehr Leute in die Sache hineinzuziehen." Zur Ideologie der Gruppe gehörte eine radikale Kritik an der kapitalistischen Gesellschaft: „Wir kritisierten die Art und Weise, in der die Arbeit innerhalb des Krankenhauses organisiert war, die Beziehungen zwischen der Krankenschwester und dem Arzt, dem Arzt und dem Patienten, dem Patienten und der Krankenschwester (...) es war eine sehr radikale Kritik an der medizinischen Wissenschaft und der Führung des Krankenhauses." Es gab auch Versuche, neue Formen kollektiven Vorgehens zu finden: „Wir suchten lange Zeit nach einer Form kollektiver Aktion, die sich vom Streik unterschied. Wir wußten, daß der Streik das Gegenteil des angestrebten Effektes bewirkte, denn es ist wahr, daß der erste, der Schaden erleidet, der Patient ist (...) Wir suchten nach einer Art von Aktion, die sich störend auswirkte, über die die Massenmedien sprechen mußten und die öffentliche Meinung sprechen mußte (...) Wir versuchten freie Arztstationen zu gründen. Wir dachten, das sei etwas sehr Positives, denn Du arbeitest, aber gleichzeitig schadest Du der öffentlichen Verwaltung, die kein Geld für die angebotenen Dienstleistungen bekommt. Gleichzeitig öffnest Du das Krankenhaus den Leuten, die in dieser Gegend wohnen." Einige dieser neuen Aktionsformen waren allerdings sehr gewaltsam: „Wir hatten folgende Vorstellung: Wenn es nicht genug Personal gibt, um den Stationsbetrieb in Gang zu halten, dann muß man entweder zusätzliches Personal einstellen, oder die Zahl der Betten verringern. Und wenn man die Zahl der Betten nicht verringern will, dann werden wir sie eben verringern. Es gab auch zahlreiche Verfahren wegen Gewaltanwendung gegen uns, sie bezogen sich stets auf Protestmärsche innerhalb des Krankenhauses, bei denen wir in das Büro eines Chefarztes eindrangen und ihn fragten, welche Art von Experimenten er mit seinen Patienten machte oder wieviel Zeit er im Krankenhaus und wieviel Zeit er in seiner Privatklinik zubrachte. Wir besetzten auch die Verwaltungsbüros; es gab viele körperliche Auseinandersetzungen und eine besondere Art, einen öffentlichen Marsch zu ‚organisieren‘." In dieser Zeit war, um mit Grazias Worten zu sprechen, „Illegalität die Norm, nicht Legalität."

Das Jahr 1978 bildete einen Wendepunkt in Grazias Leben. Sie wurde wegen ihrer Teilnahme an gewaltsamen Aktionen angeklagt und aus dem Krankenhaus entlassen. Da sie keine andere Stelle fand, blieben ihr nur 50% ihres Gehalts und die Aussicht auf ein langes Gerichtsverfahren. Inzwischen war die politische Protestbereitschaft im Krankenhaus allmählich zurückgegangen. Grazia schrieb dies der staatlichen Repression zu: „Jedesmal, wenn wir eine Protestaktion organisierten, kündigten sie dem einen oder gaben einem anderen den Laufpaß, oder die Polizei war da, so daß wir das Krankenhaus nicht verlassen und keinen öffentlichen Demonstrationszug organisieren konnten. Als die Welle der Entlassungen einsetzte, überlegten es sich die Leute zweimal, bevor sie sich politisch engagierten. Und dann hatten wir dieses große Handicap: Wir waren immer gut im Kritisieren, aber wir waren noch keineswegs so weit, daß wir selbst einen positiven Vorschlag machen konnten." Im selben Jahr verließ sie ihren Mann, um mit einer Freundin zusammenzuleben, die gerade Zwillinge zur Welt gebracht hatte. Während der ganzen Zeit intensivierte sie ihre Kontakte zu Untergrundorganisationen. Kritisch gegenüber den „elitären" Roten Brigaden eingestellt, befürwortete sie „Massenformen des bewaffneten Kampfes". Außerdem kannte sie viele Mitglieder der Geheimorganisationen persönlich: „Ich war stets innerhalb der Bewegung und wußte, wer zu den Roten Brigaden, wer zu Prima Linea gehörte. Zu Prima Linea hatte ich eine engere Verbindung, denn wir standen uns näher; ich teilte einige ihrer Analysen."

Erst 1980 schloß sie sich jedoch Prima Linea an und ging in den Untergrund. Diese Entscheidung wurde von ihr in einem Augenblick getroffen, in dem persönliche Probleme und eine allgemeine politische Krise zusammentrafen. „Als ich mich 1980 für den bewaffneten Kampf entschied, ging es nicht nur um den bewaffneten Kampf. Es trafen mehrere persönliche, individuelle und kollektive Krisenmomente zusammen. Meine Ehe war in der Krise. Die Gruppen, denen ich meine wichtigsten politischen Erfahrungen verdankte, befanden sich in der Krise. Auch die persönlichen Beziehungen innerhalb jener Gruppen waren kritisch wegen der politischen Krise jener Epoche (...) Wir trafen unterschiedliche Entscheidungen: Einige gingen zur Familie zurück, andere begannen zu reisen. Ich traf vielleicht die reinste, ich entschied mich für den bewaffneten Kampf."

Grazia gibt zwei Gründe an, warum sie in den Untergrund ging. Einer war die Angst davor, festgenommen zu werden, nachdem die Entführung und Ermordung von Aldo Moro, dem Präsidenten der Christdemokratischen Partei, eine Welle der Verfolgung aller radikalen linken Gruppen ausgelöst hatte: „Ich dachte, ich könnte nicht stillhalten zu Hause und darauf warten, daß sie kommen würden, um mich zu verhaften." Solidarität mit den Genossen war der zweite Grund. Grazia beschloß, zusammen mit zwei Freundinnen in den Untergrund zu gehen. Sie erinnert sich an den Kommentar ihres Mannes hierzu: „Als ich meinem Mann sagte, ich würde weggehen, meinte er ‚Du bist dumm'; ich war beleidigt, zugleich war mir aber bewußt, daß er recht hatte, da er mich sehr gut kannte. Er sagte: ‚Du bist dumm, denn nach allem, was wir getan haben, gibt es nun noch einen Grund mehr zu bleiben.' Ich sagte: ‚Ja, aber es gibt auch einen Grund mehr, es jetzt zu tun, denn was bleibt sonst?' Er sagte: ‚Du machst es aus Freundschaft, nicht aus ideologischer Überzeugung.' Ich sagte: ‚Vielleicht ist es das, was mich retten wird.'"

Das Leben im Untergrund erschien ihr von Anfang an als enttäuschend und entfremdend. Weil einige frühere Militante begannen, als Kronzeugen mit den Untersuchungsbehörden zusammenzuarbeiten, wurden 1980 die meisten Mitglieder von Prima Linea verhaftet. Die neue, vorwiegend aus Frauen bestehende Prima Linea-Organisation, in der Grazia mitkämpfte, nannte sich „Für die proletarische Befreiung organisierte Kommunisten" (Comunisti organizzati per la liberazione proletaria). Ihr Hauptziel war die Befreiung von Prima Linea-Angehörigen aus dem Gefängnis: „Wir planten all diese Fluchtaktionen, die wir nie verwirklichen konnten, da uns einfach das nötige Geschick fehlte. Das einzige, was wir zustande brachten, waren einige kleine Überfälle, bei denen wir sehr genau darauf achteten, daß weder uns noch anderen etwas Schwerwiegendes zustoßen konnte." Die Haupttätigkeit der Gruppe bestand in der Tat darin, Raubüberfälle zu planen und auszuführen, um das Geld zu besorgen, das zum Überleben im Untergrund notwendig war. Theoretisches Studium war ebenfalls eingeplant. Die rund 50 Mitglieder waren in Studiengruppen eingeteilt, die eine Erklärung und eine Lösung für die Krise finden sollten, in die der „bewaffnete Kampf" geraten war: „Wir hatten ein Komitee, um zu untersuchen, was geschehen war und was wir tun konnten (...) Denn wir gingen auf jeden Fall davon aus, daß, nachdem die meisten Kollektive verschwunden waren, nur wir übrig blieben, um den Kampf fortzuführen. So waren wir im Recht, und selbst wenn wir nicht wußten, was wir machen sollten, waren wir doch zumindest noch da und versuchten das Ganze zu verstehen und etwas zu unternehmen." Tatsächlich allerdings „studierten wir nie, da wir die Überfälle vorbereiten mußten."

Grazia hatte nach den ersten Wochen des Lebens im Untergrund eine Krise: „Man wurde erdrückt von der Last zu überleben und gejagt zu werden. Zu den schlimmsten Dingen zählte, daß ich bemerkte, wie ich all das verlor, was die Qualität meines Lebens verbessert hatte, meine Persönlichkeit, meine Affektbeziehungen, daß ich mich als Frau akzeptierte. Das bedeutete viel Leid, zusätzlich zu dem Gefühl der Niederlage, des Zerbrechens der menschlichen Beziehungen wegen der Verhaftungen." Obwohl die ausweglose Lage der Organisation durchaus erkannt wurde, fiel es Grazia und ihren Kameraden schwer, diese zu verlassen: „Die Mechanismen der Geheimhaltung und Illegalität (...) üben einen unglaublichen Druck auf die Leute aus. Ich begriff das sehr bald, nachdem ich in den Untergrund gegangen war. Die Entscheidung, ihn wieder zu verlassen, fiel jedoch sehr schwer, weil es noch all diese Leute im Gefängnis gab; so blieben wir, sogar 1982 konnten wir nicht weggehen. Wir dachten manchmal, daß es vielleicht besser wäre, die Organisation zu verlassen, denn in Wirklichkeit taten wir nichts anderes als darauf zu warten, verhaftet zu werden; wir hielten an einer Analyse fest, an die wir selbst nicht mehr glaubten. Wir konnten nicht mehr begreifen, was der bewaffnete Kampf sollte, außer daß man versuchte, Kameraden aus dem Gefängnis zu befreien. Aber für drei von ihnen, die wir befreiten, verhafteten sie dreißig von uns." Innerhalb der Untergrundorganisation war heftige Kritik an der Entartung des „bewaffneten Kampfes" aufgekommen. Grazia erinnert sich an eine der Episoden, die die Untergrundkämpfer zum Nachdenken zwang: der Mord an zwei einer Privatgesellschaft angehörigen Nachtwächtern, der von den Roten Brigaden ausschließlich zu dem Zweck begangen wurde, die Aufmerksamkeit der Massenmedien auf den angeblichen „Verrat" eines ihrer Mitglieder zu lenken.

Grazia wurde 1982 verhaftet und in ein Sondergefängnis in Voghera geschickt. Dort entwickelte sich unter den Insassen eine Debatte über die Fragwürdigkeit des bewaffneten Kampfes, nachdem ein Genosse, der angeblich Kronzeuge geworden war, in diesem Gefängnis angegriffen und verletzt worden war: „Wir unternahmen eine kritische Analyse des Geschehenen, suchten nach Erinnerungen an unsere gemeinsame Vergangenheit und versuchten, einige Verbindungen zur Außenwelt herzustellen. Es gab eine Wiederentdeckung der Beziehungen zwischen uns, den weiblichen Gefangenen, die unterschiedliche Lebensgeschichten hatten. Hinzu kam der Versuch, mit den Institutionen und den lokalen Behörden in Austausch zu treten, miteinander zu reden. Von da an entwickelte sich für viele von uns die Kritik am bewaffneten Kampf zu der Einsicht, daß jene Erfahrung vorüber war." Bei den „großen" Gerichtsverhandlungen von 1984, als alle ehemaligen Militanten von Prima Linea zusammentrafen, unterzeichneten die meisten von ihnen eine gemeinsame Erklärung gegen den bewaffneten Kampf. Grazia gehörte zu ihnen: „Ich übernahm die Verantwortung für mein Handeln, erklärte, daß ich den bewaffneten Kampf endgültig aufgebe und ihn im Hinblick auf unsere anfängliche Motivation für unnütz halte."

Grazia ist wegen des Delikts der Zugehörigkeit zu einer „bewaffneten Bande" und ihrer Beteiligung an mehreren Überfällen zu 12 Jahren Gefängnis verurteilt worden. Seit 1986 wird ihr ein Status partieller Freiheit zugestanden. Sie lebt in Mailand und arbeitet für eine Genossenschaft ehemaliger Inhaftierter.

2. Marco – der Sog des Untergrunds

Marco wurde 1956 in Mailand geboren. Beide Eltern kamen aus kleinen Dörfern in der toskanischen Maremma, wo sein Vater Lehrer an der Grundschule war. Nach dem Krieg gingen die Eltern mit Marcos älterer Schwester nach Mailand, wo der Vater Bankangestellter wurde. Marcos Mutter, die nie arbeitete, litt unter diesem Umzug, während der Vater ihn als Erfolg betrachtete: „Ich hatte immer den Eindruck, daß es für meine Mutter sehr hart war, ihre bäuerlich-provinzielle Art, die auf einer Reihe von Sicherheiten und einem entspannten Lebensrhythmus beruhte, der großen Stadt anzupassen. Dagegen war mein Vater ein Bestandteil seiner sozialen Umgebung geworden und sehr motiviert (...) Ich erinnere mich, daß mein Vater sehr begeistert war: der wirtschaftliche Boom, die Rückkehr in die

Toskana während der Sommerferien mit unserem eigenen Auto."

In Mailand wohnte die Familie in einem neuen Block von Mietwohnungen, welche die Bank, bei der sein Vater arbeitete, für ihre Angestellten gebaut hatte. Marco spürte die damit verbundene soziale Kontrolle: „Der Chef meines Vaters war für unseren Wohnblock verantwortlich (...)." Die Erinnerungen an diese Zeit sind jedoch sehr glücklich: „Es war meine erste Sozialisationserfahrung, viele Kinder, viel Platz zum Spielen. Ich erinnere mich auch noch an das Land, den Ort für Abenteuer. Ich sprang über den Zaun und kam in der Nacht zurück, in der es von Leuchtkäfern wimmelte. Ich erinnere mich an die Kühe und die Teiche, wo ich häufig fischte."

Marco bemüht sich während des Interviews wiederholt, die Beziehung zu seinem Vater in einem sehr positiven Licht darzustellen: „Meine Mutter war die klassische ängstlich-besorgte italienische Hausfrau. Mein Vater eröffnete mir hingegen viele Möglichkeiten: Wir gingen fischen, wir gingen jagen und er unterstützte meine ersten kulturellen Interessen." Als Sympathisant der Republikanischen Partei sei er nicht mit Marcos politischen Ansichten einverstanden gewesen, doch habe er geschätzt, daß sein Sohn seine eigenen Erfahrungen sammelte, und nichts unternommen, um dies zu verhindern: „Er war davon überzeugt, daß meine revolutionäre Vernarrtheit Teil meines jugendlichen Überschwangs war."

Marco erinnert sich, daß er während der ersten Schuljahre erstmals die Entdeckung machte, daß „die Realität sehr problematisch war": „Beispielsweise weiß ich genau, wie mir bewußt wurde, daß es eine kausale Beziehung zwischen dem Schulversagen vieler Kameraden und der sozialen Marginalisierung ihrer Familien gab." Noch auf der Grundschule trat er einer katholischen Jugendgruppe bei: „Meine Erinnerung an diese Gruppe ist sehr angenehm, als eine Öffnung gegenüber unserer Nachbarschaft, und auch als eine erste Unabhängigkeit von den Eltern. Wir gingen herum, um Geld für die Mission im Ausland zu sammeln. Wir hatten eine Fußballmannschaft und trafen ständig mit neuen Leuten zusammen, die in anderen Fußballmannschaften spielten. Mir gefiel das, und mir gefiel auch die anderen Menschen entgegengebrachte Aufmerksamkeit, die sich deutlich von der normalen Gleichgültigkeit der Menschen auf der Straße abhob."

Der Eintritt in die Sekundarstufe im Jahr 1969 stellte einen wichtigen Wendepunkt dar. Marco schrieb sich in die Versuchsabteilung eines humanistischen Gymnasiums ein und fand es dort sehr anziehend und anregend: „Statt des traditionellen Erziehungssystems (...) wurden dort die Themen einer Schulreform vorweggenommen: Wir waren Ganztagsschüler, die Pulte waren hufeisenförmig angeordnet anstatt in der traditionellen Form, alle humanistischen Fächer waren unter dem Begriff ‚Sozialwissenschaften' zusammengefaßt, am Nachmittag waren Psychologen anwesend. Die Lehrer nahmen für die Studentenbewegung Partei und ermutigten politisches Engagement in der Schule."

In der Tat begann sich Marco in der Schule mehr für politische Aktivitäten zu interessieren: „Mein Interesse wuchs vor allem nach dem faschistischen Massaker auf der Piazza Fontana am 12. Dezember 1969. Erstmals gab es einen Streik. Wir gingen nicht zur Schule, sondern zum Begräbnis auf der Piazza Duomo. Es gab einen riesigen öffentlichen Trauerzug und die Messe. Ich erinnere mich, daß ich mit großer Mühe, wegen der vielen Leute, in den Dom gelangte; da waren all diese Bahren." Einige Wochen später, am 21. Januar 1970, nahm Marco an einem Protestmarsch teil: Im Verlauf der Untersuchung über die Urheber des Massakers der Piazza Fontana war ein Anarchist während des Verhörs aus dem Fenster des Polizeipräsidiums gestürzt. „Obwohl wir noch nicht der Studentenbewegung angehörten, wollten ein Klassenkamerad und ich diesen Marsch sehen. Wir gingen zum Zentrum der Universität von Mailand, dem Statale-Gebäude. Ich erinnere mich, daß es ein wunderbares Gefühl war. Ich hatte nie so viele Menschen in demselben Alter wie ich, mit denselben Interessen wie ich, gesehen. Wir hielten nach anderen Klassenkameraden Ausschau und marschierten friedlich, als plötzlich die Hölle losbrach: Tränengas, Schreie, Schläge, überall rennende Menschen. Anfangs begriffen wir nicht, was los war. Wir bekamen unseren Anteil an Tränengas ab und versuchten wegzulaufen (...) Wir streiften durch das Stadtzentrum, auf der Suche nach dem Marsch, indem wir dem Rauch und den Schreien folgten. Da sahen wir eine Polizeieinheit in Kampfbereitschaft. Alles war sehr spektakulär: die Bänder mit den Farben der (italienischen) Trikolore, die Trompeten, die zum Angriff bliesen. Ich sah Mailand in einem Zustand, wie ich es mir nie vorgestellt hätte, mit dem Rauch der Tränengasbomben, es war wirklich eine gespenstische Szene: zerrissene Plakate, abgebrochene Verkehrsschilder, verwundete Leute auf der Straße (...) Ich kam sehr spät nach Hause. Meine Augen waren vom Rauch und vom Tränengas gerötet, meine Kleider zerrissen. Aber ich war glücklich und erregt, denn etwas sehr Wichtiges hatte sich ereignet, und ich war dabei gewesen."

Nach diesen beiden aufwühlenden Erfahrungen verließ Marco, zusammen mit einer Reihe weiterer Mitglieder der Katholischen Aktion (Azione Cattolica), die katholische Jugendgruppe: „Die Oberinnen der katholischen Aktion riefen die Rebellischeren zusammen (...) und hielten uns eine Ansprache über die Studenten, die auf die Straße gingen, um Autos kaputt zu machen. Ich war aufgebracht. Ich hatte an einem Zug teilgenommen, hatte diese Kämpfe gesehen und die Polizei, die die Studenten angriff, das hatte bei mir ein Trauma hinterlassen (...) Der Bruch war radikal. Ich setzte nie mehr einen Fuß in das Katholische Zentrum." Zur selben Zeit schloß sich Marco der Studentenbewegung (Movimento Studentesco, MS) an, einer Organisation linker Aktivisten, die in Mailand sehr stark war. Der MS war sehr populär, auch in Marcos Schule, wo das entsprechende Kollektiv rund 200 Mitglieder zählte. Marco nahm begeistert an den allgemeinen Versammlungen teil: „Sogar das Auditorium Maximum war zu klein, so benützten wir die Turnhalle. Aber sogar die Turnhalle war zu klein, so benützten wir vier oder fünf davon und man ging von einer zur anderen." Er war auch fasziniert von der Stimmung, die auf den Stadtversammlungen aller Kollektive im Statale herrschte: „Es war eine magische Atmosphäre. Im Statale trafst du Mädchen, hattest die ersten Liebeserlebnisse. Aber vor allem trafst du die

Schüler aus anderen Schulen, was deinen Horizont erweiterte." Der Enthusiasmus für politische Aktivitäten fand zusätzliche Nahrung durch die Entstehung einer Gruppe gleichaltriger Freunde und Kameraden: „Es gab Parties am Samstagabend, wenn die Eltern weg waren; die ersten Begegnungen mit Vertretern des anderen Geschlechts, die ersten Joints, und die Teilnehmer gehörten alle zur Bewegung."

Aus der Schulzeit sind besonders die gewaltsamen Auseinandersetzungen mit den neofaschistischen Gruppen stark im Gedächtnis haften geblieben: „In der Schule gab es eine sehr kleine Gruppe von Faschisten, die Ursache täglicher Kämpfe. Sie waren wenige, aber böse. Zudem wurden sie von außen her durch eine militärische Gruppe, die Alfa-Gruppe, unterstützt, deren Wohnheim nur zehn Meter von meiner Schule entfernt war. Sie waren besessen, wirklich bedrohlich, nicht wenige von ihnen legten schließlich Bomben in die Züge. Sie kamen zum Schuleingang und unternahmen Strafexpeditionen: Aggressionen, Angriffe, sie stachen sogar mit dem Messer zu." Zur Verteidigung gegen die Neofaschisten organisierte das Kollektiv 1970 einen Ordnungsdienst (servizio d'ordine), „dem ich mich voll gespannter Erwartung anschloß, sehr froh darüber, daß man mich genommen hatte." „Er bestand darin, daß wir uns um 6 Uhr trafen oder zu anderen schrecklichen Zeiten und mit Eisenstangen rund um das Schulgebäude patrouillierten, um zu sehen, ob ein Faschist da war. Dann besetzten wir den Eingang, um sicherzustellen, daß alle Schüler das Schulgebäude friedlich betreten konnten. Danach gingen wir in die Klassen. Natürlich erst in der zweiten Stunde, denn wir gehörten dem Ordnungsdienst an, was auch von unseren Lehrern gewürdigt wurde."

1972 zeigten sich erste Anzeichen politischer Ermüdung. Die Trennung zwischen den verschiedenen politischen Gruppierungen wurde immer schärfer. Der MS beschloß, seine Tätigkeit auf den Bereich innerhalb der Schule zu konzentrieren. Marco war mehr von der auf die Arbeiter ausgerichteten Organisation „Arbeitermacht" (Potere Operaio, PO) angezogen, die der „Intervention" in den großen Fabriken und den Ausbildungsstätten für Arbeiterkinder besondere Aufmerksamkeit schenkte.

Zusammen mit zwei Schulkameraden organisierte Marco eine PO-Zelle in seiner Schule, deren einzige Tätigkeit allerdings darin bestand, die PO-Zeitschrift an die Wände der Schule zu hängen. Er erklärt, warum er sich von dieser Gruppe so angezogen fühlte: wegen ihrer „moralischen Kohärenz", ihrer zahlreichen internationalen Kontakte und besonders, weil es viele Arbeiter in ihr gab. Nach Marco brachte das Engagement beim Arbeiterflügel sehr radikale Formen der Auseinandersetzung mit sich: „Ich hatte da meine ersten wirklich harten Erfahrungen. Beispielsweise unterschied sich die Art von Gewalt, die von der Polizei bei der Räumung eines besetzten Hauses angewendet wurde, deutlich von jener, an die ich während unserer Proteste in der Schule oder dem polizeilichen Eingreifen gegen studentische Demonstrationen gewöhnt war. Denn wenn Arbeiter Häuser besetzten, gab es eine Menge Blut, Leute wurden festgenommen und blieben monatelang im Gefängnis. Dies steigerte meine kämpferische Motivation sehr."

1973 brachte erneut einen Wendepunkt: Marcos Vater kam bei einem Autounfall ums Leben. Seine Mutter hatte ernsthafte psychische Störungen. Marco unterbrach seine politischen Aktivitäten für eine Weile, um den „emotionalen Schlag zu verkraften". Als er sie nach einigen Monaten wieder aufnahm, hatte sich die Situation grundlegend geändert. Der PO existierte nicht mehr. Eine Gruppe früherer PO-Mitglieder, unter ihnen ein Freund von Marco, tat sich zusammen, um „die Infrastruktur für illegale Aktionen zu schaffen". Marco erklärt diese Entwicklung mit dem politischen Klima, das 1974 herrschte: „Das war die Zeit unmittelbar nach dem Militärputsch in Chile. Wir hatten das Gefühl, daß wir uns verteidigen mußten. Das war für mich ein absolut überzeugendes Argument. Ich war sicher, daß ein Massenkampf, der uns der Macht nahebringen sollte, dies niemals ohne intensive Gewaltanwendung erreichen konnte. Das Massaker auf der Piazza Fontana war der Beweis dafür. Während für mich Vietnam sehr weit weg war, hatte ich die Erfahrung der Volksfront in Chile als der italienischen Situation sehr nahe empfunden. Man muß auch in Rechnung stellen, daß es eine weitverbreitete paranoide Furcht vor einem bevorstehenden faschistischen Putsch gab." Mit dieser Gruppe zusammen diskutierte Marco über den bewaffneten Kampf; und „wir studierten, wie ein Gewehr funktioniert, nahmen ein Gewehr in unsere Hände, setzten es zusammen und legten es auseinander. Wir übten uns im Schießen, und ich schloß mich einer bewaffneten Gruppe an". Nach Marcos Darstellung hatte die Gruppe vor, den bewaffneten Kampf mit der Massengewalt zu verknüpfen: „Wir wollten den bewaffneten Kampf mit der Massengewalt der Arbeiter verbinden, die bei Pirelli gegen die Polizei kämpften, die Schlafstätten der Alfa-Gruppe zerstörten, die Gebührenstationen auf den Fernstraßen und in den Bahnstationen besetzten; wir wollten den bewaffneten Kampf mit der Gewalt der Hausbesetzer verbinden. Beispielsweise gab es in San Basilio eine berühmte Hausbesetzung, bei der die Besetzer mit ihren Gewehren auf die Polizei feuerten. Wir wollten eine Verbindung zwischen dem bewaffneten Kampf der Avantgarde und der Massenbewegung herstellen."

Erneut nahmen politische Aktivitäten „90% der Zeit" in Anspruch: „Ich stürzte mich voll hinein (...) innerhalb weniger Monate wurde ich zum Kämpfer, in einer Atmosphäre, die ich absolut phantastisch fand." Die erste bewaffnete Aktion bestand darin, das Auto eines Professors in Brand zu stecken. Marco war auch an Aktionen zur „Selbstfinanzierung", wie Hauseinbrüchen, beteiligt: „Das war etwas, was ich nie mochte; ich hatte nie in meinem Leben 5 Lire gestohlen. Aber da war die Organisation und ihr Bedarf; ich wußte, daß ich es tun mußte. Für mich war es der höchste Beweis meines politischen und revolutionären Bewußtseins."

Enge Freundschaftsbande entwickelten sich in diesem sozialen Umfeld. Marcos Freundin gehörte derselben Organisation wie er an und sie teilten ihr soziales Leben nur mit Kameraden: „Wir taten uns mit denen aus den Fabrikkollektiven zusammen, hatten gemeinsame Erlebnisse, machten gemeinsam Ferien." Zur gleichen Zeit traf Marco mit einer kleinen Gruppe sehr junger Militanter von der linksradikalen Organisation Ständiger Kampf (Lotta Continua, LC) zusammen. Mit ihnen schloß er viele dauerhafte Freundschaften. Diese Gruppe ging ebenfalls von antifaschistischer Propaganda und dem Verkauf „roter" Literatur aus zweiter Hand allmählich zu bewaffneten Aktionen über. Mit ihnen nahm Marco an sog. proletarischen Enteignungen (espropri proletari), an „politischen" Raubüberfällen auf große Geschäfte und an „bewaffneten Märschen" teil, bei denen „Waffen an fünfzehnjährige Jugendliche ausgehändigt wurden". Als die Gruppe sich im Jahr 1977 mit der Untergrundorganisation Prima Linea vereinigte, schloß sich Marco ihr an.

Marco beschreibt die Atmosphäre „im Umkreis der Bewegung" folgendermaßen: „In diesen Jahren, zwischen 1974 und 1977, wuchsen die radikalen autonomen Kollektive enorm an, Monat für Monat erhöhte sich ihre Präsenz in der Stadt, die Zahl ihrer Basisgruppen, ihrer Gewehre." „Aus einer ‚Trab'-Phase entwickelte sich der bewaffnete Kampf in Mailand zum vollen Galopp. Jeden Tag gab es bewaffnete Aktionen, bei jedem Marsch, bei jedem Anlaß, jedem Streik." Die Rekrutierung der Kämpfer erfolgte innerhalb der „autonomen" Kollektive: „Die Einheiten der Untergrundorganisationen bildeten sich innerhalb der legalen Kollektive. Ein Mitglied einer Kampforganisation trat einem Kollektiv bei und überzeugte jene, von denen er dachte, sie seien am aufgeschlossensten, davon, daß man eine Verbindungsstruktur aufbauen müsse." Dank dieser Struktur konnte Marco als gewöhnliches Mitglied von Prima Linea sein normales Alltagsleben und seine legalen politischen Aktivitäten fortführen. Die Akzeptanz illegaler Formen des Verhaltens war so weit verbreitet, daß „es Zeiten gab, zu denen wir bei einem allgemeinen Treffen der Bewegung intervenierten und uns vor 200, 300 oder 500 Menschen fast offen für die Strategie des bewaffneten Kampfes aussprachen". In der Vorstellungswelt, wie sie innerhalb der Subkultur der Bewegung vorherrschte, gewannen die „revolutionären Kräfte" unaufhörlich an Stärke und ein Bürgerkrieg stand unmittelbar bevor. So erinnert sich Marco an folgende Episode: „Als Moro gekidnappt wurde, befanden wir uns auf einem Protestmarsch der Arbeiter von Unidad, einer Lebensmittelfabrik. Ich erinnere mich daran, wie das Exemplar der Sonderausgabe einer Zeitung mit der Titelaufschrift ‚Moro entführt, seine Eskorte getötet' von einem

Arbeiter als Zeichen des Sieges in die Höhe gehalten wurde. Wir fanden das belustigend. Niemand begriff, wie ernst die Situation war. Wir gingen in die Kantine und stießen mit den Arbeitern auf den bevorstehenden Sturz des Regimes an."

In dieser Zeit wurden affektive Bindungen und die Äußerung persönlicher Bedürfnisse von der Untergrundorganisation positiv bewertet: „Wir teilten die Vorstellung, daß der bewaffnete Kampf, abgesehen davon, daß er einer historischen Notwendigkeit entsprach, auch eine Gelegenheit darstellte, menschliche Beziehungen aufzubauen, die, wie soll ich nur sagen, absolut sein, auf der Bereitschaft zu sterben beruhen sollten, ganz im Gegensatz zum Alltag, zur Vereinzelung in der kapitalistischen Gesellschaft. Es herrschte Freundschaft und Solidarität, auch bei den kleinen persönlichen Problemen (...) dann gab es die Parties, die Joints (...) dieser Anschein einer glücklichen Solidarität war es, der das Leben so vieler Leute zerstörte."

Die militärischen Aktionen, die sich ausschließlich gegen Sachbesitz richteten, verursachten den Untergrundkämpfern keine allzu großen Gewissensprobleme. Marco erinnert sich, daß sie einen „spöttischen Beigeschmack" hatten: „Um ehrlich zu sein, sie erzeugten keinerlei Gewissensbisse. Wenn wir beispielsweise das Lager von Magneti Marelli in Brand setzten, so bedeutete das 40 Billionen Lire Schaden, aber es war ein 40 Billionen-Schaden für die Kapitalisten. Wir sagten dem Nachtwächter, er solle sich keine Sorgen machen, wir gaben ihm die Zeit, um sein Auto in Sicherheit zu bringen, weil er ein Arbeiter war." Innerhalb der Fabrik „wurde dem abscheulichen Chef von den Arbeitern zugesetzt", während die Aufgabe der militärischen Organisation außerhalb derselben darin bestand, „die Endprodukte zu zerstören, da die gefüllten Lager als eine Entschuldigung dafür dienten, Leute zu entlassen. So gingen wir hin und steckten das Lager in Brand. Genau gesagt ging es dabei darum, den Firmen diese Rechtfertigung zu entziehen, die sie brauchten, um Leute zu entlassen, und sie zugleich dazu zu zwingen, jene wieder einzustellen, die sie entlassen hatten. Dies gelang uns regelmäßig, da wir viele Komplizen innerhalb der Fabrik hatten, oft auch im Betriebsrat."

Nach Marco veränderte sich die Situation im Jahre 1978 dramatisch: „Die berühmte ‚Bewegung 77' hatte sich auf die Universität beschränkt. Sie lieferte dem bewaffneten Kampf eine Menge Militanter, konnte aber die Situation in den großen Fabriken nicht verbessern." Die Krise der „autonomen" Kollektive in den großen Mailänder Fabriken wurde der staatlichen Unterdrückung zugeschrieben. Klandestinität und zunehmender Terrorismus wurden als der einzige Ausweg betrachtet, „um den bewaffneten Kampf fortzuführen": „Als sie in den großen Fabriken daran gingen, die Mitglieder der radikalen Gruppen auszusondern und zu verfolgen, ging die Zahl der Sympathisanten zurück. Protestaktionen innerhalb der Fabrik wurden zunehmend gefährlicher und waren entsprechend schwer zu organisieren. Die Arbeiter sagten etwa zu uns: ‚Der da ist ein Scheißkerl, aber wir können innerhalb der Fabrik nichts gegen ihn machen, deshalb müßt ihr von außen her einschreiten.' Aus diesem Grund begannen wir mit diesem ‚In die Knie schießen' (Gambizzazioni)." Auf der Suche nach Zielfiguren, die „persönliche Verantwortung" trugen, verwundete die Gruppe, in der Marco kämpfte, einen Personalchef, der „linke Arbeiter", darunter einen ihrer Kameraden, entlassen hatte und tötete einen Heroinhändler, „welcher das Leben so vieler junger Arbeiter zerstört hatte". Zum Teil aufgrund dieser Gewalteskalation geriet Prima Linea immer mehr in die Isolierung und hatte zunehmend organisatorische Probleme: „Ein Schlüsselfaktor für eine Organisation wie die unsere besteht darin, über ein ‚freundschaftliches' Netzwerk zu verfügen, d. h. über Leute, die der Organisation nicht angehören, keine besonderen Aufgaben haben und nicht an den Aktionen teilnehmen wollen, aber dir Unterkunft gewähren, Dokumente fälschen oder Gewehre aufbewahren. Wenn Dich diese Personen im Stich lassen, bleibst Du mit einer riesigen Zahl von Leuten im Untergrund zurück und weißt nicht, was Du mit ihnen anfangen sollst. Du mußt viel mehr für die Finanzierung unternehmen, damit erhöht sich die Zahl der Unglücksfälle, der Verletzten, Toten und Festgenommenen." Marco begann eine „Desertionsstimmung zu verspüren", in der viele Mitglieder den Streß, der auf ihnen lastete, nicht mehr aushielten und ihre politische Kampftätigkeit aufgaben. Als sehr bedrohliches Anzeichen empfand er die Verbreitung von Heroin im Umkreis der „Bewegung". Innerhalb von Prima Linea gab es zunehmende Meinungsverschiedenheiten zwischen jenen, die eine Deeskalierung der militärischen Aktivitäten befürworteten – die über Foucault zu diskutieren begannen und den „Volksgerichten" jegliche Legitimation absprachen –, und der Mehrheit, die in eine Art von militärischem Wettkampf mit den Roten Brigaden eintrat.

Eine Episode im Jahr 1979 überzeugte Marco davon, daß der „bewaffnete Kampf" entartete: „Zwei Kameraden einer Prima-Linea-Einheit hatten begonnen, zu viel zu trinken. Eines Abends gingen sie in eine Bar, tranken eine Menge und hatten aus nichtigen Gründen eine Auseinandersetzung mit einer Gruppe junger Faschismussympathisanten (fascitelli), die ebenfalls betrunken waren. Nun, die beiden gingen nach Hause, holten ihre Gewehre und töteten drei Leute in der Bar." Als sich dies ereignete, beschlossen Marco und sämtliche Mitglieder seiner Einheit, Prima Linea zu verlassen und ihre Gewehre der Organisation zurückzugeben. Diejenigen von ihnen, die nicht Gefahr liefen, verhaftet zu werden, widmeten sich fortan der Organisation gewaltloser politischer Aktivitäten. Marco und die anderen, die befürchteten, festgenommen zu werden, flüchteten ins Ausland. Als er ein Jahr später in London festgenommen wurde, gab er seine Schuld zu und arbeitete mit den Richtern zusammen. Im Interview berichtete er von dem Gefühl der Freiheit, das er empfand, als er im Verlaufe des Verhörs dazu gebracht wurde, seine ideologische Weltsicht aufzugeben: „Meine gesamte politische Entwicklung hatte sich mittels politischer und ideologischer Kategorien vollzogen. Schizophrenie wurde zu einem Bestandteil unseres Lebens, einem Bestandteil von uns. Mit der Folge, daß wir angesichts einfacher menschlicher Gefühle wie Schrecken und Angst ideologische und abstrakte Erklärungen erfinden mußten. Ich denke, daß die Bereitschaft zu Zusammenarbeit und Reue auch diesem Gefühl der Freiheit entsprang, das sich aus der Möglichkeit ergibt, Dein Leben rückschauend unter Benutzung der normalen Logik zu betrachten, für die ein Mord ein Mord ist, eine Verletzung eine Verletzung, ein grausamer Kamerad eben ein grausamer Mensch und nicht ein Vorkämpfer mit einem höheren Niveau an Klassenbewußtsein."

Im Gefängnis bat Marco darum, sich zur Gruppe seiner früheren Kameraden gesellen zu dürfen, mit denen zusammen er beschlossen hatte, Prima Linea zu verlassen und ins Ausland zu fliehen. Zusammen bildeten sie einen sog. „einheitlichen Bereich" und brachten eine Zeitung heraus, die über ihre Vergangenheit reflektierte und die Untergrundgruppen einer harten Kritik unterzog. 1985, als das Interview mit ihm durchgeführt wurde, hatte Marco seine Strafe abgebüßt und arbeitete in einer Katholischen Genossenschaft, während er zugleich sein Studium an der Fakultät für politische Wissenschaft zum Abschluß brachte.

VII. Bundesrepublik Deutschland: „Wir wollten alles und gleichzeitig nichts"

von Uwe Backes

Bis weit in die sechziger Jahre blieb die Bundesrepublik Deutschland von terroristischen Gewalttaten verschont. Die Jahre des Wiederaufbaus hatten einen Großteil der Kräfte für die Sicherung der privaten Existenzen gebunden. Der kraftvolle wirtschaftliche Aufschwung, die Integration des Millionenheers der Flüchtlinge und Vertriebenen, der Wiedergewinn internationalen Ansehens schufen der parlamentarischen Demokratie eine unverhofft breite Konsensgrundlage. Der organisierte Rechts- und Linksextremismus verfolgte eine Legalitätsstrategie, und linksgerichtete außerparlamentarische Protestgruppen wurden durch ihre Anlehnung an die sozialdemokratische Opposition im Bundestag teilweise in das System integriert.

Nach dem Ende der Ära Adenauer veränderten sich die politischen Rahmenbedingungen: Mitte der sechziger Jahre zeichnete sich ein erster wirtschaftlicher Einbruch ab, der Ängste über einen möglichen Verlust des errungenen Wohlstandes wachrief. Die regierenden Unionsparteien verloren an ihrem rechten Rand an Integrationskraft, und eine deutsch-nationalistische Sammlungsbewegung (die NPD) zog seit 1966 in die meisten Landesparlamente ein. Die Sozialdemokraten hatten sich mit dem Godesberger Programm von marxistischem Ballast getrennt, schwenkten in wesentlichen Punkten auf die Regierungslinie ein (Westintegration, Bundeswehr, soziale Marktwirtschaft), kappten dadurch aber unweigerlich die traditionelle Verbindung zur institutionell ungebundenen Linken. Die Bildung der Großen Koalition von SPD und CDU/CSU führte zu einer schwachen parlamentarischen Opposition (nur die FDP) und stärkte außerparlamentarische Kräfte.[1]

Eine studentische Protestbewegung begann mit hochschulpolitischen Forderungen, weitete sich thematisch jedoch mehr und mehr aus und mündete in den Ruf nach einer radikalen Umgestaltung der bestehenden Verhältnisse. Vertreter der in den Nachkriegsjahren groß gewordenen jungen Generation übten, von marxistischen und anarchistischen Ideen inspiriert, Fundamentalkritik an der „bürgerlichen Demokratie" und ihrer „kapitalistischen Warenwelt".[2] Diskussionen über die Legitimität des „Widerstandes" und der „Gewalt" schlossen sich an. Auch wenn die meisten der demonstrierenden Studenten radikalen Ideen keine entsprechenden Taten folgen ließen, war doch ein geistiger Nährboden für militante Minderheiten bereitet worden. Der Linksterrorismus kristallisierte sich Ende der sechziger Jahre zu einem Zeitpunkt heraus, als die Bewegung an Mobilisationskraft verlor, das „etablierte System" den Protestlern mit verstärkten Reformanstrengungen den Wind aus den Segeln nahm und die zeitweilig scheinbar in greifbare Nähe gerückten revolutionären Ziele in unerreichbare Weiten zu entschwinden drohten. Ein Teil der Aktiven verfiel nun in Resignation, andere fanden den Weg in die „etablierten" Parteien, wieder andere schlossen sich neuen kommunistischen Kaderorganisationen („K-Gruppen") an. Eine kleine Minderheit ging in den Untergrund und erklärte dem Staat, seinen Funktionsträgern und gesellschaftlichen Unterstützern den Krieg.

Die Idee einer „Stadtguerilla" nach lateinamerikanischem Vorbild war in der „Außerparlamentarischen Opposition" (APO) weit verbreitet. Die schwäbische Pfarrerstochter Gudrun Ensslin und der jugendliche Bohemien Andreas Baader aus München durchbrachen die Kluft zwischen Theorie und Praxis. Ihre Brandstiftung im Frankfurter „Kaufhaus Schneider" gilt gemeinhin als „Initialzündung" des Terrorismus. Zusammen mit dem Berliner Rechtsanwalt Horst Mahler und der linken Journalistin Ulrike Meinhof sahen sie sich wenige Monate später im Untergrund wieder.[3] Mit der Befreiung des von der Polizei bei einer Verkehrskontrolle festgenommenen Andreas Baader im Mai 1970 begann der Aufbau einer terroristischen Vereinigung: Banküberfälle, Waffenkäufe, ein Lehrgang in einem palästinensischen Camp in Jordanien. Zusammenstöße mit der Polizei blieben nicht aus und forderten Verletzte und Tote auf beiden Seiten. Die „Rote Armee Fraktion" (RAF) – wie sich die Gruppe selbst bald nannte – knüpfte in ihrer Gesellschaftsanalyse an Ideologeme marxistisch-leninistischer Herkunft an, die freilich eigenwillig interpretiert („Primat der Praxis") und strategisch durch Konzepte der Klein- und Guerillakriegsführung (Frantz Fanon, Ernesto „Che" Guevara, Mao Tse-tung, Carlos Marighela) angereichert wurden.[4] Alle theoretischen Anstrengungen der RAF-Gründer konnten nicht darüber hinwegtäuschen, daß revolutionäre Ungeduld und der Drang zur Tat überhand genommen hatten. Bald bestimmten die gruppendynamischen Gesetze der isolierten Untergrundexistenz das Handeln der RAF, blockierten die Verarbeitung von Erfahrungen und schufen die Bedingungen für eine erstaunliche Kontinuität terroristischer Aktivitäten.[5]

Auch nach der Verhaftung der RAF-Gründer (Juni 1972) gaben die im Untergrund verbliebenen Kader nicht auf. Gefangenen-Hilfskomitees erwiesen sich als wichtigstes Rekrutierungsreservoir der neuen RAF-„Generation". Sie übertraf ihre Vorgängerin noch an brutaler Entschlossenheit. Einen Höhepunkt erreichte der RAF-Terrorismus mit der „Offensive 77", die im Gefolge der Schleyer-Entführung zu einer schweren Niederlage der Terroristen führte. Trotz aller Fahndungserfolge der Polizei, der zunehmenden Kritik der militanten Linken am strategischen Konzept der RAF und des Ausbleibens einer nennenswerten Mobilisierung in der Bevölkerung hat die Terrorgruppe jedoch bis in die Gegenwart ihre Handlungsfähigkeit bewahrt, wie sich bei der Ermordung des Präsidenten der Treuhandanstalt, Detlef Karsten Rohwedder, Anfang April 1991 zeigte. Allerdings hinterließen die revolutionären Veränderungen in Deutschland (und im östlichen Europa) seit dem Herbst 1989 auch tiefe Spuren im Selbstverständnis der radikalen Linken, als deren Bestandteil sich die RAF versteht. Erstmals seit dem Bestehen der terroristischen Vereinigung gelangten vorsichtig-selbstkritische Betrachtungen an die Öffentlichkeit, in denen von Fehlern und mangelnder „Anziehungskraft" die Rede ist.

Eine auf den 10. April 1992 datierte Erklärung[6] kündigte die vorläufige Einstellung aller „Angriffe auf führende Repräsentanten aus Wirtschaft und Staat" an und fand die Zustimmung loyal gebliebener inhaftierter „Genossen". Ob diese „Linie" dominierend wird oder ob sich statt dessen die erneuerte „Kriegserklärung" von RAF-Dissentern[7] vom 22. April 1992 durchsetzt, erscheint derzeit offen.

Die Kette linksterroristischer Anschläge riß seit Ende der sechziger Jahre nicht ab. Die Gesamtzahl der schweren Delikte beläuft sich für den Zeitraum von 1968 bis 1991 auf über 3000.[8] Der Höhepunkt des Terrors lag quantitativ nicht in den siebziger, sondern erst in den achtziger Jahren: 1986 wurde die bisherige Höchstzahl linksterroristischer Attentate (460) registriert. Wenn sich die „Schleyer-Krise" von 1977 im öffentlichen Bewußtsein als Gipfel terroristischer Bedrohung festgesetzt hat, so beweist dies nur die große psychologische Wirkung einer sich über Wochen hinziehenden Geiselentführung. Die Zahl der von Linksterroristen Getöteten blieb bis 1993 deutlich unter der Marke 50.

Die RAF war und ist nicht die einzige Formation des Linksterrorismus in der Bundesrepublik. Anfang der siebziger Jahre entstand aus der Westberliner „Haschrebellen"-Szene die „Bewegung 2. Juni", benannt nach dem Tag im Jahr 1967, an dem der Student Benno Ohnesorg bei einer Demonstration gegen den Schah von Persien von einem Polizisten erschossen worden war. Im Gegensatz zur RAF wurzelte die „Bewegung" stärker in „antiautoritären" und anarchistischen Ideen – einer der Gründe für ihre geringere „Effizienz" und Handlungsfähigkeit. Die spektakulärste Aktion der Gruppe war die Entführung des Berliner CDU-Vorsitzenden Peter Lorenz im Jahre 1975. Die Bundesregierung kam den Forderungen der Kidnapper nach und ließ eine Reihe „politischer Gefangener" frei. In der zweiten Hälfte der siebziger Jahre fiel die Gruppe nach und nach auseinander. Einige Aktivisten des „harten Kerns" schlossen sich 1980 der RAF an.

In den siebziger und achtziger Jahren ging ein Großteil gegen Objekte gerichteter Sprengstoffanschläge nicht auf das Konto der RAF. Die „Revolutionären Zellen" (RZ) praktizier(t)en ein anderes Terrorkonzept. Abgesehen von ihrem bis in die zweite Hälfte der siebziger Jahre aktiven internationalen Flügel und dessen Einbindung in entsprechende „Kommando-Unternehmungen"[9], verzichte(te)n sie auf riskante, moralisch diskreditierende Anschläge gegen Personen und konzentrier(t)en ihre Aktivitäten auf Objekte mit hohem Symbolwert. Die politische „Botschaft" soll von potentiellen Adressaten (vor allem Anhänger der „neuen sozialen Bewegungen") unmittelbar verstanden und akzeptiert werden können. Die Zellen weisen ein hohes Maß personeller und organisatorischer Eigenständigkeit auf, und ihre Mitglieder operieren zumeist nicht aus dem Untergrund, sondern auf der Basis einer angepaßten sozialen Existenz. Dies hat die Fahndungstätigkeit der Sicherheitsbehörden wesentlich erschwert. Freilich konnten die RZ mit ihrem „defensiven" Terrorkonzept auch nicht das Maß öffentlicher Aufmerksamkeit erregen, wie dies der RAF häufig gelang. Obwohl die Aktivitäten von RZ 1991 gegenüber dem Vorjahr wiederum anstiegen, sind interne Meinungsverschiedenheiten und Auflösungstendenzen auch hier unübersehbar.[10]

1. Versuch einer Kollektivbiographie

Die Geschichte des deutschen Terrorismus ist mehrfach geschrieben worden – allerdings häufig aus der Perspektive des Kriminalisten und der für die Öffentlichkeit wahrnehmbaren Ereignisse. Die „innere" Entwicklung terroristischer Gruppierungen und die Erlebniswelt ihrer Akteure blieb in wesentlichen Teilen verschlossen. Auch die durch das Bundesministerium des Innern Ende der siebziger Jahre in Auftrag gegebenen „Analysen zum Terrorismus" vermochten allenfalls eine mit zahlreichen Fragezeichen versehene Skizze des terroristischen Untergrundes zu entwerfen. Dies hat seinen triftigen Grund: der Mangel an zugänglichen und zugleich geeigneten Quellen. Die zahlreichen Rechtfertigungstexte, die vom Beginn terroristischer Aktivitäten an in die Öffentlichkeit lanciert wurden, geben an subjektiven Wahrnehmungen und biographischen Informationen wenig her. Amtliche Unterlagen wie Vernehmungs- und Gerichtsprotokolle sind aus Gründen der Geheimhaltung oder des Personenschutzes gesperrt.

Wer Lebenswege und Motivationen von Terroristen erforschen will, stößt auf erhebliche Schwierigkeiten. Zwar liegen biographische Studien[11] über einige Vertreter der „Gründergeneration" vor; hierbei handelt es sich jedoch zum Teil um Personen (wie „Bommi" Baumann, Gudrun Ensslin, Horst Mahler, Ulrike Meinhof), die bereits vor ihrem Abtauchen in den terroristischen Untergrund in der linken „Szene" und darüber hinaus bekannt waren, so daß es an biographischen Quellen nicht mangelt. Weit weniger wissen wir dagegen über die „zweite Generation" und deren Nachfolger. Von der heutigen „Kommandoebene" kennen selbst die Sicherheitsbehörden nur wenige Aktivisten namentlich.

In anonymisierter Form zugängliche Gerichtsurteile sind von sehr begrenztem Aussagewert. Sie enthalten „harte" Personaldaten und polizeiliche Angaben über den Ablauf krimineller Handlungen, vermitteln in der Regel jedoch allenfalls einen oberflächlichen Einblick in Persönlichkeitsentwicklungen und Charakterprofile. Zu Beginn seiner Untersuchung hoffte der Verfasser auf die Mitwirkungsbereitschaft ehemaliger Aktivisten, sei es aus der Haft entlassener, sei es noch inhaftierter, sofern sie sich erkennbar von ihrem früheren Umfeld gelöst hatten. Die Schwierigkeiten der Kontaktaufnahme, über die Anfang der achtziger Jahre Klage geführt wurde,[12] traten ein gutes Jahrzehnt später jedoch in kaum geringerem Maße zutage. Aus der Haft entlassene ehemalige RAF-Mitglieder und Angehörige versagten sich einer Zusammenarbeit – teils aus verständlichem Überdruß, ständig mit der Last der eigenen Vergangenheit konfrontiert zu werden, teils aus Furcht vor unsolidarischem Verhalten gegenüber den „politischen Gefangenen".

Die Kontaktaufnahme mit Inhaftierten erwies sich als besonderes Problem. Mangelnde Kooperationsbereitschaft von Behörden zeigte sich in der Weigerung der Bundesanwaltschaft, Aufenthaltsorte von RAF-Häftlingen mitzuteilen. Sie waren auf andere, teilweise freilich mühselige Weise zu eruieren. Ein

Rundschreiben an eine Anzahl von Inhaftierten, darunter die im Sommer 1990 in der Noch-DDR Verhafteten, erbrachte allzu magere Resultate. Die meisten Briefe blieben unbeantwortet. Die wenigen Reaktionen waren abwehrend oder direkt ablehnend. Einer der Angeschriebenen verlangte einen Seriositätsnachweis und kam nach der Einsendung einschlägiger Publikationen offenkundig zu einem negativen Ergebnis, jedenfalls blieb eine Antwort aus. Eine andere Reaktion verriet unverändertes Festhalten an politischen Überzeugungen: „ihre übernahme des staatlich vorgegebenen begriffs ‚terroristen' belegt ihre identifikation mit der menschenvernichtenden psychologischen kriegsführung, in dessen rahmen staaten weltweit einschließlich der brd menschen verfolgen, foltern und ermorden. damit haben sie jegliches ‚vertrauen' liquidiert."

„Liquidiert" war schnell auch die Hoffnung auf Interviews oder zumindest ausführliche Briefwechsel mit Inhaftierten. Um die eingefahrenen Bahnen vorhandener biographischer Skizzen zu verlassen und das subjektive Erleben der Akteure zu rekonstruieren, mußte ein anderer Weg beschritten werden. Als Material bot sich die inzwischen beträchtlich angewachsene Zahl von Selbstzeugnissen ehemaliger Terroristen an. Verbanden sich Anfang der achtziger Jahre einschlägige Äußerungen nur mit wenigen Namen wie „Bommi" Baumann, Hans-Joachim Klein, Horst Mahler und Volker Speitel, haben inzwischen weitere Personen mehr oder weniger offen den eigenen Lebensweg beschrieben. Wichtige Zeugnisse sind infolge der Inhaftierung ehemaliger RAF-Mitglieder in der Noch-DDR (Juni 1990) entstanden. Die meisten der Festgenommenen zeigten eine bislang seltene Aussagebereitschaft. Ausführliche Gespräche sind veröffentlicht worden und stehen für eine Auswertung offen.

Auf der Grundlage von Selbstzeugnissen wird im folgenden der Versuch einer Art Kollektivbiographie unternommen, die Lebenswege von Terroristen in ihren verschiedenen Phasen und Entwicklungsstufen aus der Perspektive subjektiver Wahrnehmung und Verarbeitung beschreibt.[13] Nicht Ereignisse und Handlungen, sondern deren Hintergründe, Motivation und Perzeption stehen im Vordergrund. Ein methodisches Grundproblem stellt dabei die Frage der Repräsentativität der Äußerungen dar. Wie typisch sind die Selbstzeugnisse für die Gesamtgruppe? Diese Frage läßt sich insofern beantworten, als empirische Daten über die erste und zweite Terroristen-„Generation" vorliegen. Die im Rahmen der „Analysen zum Terrorismus" von Gerhard Schmidtchen ermittelten statistischen Ergebnisse sind ein wichtiges Korrektiv bei der Bewertung der Selbstzeugnisse. Gleiches gilt für die insbesondere auf (auto-)biographischer Literatur und Interviews basierenden Lebenslaufanalysen von Herbert Jäger.[14]

Will man die Repräsentativität der Selbstzeugnisse und der damit entstehenden Kollektivbiographie beurteilen, so ist die Frage nach der Zusammensetzung der Autorengruppe von zentraler Bedeutung. Bei den 15 Ex-Terroristen, deren Texte[15] der Analyse zugrundeliegen, handelt es sich durchweg um ehemalige Aktivisten aus dem „harten Kern" des terroristischen Untergrundes. Alle waren an der Planung und Durchführung entsprechender „Aktionen" beteiligt und haben – mit Ausnahme des im Verborgenen lebenden Hans-Joachim Klein – die Strafjustiz beschäftigt. Von den 15 Verfassern gehörten 11 der RAF an, zwei der „Bewegung 2. Juni" (Michael Baumann und Till Meyer), eine (Gabriele Rollnick) zeitweilig der „Bewegung 2. Juni", zeitweilig der RAF und einer den RZ (Hans-Joachim Klein). Alle zählten entweder zu den Gruppengründern oder zur „zweiten Generation". Spätestens Anfang der achtziger Jahre hatten alle ihre terroristischen Aktivitäten eingestellt. Insofern lassen sich die Befunde nicht einfach auf die im Laufe der achtziger und neunziger Jahre Aktiven übertragen. Sie gelten aber auch nicht uneingeschränkt für den Kreis der sogenannten „Legalen" der RAF, obgleich zumindest für die siebziger Jahre mit ähnlichen biographischen „Profilen" zu rechnen ist.

Verständlicherweise stammen die meisten Selbstzeugnisse von Personen, die bereits Distanz zum früheren Tun gewonnen haben. Die innere Befreiung aus dem Gedankengefängnis ideologischer Dogmen schafft erst eine Kommunikationsfähigkeit, die sich nicht in der propagandistischen Verkündung unanfechtbarer „Wahrheiten" erschöpft. Insofern ist die Gruppe der

Unwandelbaren, eisern an den für richtig erkannten Prinzipien Festhaltenden unterrepräsentiert.

Ein besonderes Problem stellt die Glaubwürdigkeit der Selbstzeugnisse dar. Sie sind allesamt Rückblicke auf zum Teil Jahre zurückliegende Ereignisse und Zusammenhänge. Bei der Auswertung und Deutung der Texte ist zu berücksichtigen, daß die Autoren ihr Handeln möglicherweise rationalisieren oder idealisieren, wichtige Momente verschweigen oder übersehen, die eigene Rolle über- oder unterschätzen. Wichtig ist die Frage nach dem Ausmaß innerer Distanz zu den vergangenen Ereignissen. Wie stark kreist das Denken in den bekannten Bahnen ideologischer Dogmen? Wie deutlich und glaubhaft ist die Loslösung von einst als unumstößlich angenommenen „Erkenntnissen"? Die Selbstzeugnisse der 15 Ex-Terroristen weisen in dieser Hinsicht eine erhebliche Bandbreite auf. Sie reicht von nahezu ungebrochener Loyalität (z.B. Irmgard Möller) bis zum demonstrativen Abschwören von früheren Gedanken und Taten (z.B. Werner Lotze). Die Texte bedürfen somit einfühlsamer, von Fall zu Fall sorgsam abwägender Interpretation.

Wege in den Terrorismus sind keine Einbahnstraßen. Die Ende des vergangenen Jahrhunderts aufgestellte These des italienischen Soziologen Cesare Lombroso, anarchistische Bombenwerfer litten an erblicher Epilepsie oder an der Vitaminmangel-Krankheit Pellagra, kann heutzutage nur mehr als ein wissenschaftsgeschichtliches Kuriosum gelten. Der Versuch, biographische Gemeinsamkeiten von Terroristen unabhängig von Zeit und Ort ihres Wirkens zu ermitteln, könnte allenfalls zu hochgradig abstrakten Ergebnissen führen. Aber auch derjenige, der sich auf die Betrachtung terroristischer Lebenswege innerhalb eines streng eingegrenzten lokalen und temporalen Rahmens beschränkt, darf nicht nur nach Gemeinsamkeiten suchen, sondern muß die nötige Offenheit für die Wahrnehmung gänzlich verschiedener sozialer Situationen und Antriebskräfte aufbringen. Die folgenden Betrachtungen konzentrieren sich auf biographische Knotenpunkte in den Selbstdarstellungen von Ex-Terroristen.

a) Kindheit und Jugend

Die Verfasser der 15 Selbstzeugnisse entstammen überwiegend den vierziger Jahrgängen. Sie erscheinen damit für die erste und zweite Terroristen-„Generation" in der Bundesrepublik repräsentativ. Die ältesten sind bereits in den dreißiger, die jüngsten noch in den fünfziger Jahren geboren (siehe Kurzbiographien). Horst Mahler (Jahrgang 1936) war – wie auch Ulrike Meinhof – erheblich älter als das Gros der Gruppenmitglieder. Es handelt sich um eine Generation, die weitgehend in den Nachkriegsjahren sozialisiert wurde und nur in Ausnahmefällen über persönliche Erinnerungen aus den Kriegsjahren verfügt. Die Kindheit spielt in den Jahren des Wiederaufbaus – mit ihren materiellen Segnungen, aber auch mit besonderen physischen und psychischen Belastungen.

Ein Blick auf Kindheit und Jugend ist um so mehr berechtigt, als der linke Terrorismus durchweg von jungen Menschen getragen wird. Allerdings äußern sich nicht alle Ex-Terroristen über Eltern und Familie. Diejenigen, die es tun, sprechen von gravierenden Konflikten. Die Mutter Hans-Joachim Kleins starb bei der Geburt, der Vater gab das Kind in ein Heim. Im Alter von vier Jahren kam das spätere RZ-Mitglied zu Pflegeeltern, einige Jahre später wieder zum Vater, der jedoch zu Gewaltausbrüchen neigte und dem Heranwachsenden wenig Nestwärme vermittelte: „Wenn ich nicht um 10 Uhr abends zu Hause war, mußte ich im Keller pennen. Und das war sehr oft so." (Klein 1979, S. 37) Es folgen ein Aufenthalt im Erziehungsheim, die erneute Rückkehr zum Vater und bald darauf der Anschluß an jugendliche Cliquen und politisierte Wohngemeinschaften, in denen der Teenager die zu Hause vermißte menschliche Zuwendung findet.

Während Klein in einem heillos verfahrenen Umfeld der unteren Mittelschicht aufwächst, entstammt Susanne Albrecht einer überaus begüterten Familie, deren Wohlsituiertheit über starke Spannungen im Inneren hinwegtäuscht. Als Tochter eines erfolgreichen, auf Seerecht spezialisierten Hamburger Rechtsanwalts, berichtete sie vor Gericht, sei sie „in Reichtum aufgewachsen. Ihr und ihren drei Geschwistern habe es ‚äußerlich' an nichts gefehlt. Großbürgerlich und konservativ sei das Elternhaus gewesen, auf gute schulische Leistungen bedacht, ‚nach außen hin perfekt'. Auf Wunsch der Eltern habe sie Geigenunterricht genommen und Tennis gespielt, ohne besondere Hingabe. Bei der Auswahl der Freunde sei auf die soziale Herkunft zu achten gewesen. Spannungen habe es gegeben, wenn sie als Kind ‚nicht so funktionierte, wie es gewollt war'. Sie habe sich als schuldig empfunden für den elterlichen Krach. Aufgelehnt habe sie sich nicht. Aber sie habe sich zurückgezogen, stundenlang in ihrem Zimmer gesessen. ‚Die Eltern kamen nicht mit mir klar'. Sie sei deswegen auf ein Internat nach Holzminden geschickt worden, ‚das war die Fortsetzung des Erziehungsstils von zu Hause'. Im Internat freundete sie sich mit einem Jungen namens Markus an, malte sich mit ihm ‚gemeinsame Perspektiven' aus. Ein Jahr, nachdem sie das Abitur bestanden hatte, nahm sich Markus das Leben, Dafür habe sie [...] die Erwachsenenwelt verantwortlich gemacht, einschließlich ihrer Eltern. Vom Freitod des Freundes tief getroffen, sei sie ‚lange nicht mehr auf die Beine gekommen'. Und immer mehr habe sich in ihr ein Schuldgefühl entwickelt, daß sie besonders verpflichtet sei, anderen zu helfen, weil sie aus einem reichen Elternhaus komme." (Albrecht 1991, S. 5)

Gewiß darf man davon ausgehen, daß die familiären Verhältnisse nicht immer derart konfliktträchtig waren wie in den Fällen Klein und Albrecht. Empirische Erhebungen bestätigen jedoch die überdurchschnittlichen Spannungen in den Elternhäusern von späteren Terroristen. Dabei handelt es sich in relativ wenigen Fällen um ein ausgesprochen proletarisches Milieu. Häufig vertreten sind bildungsbürgerliche Verhältnisse.[16] Zu Recht ist oft auf den massiven Konflikt zwischen Kriegs- und Nachkriegsgeneration hingewiesen worden. Fast in allen Selbstzeugnissen hat er seinen Niederschlag gefunden. Eine in der Forschung vieldiskutierte Ursache, der Gegensatz Materialismus/Postmaterialismus, klingt dabei in den Erinnerungen von Ex-Terroristen selten an. Gemeint ist das Spannungsverhältnis zwischen der älteren Generation mit ihrer Betonung von Tugenden wie

Ordnung, Disziplin, Sauberkeit, Pünktlichkeit, und der jüngeren, die Werte wie Kreativität und individuelle Entfaltung in den Vordergrund stellt. Aus der Perspektive der Postmaterialismus-Hypothese erscheinen die Terroristen – völlig entgegen dem eigenen Anspruch – als Vertreter einer verwöhnten Wohlstandsgeneration, welche die Lebensleistung der Eltern mit Füßen tritt und „die Gesellschaft" mit überzogenen Forderungen konfrontiert.

Susanne Albrechts Geständnisse vor Gericht gehen freilich in eine andere Richtung. Sie berichtete von ihrer Überforderung, den Maßstäben der Eltern gerecht zu werden. Die Bewahrung eines hohen sozialen Status bedarf oft außergewöhnlicher Anstrengungen. Sehr erfolgreiche Eltern erwarten von ihren Kindern, daß sie sich in besonderem Maße bewähren und auszeichnen. Dies kann einen Entfremdungsprozeß zur Folge haben, wenn derartige Ansprüche unerfüllt bleiben.

Die häufigste Konfliktursache, die in autobiographischen Reflexionen ihren Niederschlag findet, ist jedoch die – angebliche/tatsächliche? – Verstrickung der Elterngeneration in die verbrecherische Politik der Nationalsozialisten und die mangelnde Ehrlichkeit und Intensität der Auseinandersetzung mit dieser belastenden Vergangenheit. Besonders in den Äußerungen Horst Mahlers kehrt dieser Vorwurf leitmotivisch wieder. Der deutsche Weststaat habe nicht wirklich mit dem NS-System gebrochen, der Wechsel der politischen Eliten sei nicht radikal genug gewesen: „Nach unserem Verständnis ist diese Generation, soweit sie sich mit den Nazis identifiziert oder mit ihnen aus Opportunismus kollaboriert hat, nicht geeignet, diesen Staat – und damit uns – zu repräsentieren." (Mahler 1980, S. 25) APO-Aktivisten wie Mahler verstanden sich als Vertreter der neuen, unbelasteten Generation, die prädestiniert sei, politisch etwas wirklich Neues zu schaffen.

Der Kollektivverdacht gegenüber der Elterngeneration äußert sich aber nicht immer so glaubwürdig wie bei Mahler. „Bommi" Baumann, zeitweiliges Mitglied der „Kommune I" und Mitbegründer der „Bewegung 2. Juni", transponiert viel später erst kultivierte Empfindungen in die Vergangenheit: „Mein Vater war bei den Nazis. Als ich ein kleiner Junge war, hat er mich immer mitgenommen, ins Hotel ‚Stuttgarter Hof‘ am Stuttgarter Platz. Nach jedem Fußballspiel, das in Berlin stattfand, war der ‚Stuttgarter Hof‘ voll mit den Herren in den Ledermänteln, Herren mit diesen kalten, blauen Augen. Ich war so zwischen fünf und sieben Jahre alt. Diese Herren haben mich mit ihren kalten Augen angesehen und mir die Schulter getätschelt; es war entsetzlich. Ich hasse die Schweine richtig." (Baumann 1987, S. 13) Der Haß konnte damals nicht aus dem Wissen um zeithistorische Zusammenhänge erwachsen sein, aber Baumanns Ex-post-Rationalisierung spiegelt doch Ansichten, wie sie in „68er"-Kreisen verbreitet waren. An anderer Stelle gesteht er: „Aber es war nicht nur der Haß auf den Faschismus. Wir haben Rock ’n’ Roll gehört; meinem Alten ist dann die Sicherung durchgebrannt. Bei Little Richard hat er gesagt: Dieses syphilitische Negergeschrei geht mir auf die Nerven. Wenn du ein Querkopf bist, kommst du in Deutschland irgendwann an den Punkt, wo du über die Vergangenheit nachdenken mußt. Und wenn du begreifst, daß genau die, die dir sagen, wie du leben sollst, für die Greuel von damals verantwortlich sind oder ihren Blick abgewendet haben und nichts wissen wollten. Dann war das für uns der Punkt. Ich bin in dem Bewußtsein groß geworden: Ich hasse diese ganze Generation. Die Geschichte spricht sie nicht frei." (Baumann 1987, S. 14)

Glaubwürdiger als Baumann berichtet Peter-Jürgen Boock vom Zusammenprall unterschiedlicher Erlebnishorizonte und Wertmaßstäbe: „Es gab bei uns zu Hause, eigentlich seit ich angefangen habe, etwas bewußter zu denken, seit meinem 14. Lebensjahr, ständig Krieg. Meine Eltern kommen aus Verhältnissen, die man gemeinhin als einfach bezeichnet, die aber gar nicht so einfach waren. Mein Vater wurde Ende der 20er Jahre geboren und hatte sieben Geschwister, eine Mutter und keinen Vater. Er war der älteste und mußte arbeiten, um die anderen zu ernähren. Er ist bei der Wehrmacht gelandet und Berufssoldat gewesen in der Nachkriegszeit. Das hat ihn sehr geprägt. Dies zusammen mit meiner Vorachtundsechziger-Aufbruchstimmung, das ging überhaupt nicht. Wir sind ständig aneinandergeraten." (Boock 1988, S. 11) Was das spätere RAF-Mitglied als Konfliktursache im Elternhaus beschreibt, kann erst im Spiegelbild neu erworbener politischer Überzeugungen als Ausfluß der NS-Belastung der Elterngeneration erscheinen.

b) Politisierung

Wie kommen spätere Terroristen mit Politik in Berührung? Welche Instanzen liefern politische Weltbilder? Die Studentenbewegung gegen Ende der sechziger Jahre vermittelte der späteren Terroristen-„Generation" prägende politische Erfahrungen und Überzeugungen. Die ältesten Aktivisten hatten sich zwar bereits Jahre vor den ersten APO-Aktionen politisch engagiert. Ulrike Meinhof war schon Ende der fünfziger Jahre in der (illegalen) KPD und in Anti-Atomtod-Initiativen aktiv gewesen, und Horst Mahler Anfang der sechziger Jahre wegen seiner Mitgliedschaft im „Sozialistischen Deutschen Studentenbund" (SDS) aus der SPD ausgeschlossen worden. Beide wurden von der Studentenbewegung erfaßt, mitgerissen und politisch radikalisiert. Andere erlernten erst mit der APO das politische Einmaleins – oder noch später, nach dem Abflauen der Bewegung Anfang der siebziger Jahre.

Till Meyer gehörte zu den „Alt-68ern". Er erlebte die Protestbewegung in Berlin unmittelbar und von Anfang an. Für ihn begann alles mit der Großen Koalition: „Das Komplott der beiden großen Parteien gegen den Wähler [...] Ende der 60er Jahre, also: das Zusammengehen der SPD mit einer CDU, von der sie seit 1945 als Agent Moskaus denunziert worden war, brachte Turbulenzen links von der SPD. Viele Menschen, nicht nur Studenten, mobilisierte dieser Betrug. Er gab der außerparlamentarischen Linken Auftrieb und die politische Linie. Die Notstandsgesetze, die nicht grundlos neben das Ermächtigungsgesetz der Nazis gesetzt wurden, vor allem der Krieg der Amerikaner in Vietnam – das waren die Ereignisse, die mich wie viele andere bis dato Alltagskonsumenten auf die Straße trieben. Sicher, es ist richtig, daß das ideologische Zentrum dieser gesellschaftlichen Bewegung der Campus war, doch die

Aktivitäten waren weit vielfältiger, und somit wurden auch zigtausend Jugendliche proletarischer Herkunft Träger dieser Bewegung, was ja heute oft vergessen wird. Der anhaltende Völkermord der USA in Vietnam, die Tatsache, daß jenes Land, das dort unten barbarischen Massenmord beging, uns hier als Schutzmacht, als Vorbild, als ‚wahrer Freund' offeriert wurde – dies ließ aus Ohnmacht Wut werden [...] Es gab unzählige Seminare, Arbeitskreise, Versammlungen. Das Gefühl, einer einheitlichen, solidarischen Massenbewegung anzugehören, gab uns Stärke. Wir gingen auf die Straße, der Apparat reagierte prompt: der 2. Juni 1967 – der erste Tote der Protestbewegung: Benno Ohnesorg. Erschossen von der Polizei. In weiten Teilen der APO war man seinerzeit entschlossen, gegen das Abwürgen des legitimen Protests durch fix aufgerüstete Polizei auch militanten Widerstand zu leisten. So begann die Zeit der ‚Nacht- und Nebelaktionen'. Sporadische Zusammenschlüsse von Leuten, die sich aus verschiedenen Gruppen oder Projekten kannten, fanden sich kurzfristig zusammen, um auf die wachsende Repression aus dem Dunkeln heraus zu antworten." (Meyer 1987, S. 10)

Der Handwerkersohn Baptist Ralf Friedrich, später RAF-Mitglied der zweiten „Generation", beobachtete das politische Treiben in Berlin und in westdeutschen Großstädten Ende der sechziger Jahre aus der Ferne, bevor er selbst in den Sog der Bewegung geriet: „Nachdem ich Fernsehinterviews mit Rudi Dutschke gesehen hatte, sagte ich mir, man muß was in Richtung Jungsozialisten tun. Das war in der damaligen Situation im Saarland, wo alles von der CDU beherrscht wurde, schon etwas Revolutionäres. In meinem Heimatort wurde ich sogar Juso-Vorsitzender. [...] Wegen meines Volkswirtschaftsstudiums bin ich 1972 nach Heidelberg in eine Wohngemeinschaft umgezogen. Das war für mich alles faszinierend: die nächtelangen Diskussionen, die völlig andere Lebensart. Und da begann auch der totale Bruch mit meinen bisherigen politischen Überzeugungen." (Friedrich 1990, S. 52 f.)

Wohngemeinschaften waren bei der Studentenbewegung in Mode gekommen. In Berlin erprobten „Bommi" Baumann,

Dieter Kunzelmann, Rainer Langhans und Fritz Teufel in der „Kommune I" neue Lebensformen als Keimzelle für eine konfliktfreie Gesellschaft der Zukunft. Das Projekt wurde vielerorts nachgeahmt, auch wenn zwischen Theorie und Praxis vielfach eine beträchtliche Lücke klaffte. Der Hauch von Libertinage, der das Leben in Wohngemeinschaften anfangs noch umgab, erhöhte ihre Anziehungskraft. Sie galten als Alternative zu spießbürgerlicher Konventionalität und kanalisierten den Oppositionsgeist der – vor allem – akademischen Jugend.

Der Einzug in eine Wohngemeinschaft kam nicht unmittelbar einem politischen Glaubensbekenntnis gleich. Volker Speitel berichtet: „Ich lebte damals unter anderem mit Willy Peter Stoll und Angela[17] in einer Wohngemeinschaft, die absolut unpolitisch war. Wir versuchten zwar unseren Schritt, das Zusammenleben in einer Gruppe, die gemeinsame Kindererziehung und so weiter gesellschaftlich zu begreifen, aber uns fehlte fast alles von der Begrifflichkeit und der Erfahrung, die in der Studentenbewegung dazu gemacht wurde. Dementsprechend chaotisch lief das Leben in der Wohngemeinschaft ab, und als ‚Orientierung' und Konzeption für unsere Konflikte, die in allen Bereichen aufkamen, griffen wir zum Joint oder zum Trip. Das Leben, das dadurch entsteht, ist wohl sattsam bekannt: In der Wohngemeinschaft hörte so nach und nach jeder auf, regelmäßig zu arbeiten, einige fingen an zu dealen, und dadurch schwirrten dann so die ganzen Subkultur-Typen der Umgebung im Haus herum und quartierten sich ein. Kurz, nach ein paar Monaten sind wir voll in die Shit-Szene integriert gewesen und fingen schon an, uns mit den ausgeflippten Resten der Studentenbewegung zu identifizieren, den Haschrebellen, der Kommune I, Teufel/Langhans, Ton-Steine-Scherben und anderen." (Speitel 1980, S. 36 f.) Die Identifikation mit politischen Inhalten war für Speitel nicht Resultat gezielter Auseinandersetzung mit bestimmten Theorien; deren Grundgedanken wurden mehr unterschwellig vermittelt und im Sinne von Glaubenswahrheiten verinnerlicht: „Von der radikalen Linken waren wir damals praktisch genausoweit entfernt wie ein bayrischer Dorfpfarrer, trotzdem fühlten wir uns schon als deren Teil; Affinitäten wur-

den über formale Zusammenhänge hergestellt, dasselbe Aussehen, dieselbe Musik, dieselben Gewohnheiten, dieselben
Schlagwörter und Parolen. Der Isolationsprozeß, in den wir
uns gestellt hatten, wurde immer unerträglicher, und die logische Kompensation war der Wille, sich mit anderen, sich ebenfalls ‚draußen‘ fühlenden Gruppen zusammenzutun. So entstand der erste Kontakt zur politischen Szene. Ich nahm bei ein
paar Sitzungen der Stuttgarter Roten Hilfe teil, und so chaotisch diese Gruppe auch war, so füllte sie zumindest mal das
Vakuum meiner Orientierungslosigkeit. Sie entwickelte ein Ziel
und eine Perspektive, in der ich meinen Individualtrip endlich
als eine Sache erkennen konnte: Macht kaputt, was euch kaputt
macht." (Speitel 1980, S. 37)

Was für „Mitläufer" wie Speitel (und in ähnlicher Weise: Albrecht, Baumann, Boock) galt, traf in dieser Weise allerdings
nicht auf die führenden Aktivisten zu. Für Horst Mahler war
das Engagement in der Studentenbewegung ebenso wie der
Schritt in die Illegalität Ergebnis einer intellektuellen Entwicklung: „Wir, die rebellische Linke der APO, haben damals nicht
aus uns heraus Erklärungen und Theorien gebildet, sondern wir
haben uns umgesehen, was an gesellschaftlichen Theorien uns
Erklärungsmöglichkeiten bietet. Und da sind es eine ganze Reihe von [...] Theorien, die sich speziell mit der Rolle des Staates
in dem Konfliktfeld verschiedener Klassen befaßt haben. Aber
es sind nicht diese Theorien – ich meine jetzt den Marxismus
oder auch den Marxismus/Leninismus mit seiner ausgeprägten
negativen Staatstheorie –, die verantwortlich sind für die radikalen Formen, sondern diese Theorien sind uns durch die praktischen Erfahrungen von 1933 bis in unsere Gegenwart plausibel
geworden." (Mahler 1980, S. 28)

Die Studentenbewegung war mit einer Renaissance marxistischer und anarchistischer Lehren einhergegangen, die in unterschiedlichen Variationen kursierten und mit radikalen Forderungen nach totaler Befreiung und Befriedigung aller Bedürfnisse Argumente für eine kompromißlose Auseinandersetzung mit dem Status quo zur Verfügung stellten. Linke Doktrinen und Utopien lieferten Wahrnehmungsmuster und Denk-

strukturen, nicht etwa fertige Rezepte für die politische Praxis. Dies schließt nicht aus, daß bei manchen das eifrige Studium der Marxschen Werke am Anfang der politischen „Karriere" stand. Zu ihnen gehörte Werner Lotze: „Ich hab' allerdings so nach und nach angefangen, mich theoretisch mit dem Marxismus-Leninismus auseinanderzusetzen." (Lotze 1990, S. 17) Und Baptist Ralf Friedrich berichtet: „Wir haben das ‚Kapital‘, den ersten oder den zweiten Band, in Arbeitsgruppen gelesen und diskutiert." (Friedrich 1990, S. 57) Till Meyer dagegen entdeckte nach eigenen Angaben die marxistischen „Klassiker" erst, nachdem er der „ultralinke[n] Sekundärliteratur" (Meyer 1987, S. 10) müde geworden war. Volker Speitel wiederum hatte sich für Dutschke und andere Theoretiker nach eigenem Bekunden nie sonderlich interessiert. Politische Grundvorstellungen wurden ihm eher gefühlsmäßig vermittelt. „Von der Theorie zur Praxis" wäre mithin eine zu simple Überschrift für das Kapitel „Linksterrorismus".

c) Einstieg in die militante „Szene"

Die Protestbewegung Ende der sechziger Jahre wurde von beachtlichen Teilen der – vor allem – studentischen Jugend getragen. Den Weg in den Terrorismus beschritt hingegen nur eine winzige Minderheit. Was unterschied diese relativ kleine Gruppe von der großen Masse derer, die sich Anfang der siebziger Jahre in das „etablierte" System fügten, politischen Themen den Rücken kehrten oder sich in legal operierenden linksextremen Organisationen betätigten? Auf diese Frage gibt es keine einfache Antwort.

Naheliegend ist die Annahme, der Schritt zur direkten gewaltsamen Konfrontation mit der Staatsmacht sei von einem harten Kern ideologischer Dogmatiker beschritten worden, deren Ungeduld, Aktionismus und Kompromißlosigkeit das Abwarten auf die von der marxistischen Theorie geforderte „revolutionäre Situation" unerträglich erscheinen ließ. Vor allem die Äußerungen von Terroristen der ersten Stunde wie Horst Mahler deuten in diese Richtung. Im Gespräch mit dem damaligen

Bundesinnenminister Gerhard Baum bejahte er die Frage, ob der moralische Rigorismus als eine Ursache terroristischer Gewaltsamkeit gelten könne: „Wir leben tatsächlich in empörenden Zuständen, sieht man die Welt als Ganzes, den Gegensatz zwischen den industrialisierten Regionen des Nordens und den Entwicklungsländern im Süden. Wer auch entferntes Leid noch mitempfindet, wird Revolutionsverheißungen eher plausibel finden und sich leicht moralisch exaltieren. Das durch Sinnleere demotivierte junge Leben sucht in der Hingabe an eine revolutionäre Bewegung – und sei es nur als fünfte Kolonne der Militanten in der Dritten Welt – die Errettung aus Nihilismus und Verzweiflung." (Mahler 1980, S. 33) Insofern sei es falsch, politische Doktrinen für den Terrorismus verantwortlich zu machen: „Nicht der Marxismus, nicht der Leninismus und auch nicht die sozialen Utopien der Anarchisten sind der Quellgrund des Terrorismus, sondern die unerträgliche Realität des Kapitals, seine in Vergangenheit und Gegenwart an der Menschheit verübten Greueltaten, die seelische und geistige Verelendung, die es verursacht." (Bäcker/Mahler 1978, S. 14) Der Gedanke, daß Wirklichkeit sich im Lichte verschiedener Weltbilder unterschiedlich darstellt, lag den Inhaftierten Bäcker und Mahler zum Zeitpunkt ihrer Äußerung offenbar fern. Aus noch größerer Distanz stellte Mahler später seine Moral in Frage, die reale Zustände an absoluten Maßstäben mißt, ohne nach den Handlungsmöglichkeiten des Menschen zu fragen: „Die Moral, von der wir reden, ist keineswegs unbedingt moralisch. Subjektiv mag sie so empfunden werden. Doch ‚das Herzklopfen für das Wohl der Menschheit' um es mit Hegel zu sagen, ‚schlägt um in die Raserei des Eigendünkels'. Die Leute haben sich ihre eigene – sozusagen private – Moral konstruiert. Weil ich drin war, weiß ich das. Die Welt ist schlecht, tagtäglich unendliches Leid, Mord und Totschlag. Das müssen wir ändern. Das geht nur mit Gewalt, das erfordert auch Opfer; aber unterm Strich weniger Opfer als die Fortdauer des bestehenden Zustands." (Mahler 1980, S. 16) – Hier wird eine Argumentationsfigur präzise auf den Punkt gebracht, die sich in manchen Köpfen festgesetzt und eine geistige Brücke zu terroristischer Gewaltsamkeit geschlagen haben mag.

Hinzu kamen Theorieimporte aus der „Dritten Welt". Einhellig weisen Ex-Terroristen auf die Bedeutung von Konzepten des Guerillakrieges hin: „Größten Einfluß nicht nur auf uns, sondern auch auf das Entstehen der Stadtguerilla in ganz Westeuropa haben Che Guevara, die Tupamaros in Uruguay und die Schriften lateinamerikanischer Genossen zur Focus-Theorie. Fast täglich konnte man vom praktischen Erfolg dieser Theorie lesen. Bolivien, Brasilien, Argentinien und immer wieder: die Stadtguerilla in Uruguay. Konnte nicht das, was in Uruguay – einem Land mit stark europäischen Strukturen – möglich war, auch hier möglich sein? War es nicht so, daß wir die Moral und das Recht auf unserer Seite hatten, ging es nicht um Aufklärung und Bewußtsein schaffen für die Notwendigkeit zur politischen und sozialen Veränderung? Um Aktionen, die für sich sprachen, um Propaganda durch die Tat? Sollte es nicht möglich sein, dadurch die Resignation und die Zerstreuung der APO aufzuhalten? Sollte es nicht möglich sein, den Staatsapparat durch gezielte Angriffe in die Defensive zu drängen und die Kräfte zu zersplittern, konnten wir nicht der Funke sein, der zum Steppenbrand wird?" (Meyer 1987, S. 10) Im „Konzept Stadtguerilla", einer von Ulrike Meinhof verfaßten Schrift vom April 1971, begründete die RAF ihre Überzeugung von der Möglichkeit einer erfolgreichen Kleinkriegsführung hier und jetzt. Jedoch erscheint es fraglich, ob strategische Überlegungen das Abtauchen in den Untergrund bei vielen entscheidend motivierten. Mögen die Aktivisten der ersten „Generation" vom Inhalt ihrer Rechtfertigungsschreiben überzeugt gewesen sein, bildeten diese für ihre Nachfolger möglicherweise nur eine theoretische Fassade, hinter der sich anders geartete Motivationen verbargen.

Bei einer individuellen Betrachtung von Entwicklungswegen wird deutlich, von wie vielen Unwägbarkeiten und puren Zufällen die Hinwendung zu Militanz und Terrorismus abhing. Peter-Jürgen Boock machte im Erziehungsheim die Bekanntschaft von Gudrun Ensslin und Andreas Baader, die praktische

Sozialarbeit an schwer erziehbaren Jugendlichen erprobten. In den Mitgliedern von Randgruppen sahen sie ein potentielles revolutionäres Subjekt. Bis dahin weitgehend unpolitisch, geriet der labile junge Mann völlig unter den Einfluß der radikalen und selbst noch kaum erwachsenen Pädagogen: „Ich wollte mit Andreas, Gudrun und den anderen zusammenbleiben, denn ich hatte noch nie Menschen getroffen, die sich rund um die Uhr, mit solcher Intensität und Aufrichtigkeit für andere eingesetzt haben. Das war für mich ungeheuer beeindruckend. Ohne sie hätte es diese Alternative zur Heimerziehung, wie sie heute etwa als Jugendwohngemeinschaft selbstverständlich ist, nicht so schnell gegeben." (Boock 1988, S. 11)

Die Wahl des Bekanntenkreises, der Wohngemeinschaft, der politischen Gruppe konnte für die weitere Orientierung entscheidend sein. In Heidelberg entwickelte sich ein von dem Psychiatrie-Dozenten Dr. Wolfgang Huber gegründeter Therapiekreis, das „Sozialistische Patienten-Kollektiv" (SPK), zum Rekrutierungsreservoir des Untergrundes: „Das waren Therapeuten und ehemalige Psychiatrie-Patienten, die sich zusammengeschlossen hatten, um gemeinsam gegen den Staat zu kämpfen. Sie glaubten, Hauptursache seelischer Leiden seien die kapitalistischen Gesellschaftsverhältnisse. Der Slogan hieß: Macht kaputt, was euch kaputtmacht [...] Die Mitglieder des Patientenkollektivs haben sich mit den politischen Gefangenen solidarisiert, also damals mit Andreas Baader, Ulrike Meinhof, Gudrun Ensslin und den anderen. Die meisten, die aktiv waren, haben sich dann vom Patienten-Kollektiv abgewandt und den ‚Komitees gegen Folter an politischen Gefangenen' angeschlossen – ich auch, ich war damals so Mitte 20. Wir waren damals im Heidelberger Komitee 20 bis 25 Personen. Sieglinde Hoffmann war dabei, die später wegen der Schleyer-Entführung zu lebenslänglich verurteilt wurde, und Lutz Taufer, der am Anschlag gegen die Botschaft in Stockholm teilnahm. Dann der Rechtsanwalt Siegfried Haag und Elisabeth von Dyck, die 1979 erschossen wurde. Also mehr oder weniger alles Leute, die später als Terroristen gesucht wurden." (Friedrich 1990, S. 52 f.)

Ralf Baptist Friedrich berichtet von seinen Reisen durch bundesdeutsche Städte, auf denen er diverse „Folterkomitees" besucht und deren Handeln zu koordinieren versucht habe. Die Gründe, weshalb man sich derartigen Komitees anschloß, waren mannigfach. Manche hatten zuvor unliebsame Erfahrungen mit Sicherheitskräften gemacht, die vorhandene Ressentiments gegen die „Staatsmacht" noch verstärkten. Vor Gericht erzählte Susanne Albrecht: „1973 sei sie in Hamburg mit Hausbesetzern in Kontakt gekommen. Sie selbst habe an Hausbesetzungen zwar nie teilgenommen, sei aber zur Stelle gewesen, als die Polizei das Haus geräumt habe, trotz der vielen Leute, die Widerstand leisteten. Sie habe sich mit anderen hinlegen müssen, mit dem Gesicht zum Fußboden, an den Füßen gefesselt. Dies sei ihre erste Konfrontation mit der Staatsgewalt gewesen, ‚ein Schock'. Sie habe sich einer Gruppe angeschlossen, aus der später das ‚Komitee gegen Folter und politische Gefangene in der BRD' hervorgegangen sei. Die Analyse eines holländischen Psychiaters, daß Menschen in der Isolation der Haft zerstört würden, habe sie zu der Überzeugung gebracht, daß sie den Gefangenen helfen müsse." (Albrecht 1991, S. 5)

Auch für Werner Lotze bildete das Verhältnis zu den „politischen Gefangenen" eine zentrale Voraussetzung für den Schritt in die Illegalität: „Nachdem ich den Stockholm-Prozeß in Düsseldorf besucht hatte, habe ich Besuchsanträge für die Gefangenen aus dem Kommando gestellt, also für Karl-Heinz Dellwo, Bernhard Rößner, Siegfried Hausner und Hanna Krabbe, und später dann auch für die Gefangenen in Stuttgart-Stammheim, also für Andreas Baader, Gudrun Ensslin und Jan-Carl Raspe. Ich wollte wissen, was das für Leute sind, die diese Aktionen machen, was die RAF will. [...] Mitgenommen habe ich die Bestätigung, daß das, was die RAF macht, richtig ist. Und ich habe ein bestimmtes Bild von ihnen mitgenommen: Das sind Leute, die für das Ziel, von dem sie überzeugt sind, bereit sind, alles zu opfern, die keine Kompromisse machen [...] Die Haftsituation hat mich natürlich sehr betroffen. Das hat eine Menge zu dem Haß beigetragen, den ich gehabt habe. Aber diese Entscheidung, immer näher an die Gruppe ranzugehen, ist nicht über die Haftbedingungen gelaufen. Ich habe auch in den Gesprächen mit den Gefangenen nie den Eindruck gehabt, daß die Gefangenen unter den Haftbedingungen leiden. Die Haftbedingungen habe ich als Reaktion des Staates auf das gesehen, was die Gruppe gemacht hat. Und so radikal, wie die Gruppe den Staat angegriffen hat, so radikal hat er dann zurückgeschlagen." (Lotze 1990, S. 18)

Hans-Joachim Klein gehörte in Frankfurt zur „Roten Hilfe" und arbeitete – wie Speitel in Stuttgart – in der Kanzlei von Rechtsanwälten, die RAF-Häftlinge betreuten. Der Kontakt und die wachsende Identifikation mit den „politischen Gefangenen", die Diskussionen unter Gleichgesinnten ließen die Komitees zu politischen „Durchlauferhitzern" werden. Nach ersten Treffen mit „Illegalen" und einer Probephase konnte dann das Abtauchen in den terroristischen Untergrund erfolgen: „Da ich meine Sympathie für die Rote Armee Fraktion nicht verberge, und da diese ‚legale' Genossen braucht, werde ich kontaktiert. Ich treffe mich mit ihnen und gebe zu verstehen, daß ich sie unterstütze, aber daß es für mich nicht in Frage kommt, mich ihnen anzuschließen. Ich leiste einige Hilfsdienste: Devisen auf der Bank eintauschen, für eine Woche eine Wohnung finden. Das geht aber schon schief, denn entgegen dem, was ausgemacht war, bestehen sie darauf, länger zu bleiben. Sie fangen mit Erpressung an. Ich bin sauer auf sie, unterstütze aber weiterhin aktiv die Gefangenen [...] Als Delegierter der Roten Hilfe habe ich an Treffen teilgenommen und bin reichlich rumgekommen. Um mich herum wurde viel von der Guerillabewegung gesprochen, von der nationalen und der internationalen. Dann hat mich Boese angesprochen." (Klein 1987, S. 163) Boese war zu dieser Zeit „Chef" des internationalen Flügels der RZ. Auf eine ähnliche Weise hätte Klein auch von der RAF rekrutiert werden können.

d) Untergrund

Das Abtauchen in die Illegalität verstärkte die selbstgewählte Isolierung in einer Gruppe, deren Mitglieder sich in ihrer abgrundtiefen Verachtung für die bestehende Gesellschaft gegenseitig bestätigten: „Wir waren ein geschlossener Kreis. Da waren immer dieselben Personen zusammen und haben immer an derselben Sache gearbeitet. Dadurch entstand eine Gruppendynamik, die bestimmte Denkweisen blockiert. Wir waren nicht mehr fähig, die Realität wahrzunehmen." (Friedrich 1990, S. 53) Die zunehmende Entfremdung von erfahrbarer Wirklichkeit führt Ralf Baptist Friedrich auch auf die Verfolgung durch die Polizei zurück. Die Bundesrepublik sei „als Polizeistaat, so ähnlich wie Chile" wahrgenommen worden: „Das kam aber auch daher, weil wir immer abgehört wurden, ständig irgendwelche Observanten dabei hatten und keinen Schritt tun konnten, ohne daß die Polizei wußte, wo wir sind und was wir machen. Für uns war die Bundesrepublik tatsächlich ein Polizeistaat." (Friedrich 1990, S. 53) Die ideologisch gefilterte Perzeption politischer Verhältnisse verhinderte eine differenzierte Wahrnehmung der Wirklichkeit. Der theoretische Befund „Polizeistaat" wurde erst durch die Praxis der Militanz und des Terrorismus mit der Wirklichkeit zur Deckung gebracht – das klassische Beispiel einer self-fulfilling prophecy.

In der Isolation des Untergrundes verfestigten sich bestehende Überzeugungen. Eine in ihrem Denken weitgehend homogene Gruppe wurde kaum mehr mit andersartigen Auffassungen konfrontiert. Das einmal als richtig Erkannte gerann zu einem dogmatischen System eherner Lehrsätze, wie sie die Rechtfertigungstexte der RAF und anderer Gruppen prägten. Lutz Taufer beschreibt das Weltbild der RAF-„Kommandoebene" in der ersten Hälfte der siebziger Jahre: „Damals lebten, dachten und kämpften wir als Teilnehmer eines weltweiten Aufstands gegen das US-imperialistische Weltsystem. Die Welt war zweigeteilt, die Sowjetunion zwang dem Imperialismus ein globales Kräfteverhältnis auf, das seinen Bewegungsspielraum gegenüber den Völkern und Befreiungsbewegungen des Trikont beschnitt. In Lateinamerika etwa gab es in jedem Land mindestens eine bewaffnete kämpfende Befreiungsorganisation, erfolgreiche, siegreiche Befreiungsbewegungen gab es in Afrika, Nahost und Asien. Es gab vor allem in Vietnam ein kleines Bauernvolk, das in Pyjamas und auf Gummireifensandalen die mächtigste Militärmaschine der Welt in eine aussichtslose Lage trieb. Nicht zuletzt waren da die Revolten in den Metropolen selbst. Wie wir heute wissen, haben die Bewegungen gegen den Vietnamkrieg, vor allem in den USA, erheblich dazu beigetragen, daß Nixon und Kissinger den Krieg bereits 1969 für verloren hielten [...] Unsere Einschätzung damals war, daß sich der Imperialismus ,in der strategischen Defensive' befindet. Es waren weltweit und zugleich Kräfte gegen das US-dominierte imperialistische Weltsystem heraufgewachsen und vor dem Hintergrund von Auschwitz und Vietnam war es politisch und moralisch denkbar, auch mit dem Versuch des bewaffneten Kampfs in den Zentren des Imperialismus, diesem Aufstand mit allen Kräften beizutreten. Die schillernde Haltung, die Politik, Wirtschaft, Justiz, Militär zur faschistischen Vergangenheit und die eindeutige Position, die sie für den Genozid in Vietnam einnahmen, ließ darüber hinaus die Frage offen, ob der Faschismus in Deutschland wieder hervorkriechen könnte. Der bewaffnete Kampf in der Bundesrepublik war gewissermaßen auch der Versuch einer nachholenden Résistance." (Taufer 1992, S. 11)

Die im Untergrund operierende Terrorgruppe sollte nach Werner Lotze die Keimzelle der neuen Gesellschaft bilden. Mit dem radikalen, rücksichtslosen Eintreten für die als richtig erkannten Ziele erstrebte man den Bruch mit allen Niedrigkeiten des irdischen Daseins: „Ein neuer Mensch, das sollte einer sein, der nicht mehr bestimmt wird von den Kompromissen und von den Lügen, die man in diesem Leben immer eingehen muß. Das war eine Form von Ehrlichkeit. Damit ist die Radikalität gemeint, mit der man das Ziel verfolgt, und die Bedingungslosigkeit, mit der man die Aktionen macht. Zwangsläufig muß daraus ein anderes Verhältnis untereinander entstehen. Das heißt, daß sich die Beziehungen der Leute untereinander nicht mehr mit irgendwelchen Kategorien wie freundlich, nett und hilfsbereit definieren lassen. Jeder sieht, daß der andere bereit ist, das gleiche Risiko einzugehen, und vom anderen die gleiche Kompromißlosigkeit und Offenheit fordert. Die Offenheit, die notwendig ist, um alte Ängste abzulegen. Um nicht mehr vor dem

Staat zurückzuweichen, weil irgendeine Aktion zu groß ist, weil man Angst hat, vor Repressionen, vor dem Fahndungsdruck oder letztlich auch vor dem Knast oder davor, erschossen zu werden. Jeder ist voll und ganz in dem Ziel, das die Gruppe hat, aufgegangen. Und alles andere ist nebensächlich geworden." (Lotze 1990, S. 18)

Daß Anspruch und Wirklichkeit auch in der sich als Avantgarde verstehenden Untergrundgruppe auseinanderklaffen, wurde manchen dennoch in Augenblicken des Zweifels bewußt. So geriet das Prinzip der Gleichberechtigung aller bei der Entscheidungsfindung vielfach in Vergessenheit. Stets gaben einige wenige den Ton an: „Nach außen, klar, Kollektivität, und wir besprachen auch die Sache soweit, daß sich jeder ein grobes Bild darüber machen konnte, was wir tendenziell vorhatten. Aber in den Details brauchten wir die militärische Struktur, um überhaupt aktionsfähig zu sein. Wenn man mit 20 Leuten so eine komplexe Aktionskette wirklich durchdiskutiert, dann ist man noch im Jahre 2000 dabei, darüber zu diskutieren." (Boock 1988, S. 12)

In der RAF bildete sich eine organisatorische Hierarchie schon frühzeitig heraus. Daß unter den Bedingungen des Untergrundes Spannungen zwischen Gruppenmitgliedern nicht ausblieben, ist von der ersten „Generation" der RAF bekannt. In den dieser Analyse zugrundeliegenden Selbstzeugnissen kommen persönliche Konflikte und Streitigkeiten nicht offen zur Sprache. Ein Rest von Solidarität mit den ehemaligen „Genossen" scheint fortzubestehen. Dagegen sprechen etwa Lotze und Friedrich von „Diskussionen" um das weitere Vorgehen und die Einschätzung bereits durchgeführter Aktionen. Widersprüche zwischen Theorie und Praxis oder auch aufkommende moralische Skrupel waren für manche der Anstoß zum Ausstieg.

e) Ausstieg

Der Aktionismus des terroristischen Untergrundes täuschte über die Wirkungslosigkeit des eigenen Handelns hinweg.

Doch schon frühzeitig dämmerte manchen der Aktivisten, daß die hochgesteckten revolutionären Ziele unerreichbar blieben: „Die Entwicklung, raus aus der Gruppe, die fing eigentlich mit der Erkenntnis an, daß diese Strukturen, die wirklich nur noch auf das Durchführen von Aktionen ausgerichtet waren, nicht die waren, für die ich mal mit den Stammheimern zusammengewesen bin. Das war fast das genaue Gegenteil davon." (Boock 1988, S. 12) Das persönliche Opfer der Verfolgung und Isolation mußte vor diesem Hintergrund sinnlos erscheinen. Nicht das Ob, sondern das Wie eines Ausstiegs rückte bei manchen Aktivisten als Problem in den Vordergrund.

„Ideologische Bauchschmerzen" konnten allerdings auch anders verursacht sein. Die Forderung nach kompromißlosem Verfolgen der politischen Endziele war das eine, die persönliche Verantwortung für den Tod eines Menschen das andere. Nach blutigen Zusammenstößen mit Sicherheitskräften wurden immer wieder moralische Bedenken geäußert. „Wir haben diskutiert, was passiert ist. Es war die eindeutige Position der Gruppe, daß es richtig gewesen ist, zu schießen. Weil es andersrum bedeutet hätte, daß wieder Leute von der Gruppe verhaftet worden wären und daß wieder weniger da wären zum Kämpfen. Aber bei mir ist ein Widerspruch geblieben. Zum erstenmal habe ich mich sehr weit draußen außerhalb der Gesellschaft gesehen. Ich habe gewußt, daß ich mit den Schüssen eine Grenze überschritten habe. Ich stand plötzlich in einem luftleeren Raum. Es gab keine Orientierung für mich. Ich konnte nicht sagen: Ich leg' das ad acta. Ich konnte das nicht auf irgendwelche Freund-Feind-Kategorien reduzieren: Der Polizist ist mein Feind, den mußte ich erschießen, und damit ist es aus, fertig. Die Skrupel, die moralischen Probleme, sind erst mal geblieben. [...] Es ist noch nicht mal zu Diskussionen gekommen. Danach stand für mich und für die Gruppe fest, daß ich rausgehe." (Lotze 1990, S. 19)

Als weiterer Grund für den Ausstieg wird die permanente Streßsituation der Gruppe angesichts der Verfolgung durch die staatlichen Sicherheitskräfte genannt. Für manche wurde der psychische Druck zu groß: „Ende 1979 habe ich mir gesagt, ich kann das nicht mehr mitmachen. Ich kann das körperlich und geistig nicht durchhalten. Ich habe Tag und Nacht gegrübelt, wie komme ich da raus. [...] Ehrlich gesagt, es ging mir nicht so sehr um die Inhalte. Ich war einfach nicht mehr in der Lage, diese Art lebensgefährlichen politischen Kampf zu führen. Ich hatte zuviel Angst, um irgend etwas zu machen. Und ich wollte auch nicht mehr so weiterleben. Ich wollte nicht mehr illegal sein, ich wollte raus. [...] Es lief eine Grundsatzdiskussion, in der gesagt wurde: Wer aussteigen will, soll jetzt aussteigen." (Friedrich 1990, S. 57) Baptist Ralf Friedrich gehörte zu denen, die bald darauf eine Art „politisches Asyl" im östlichen Deutschland fanden.

Ganz anders ist die Situation eines der RAF-Gründer. Bei Horst Mahler setzte die Distanzierung vom früheren Tun erst nach erzwungener Desintegration ein. Die Festnahme durch die Polizei war der Beginn eines geistigen Loslösungsprozesses: „Das Bewußtsein, sich nicht nur in der Phantasie, sondern wirklich der Revolution, so wie man sie verstand, ganz und gar untergeordnet zu haben, milderte in der Gefangenschaft das schlechte Gewissen und machte das Denken freier. Die Wahrnehmung der Wirklichkeit war nicht mehr so verzerrt wie vordem. Die Kritik an den Aktionen der Guerilla war in dieser neuen Bewußtseinslage nicht mehr so leicht denunzierbar, das Schuldgefühl nicht mehr so leicht auslösbar. Die Versuche der Gruppe, gegen die aufkommende Kritik die alten Schuldgefühle mit neuer Begründung zu mobilisieren, etwa, man solle gefälligst an die gefallenen Genossen denken, verfingen nicht mehr. Sie förderten sogar noch die Lockerung der emotionalen Bindungen. Die allmählich wachsenden Differenzen mit den Wortführern der Gruppe wandelten sich unter dem Einfluß einer veränderten Wahrnehmung der gesellschaftlichen Realität zu einem prinzipiellen Dissens, zur Erkaltung der emotionalen Bindungen an die Gruppe." (Mahler 1980, S. 48) Der Ausschluß aus der RAF war die logische Folge.

f) Taten und ihre „Bewältigung"

Doch der Fall Mahler ist für diejenigen RAF-Aktivisten, die – anders als die in der DDR festgenommenen – zum Zeitpunkt der Festnahme noch im Untergrund aktiv waren, untypisch. Dogmatisches Festhalten an ideologischen Grundeinsichten, Beharren auf der Richtigkeit des früheren Tuns und Abschottung von der Wirklichkeit bis hin zur Kommunikationsverweigerung bestimmen weit eher das Bild. Irmgard Möller, eines der Gründungsmitglieder der RAF und seit über zwanzig Jahren inhaftiert, billigte in öffentlichen Stellungnahmen die proklamierte strategische Kurskorrektur der RAF vom April 1992, beharrte aber auf ihrem Standpunkt: „Der bewaffnete Kampf war legitim." (Möller 1992, S. 130) Ihre Äußerungen entsprechen in allen Punkten dem Tenor der RAF-Erklärung. Die Ermordung des Bankiers Herrhausen kommentierte sie mit folgenden Worten: „Was war denn 1989? Schon vor dem Zusammenbruch der DDR hatte Herrhausen, von den Linken und von der Bevölkerung im Westen unbemerkt, geplant, wie er die Situation am besten ausbeuten kann und alles in seinen Banktresor reinkriegt." (Möller 1992, S. 131) Anschläge auf Repräsentanten von Staat und Wirtschaft seien gerechtfertigt gewesen. „Ich halte sie für legitim. Daran habe ich überhaupt keinen Zweifel. Wenn die RAF diese Angriffe heute nicht mehr führt, dann nicht, weil sie nicht legitim wären, sondern weil sie den politischen Prozeß, den wir im Auge haben, nicht weiterbringen." (Möller 1992, S. 130)

Unbelehrbar auch die Haltung Gabriele Rollnicks nach jahrelanger Haft: „Also wir haben 20 Jahre gekämpft, wir werden auch die nächsten 20 Jahre kämpfen." (Rollnick 1992) Und der Stockholm-Attentäter Karl-Heinz Dellwo bekennt 17 Jahre nach seiner Festnahme geradezu stolz: „Es ist hier einmal eine Guerilla entstanden, die sich auch dann nicht mehr aus der Geschichte eliminieren ließe, wenn sie aufhören würde. Sie kann auch jederzeit wieder entstehen. [...] Für mich hat die RAF bedeutet: ein bestimmtes Vernichtungsverhältnis aufzubrechen, das von diesem Staat immer gegen Minderheiten, gegen

Opposition eingesetzt wurde. Wir wissen, was man hier nach 45 mit der KPD gemacht hat, wir wissen, wie auf die 68er reagiert wurde, ich weiß, wie damals in Hamburg unsere Hausbesetzung vom MEK mit der MP im Anschlag – und sie hätten auch geschossen – abgeräumt wurde. Dagegen haben wir etwas gesetzt, und wir haben dagegen bis heute etwas gehalten. Die RAF haben sie nicht austreten können. Die Gefangenen haben sie im Knast nicht fertig machen können." (Dellwo 1992, S. 14)

Nur eine Minderheit der Inhaftierten ist vom früheren Tun abgerückt. Zur Schleyer-Entführung erklärten Hans-Jürgen Bäcker und Horst Mahler: „Wir sind Ende der sechziger Jahre aus Empörung über die in Vietnam von den US-Streitkräften an wehrlosen Zivilisten verübten Massaker zum Aufstand gegen den Imperialismus getrieben worden. Mit gleicher Empörung weisen wir alle Versuche zurück, Geiselmorde – also die Tötung wehrloser Gefangener – und Massaker an völlig unbeteiligten Zivilisten als zuverlässige und notwendige Formen des antiimperialistischen und revolutionären Kampfes zu rechtfertigen. Derartige Handlungen sind auch Verbrechen gegen die Revolution. Wer sie begeht, verrät unsere Ideale – und sich selbst. Die Terroristen sind ein bedeutender Faktor im Arsenal der Reaktion – und wie diese politisch zu bekämpfen." (Bäcker/Mahler 1978, S. 13) Das Statement bewies Grundsatztreue im Hinblick auf ein linksrevolutionäres Weltbild, aber Ablehnung der Strategie des Terrors.

Ähnliches gilt für die Äußerungen in der DDR festgenommener Ex-Terroristen. Sie waren aus freiem Entschluß ausgestiegen und hatten in ihrem neuen Leben Distanz zu früherem Tun gewonnen. Eine Hinwendung zum demokratischen Verfassungsstaat war allerdings nicht erfolgt. Werner Lotze beschrieb sein Wirken in der DDR als die beste Zeit seines Lebens. Es habe ihn beeindruckt, „daß Internationalismus und Solidarität erklärte Staatsziele der DDR waren". „Es gab große soziale Gleichheit, das Recht auf Arbeit, Volksbildung." (Lotze 1990, S. 20) Die Überwachungsmechanismen des Staatssicherheitsdienstes seien ihm verborgen geblieben. Den Zusammenbruch der DDR habe er als Niederlage empfunden. Sein früheres Wirken in der RAF erkannte er als schwere persönliche Schuld. Das Vorgehen der Terrorgruppe sei „moralisch falsch" gewesen, „weil es von Anfang an den Widerspruch zwischen Ziel und Mitteln gab. Deshalb reduziert sich für mich die RAF-Politik auf die Tatsache, daß die Leute in der RAF bereit gewesen sind, Menschen zu töten." (Lotze 1990, S. 20)

Besonders eloquent nahm Peter-Jürgen Boock Abstand von seinen früheren, zum Teil allerdings vertuschten Verfehlungen. Das elitäre Konzept der RAF sei gescheitert. „Inzwischen denke ich, daß wirkliche Veränderung nur mit den Köpfen und Herzen der Mehrheit der Menschen möglich ist. Veränderung tut nach wie vor not. Aber man kann nicht nach Lust und Laune eine Revolution ausrufen, es geht vielmehr um einen langwierigen gesellschaftlichen Lernprozeß. Und für den gibt es in der BRD doch ganz gute Ansätze. Die neuen sozialen Bewegungen und die Bürgerinitiativen haben etwas erreicht. In den sechziger Jahren war das Untertanendenken noch vorherrschend, heute halten immer mehr Bürger einen kritischen Abstand zum Staat. Und die Politiker, Lambsdorff, Barschel und andere, tun ja ihr bestes dafür, daß dieser Abstand sich weiter vergrößert." (Boock 1988, S. 12)

In seinen selbstkritischen Betrachtungen scheute der Ex-Terrorist nicht vor totalitarismustheoretischen Parallelen zurück. Die Auseinandersetzung mit den Schriften Ernst Jüngers habe ihm wesentliche Einsichten vermittelt. Jünger habe auf der extremen Rechten ähnliche Erfahren gemacht wie er selbst auf der extremen Linken: „Die hehre Idee, eine ideale Utopie, die man entwickelt und die man dann gegen die dumme, taube, tumbe Mehrheit, zur Not auch mit Gewalt, durchsetzt. Das ist nicht so furchtbar weit weg von dem, was wir im Kopf hatten. Wir haben uns zwar immer auf die Massen berufen, aber sie gleichzeitig als Neckermänner bezeichnet und verachtet." (Boock 1988, S. 13)

Auf die moralische Verantwortung der RAF angesprochen, bekannte er: „Wir, die wir in der RAF waren, haben sehr wohl Schuld auf uns geladen. Wir haben uns die Rolle von Anklägern und Richtern in einer Person angemaßt. Und die Leute, die

Ziele unserer Aktionen waren, hatten keine Chance, sich zu verteidigen. Es sind auch Menschen umgekommen, die mit dem Ziel des jeweiligen Anschlages nichts zu tun hatten. Ich trage auch Schuld gegenüber denjenigen in den Reihen, die ihr Leben lassen mußten, die zum Teil sehr kurz dabei waren und verheizt worden sind. Wir waren vermessen und werden viel zu tun haben, das abzuarbeiten." (Boock 1988, S. 13) Seine Einsichten brachte Boock, der lange Zeit das Ausmaß eigener Mitwirkung an den RAF-Aktionen von 1977 verschwiegen hatte, mit der folgenden rhetorischen Frage auf den Punkt: „Wie soll aus einer Situation, in der Tote herumliegen, etwas entstehen, das besser ist als das, was man so bekämpft?" (Boock 1988, S. 13)

2. Kurzbiographien

Susanne Albrecht, geb. 1951 in Hamburg; Vater renommierter Anwalt für Seerecht; Studium der Pädagogik, Soziologie und Psychologie an der Universität Hamburg; April/Mai 1973 Beteiligung an einer Hausbesetzung in der Hamburger Hafenstraße – zusammen mit anderen späteren RAF-Mitgliedern (Wolfgang Beer, Karl-Heinz Dellwo, Christine Dümlein, Christa Eckes, Wolfgang Quante, Bernhard Rößner); Oktober 1974 Beteiligung an der Besetzung des Hamburger Büros von Amnesty International; 1977 Schlüsselrolle bei der Ermordung des mit der Familie Albrecht eng befreundeten Bankiers Jürgen Ponto; 1978/79 Aufenthalt in einem palästinensischen Ausbildungslager im Jemen; 1980 Einbürgerung in die DDR; Juni 1990 Verhaftung in der DDR; Juni 1991 nach umfassendem Geständnis Verurteilung zu einer zwölfjährigen Freiheitsstrafe.

Hans-Jürgen Bäcker, geb. 1939; gelernter Grubenelektriker; Studium in Berlin; im Gefolge Horst Mahlers RAF-Mitglied der „ersten Stunde"; Juni bis August 1970 paramilitärische Ausbildung in einem Palästinensercamp im Nahen Osten; Beteiligung an einem Banküberfall; Festnahme Februar 1971; Juni 1974 Verurteilung zu neun Jahren Haft (u. a. wegen räuberischer Erpressung).

Michael („Bommi") Baumann, geb. 1948 in Berlin-Lichtenberg; gelernter Betonbauer; seit 1967 Mitglied der „Kommune 1" – Freundschaft mit Dieter Kunzelmann und Fritz Teufel; Kontakte zum West-Berliner SDS-Zentrum und zum „Republikanischen Club"; zeitweilige Festnahme nach einer „Reifenstechergeschichte"; Aktivitäten in der militanten „Szene"; Mitglied der Wieland-Kommune; als Angehöriger der „Tupamaros Westberlin" Beteiligung an Sprengstoff- und Brandanschlägen; von Februar 1970 bis Sommer 1971 in Haft; danach Untergrund-Aktivitäten in einer Gruppe um Georg von Rauch, der späteren „Bewegung 2. Juni"; Tötung von Rauchs im Beisein Baumanns bei einem Schußwechsel mit der Polizei nach einem Raubüberfall – Schlüsselerlebnis, das schließlich zum Ausstieg aus der Terrorszene führt; 1972 Flucht ins Ausland: Syrien, Iran; längere Aufenthalte in Afghanistan, Indien, Italien; auf der Durchreise zeitweilige Inhaftierung in der DDR; 1981 in London verhaftet; Verurteilung zu einer fünfjährigen Freiheitsstrafe wegen Bankraubs und eines Sprengstoffanschlags; zwei autobiographische Schriften: „Wie alles anfing" (1975), „Hi Ho. Wer nicht weggeht, kommt nicht wieder" (1987).

Peter-Jürgen Boock, geb. am 3. September 1951 in Garding/Nordfriesland; Vater zunächst Gastwirt, später Postbeamter; Mutter ebenfalls Tätigkeit im Postdienst; 1968 nach Realschulabschluß Beginn einer Maschinenschlosserlehre – Abbruch nach wenigen Wochen; Juni 1968 Einzug in eine Kommune in den Niederlanden; dort Festnahme durch die Polizei wegen Rauschgiftbesitz (Herbst 1968); Selbstmordversuch; 1969 Aufenthalt in Erziehungsheimen in Glückstadt und Rengshausen; unter dem Einfluß von Studenten des pädagogischen Seminars (u. a. Andreas Baader, Gudrun Ensslin, Astrid und Thorwald Proll) Umzug in Wohngemeinschaften nach Frankfurt; Drogenkonsum; 1972 nach einer Drogentherapie Einzug in eine Wohngemeinschaft von RAF-Sympathisanten; 1973 Heirat mit Waltraud Liewald; spätestens seit 1976 im terroristischen Untergrund; ab Februar 1980 Mitglied einer Hamburger Wohngemeinschaft; Januar 1981 Festnahme in Hamburg; Mai 1984 und November 1986 Verurteilung (u. a. wegen Beteiligung an der Ermordung des Bankiers Jürgen Ponto und der Entführung und Ermordung des Arbeitgeberpräsidenten Hanns Martin Schleyer) zu einer mehrfach lebenslänglichen Freiheitsstrafe; schriftstellerische Tätigkeit (u. a. der autobiographische Roman „Der Abgang", 1988); Juni 1991 erneut Anklage des Generalbundesanwalts aufgrund der Aussage in der Ex-DDR verhafteter Terroristen; im Mai 1992 gesteht Boock öffentlich, bislang das Ausmaß seiner Tatbeteiligung bei der Schleyer-Entführung verschwiegen zu haben.

Karl-Heinz Dellwo, geb. 1952; wechselnde Beschäftigungen (u. a. als Müllfahrer, Seemann, Aushilfsfahrer, Briefträger); April/Mai 1973 Beteiligung an einer Hausbesetzung in der Hamburger Ekhofstraße; Mitglied des „Komitees gegen die Isolationsfolter" in Hamburg; Beteiligung am Überfall auf die deutsche Botschaft in Stockholm (April 1975) – Festnahme; Juli 1977 zu einer zweimal lebenslänglichen Freiheitsstrafe (u. a. wegen zweifachen gemeinschaftlichen Mordes in Tateinheit mit Geiselnahme) verurteilt.

Baptist Ralf Friedrich, geb. am 30. November 1946 in Landsweiler-Reden (Saarland); Vater Handwerker; Studium der Volkswirtschaftslehre an der Universität Heidelberg; seit 1972 im „legalen" RAF-Umfeld; 1975 Tätigkeit im Büro des Stuttgarter Rechtsanwalts Klaus Croissant; seit 1977 Mitglied der RAF-„Kommandoebene"; 1980 Einbürgerung in die DDR; Juni 1990 Verhaftung; 1992 Verurteilung zu einer mehrjährigen Haftstrafe.

Klaus Jünschke, geb. 1947 in Mannheim; Vater Bundesbahn-Beamter; Studium der Psychologie in Heidelberg; seit 1970

Mitglied des Sozialistischen Patienten-Kollektivs; Herbst 1972 Anschluß an die RAF; Juli 1972 Festnahme; Juni 1977 Verurteilung zu lebenslanger Freiheitsstrafe; in der Haft sozialwissenschaftliches Fernstudium erfolgreich abgeschlossen; 1988 begnadigt und aus der Haft entlassen.

Hans-Joachim Klein, geb. 1947 in Frankfurt am Main; Tod der Mutter, einer Jüdin, als Spätfolge der Deportation durch die Nationalsozialisten kurz nach der Geburt; Kinderheim, Pflegeeltern; mit neun/zehn Jahren Rückkehr zum inzwischen wiederverheirateten Vater, einem ehemaligen Nationalsozialisten; zeitweilig Einweisung in ein Erziehungsheim; Lehre als Autoschlosser; wegen kleinerer krimineller Delikte vorbestraft; stößt zum alternativen Milieu des Frankfurter „Westend"; Engagement für gefangene Terroristen in der „Roten Hilfe"; 1974 von Wilfried Boese für den internationalen „Arm" der RZ geworben; Teilnahme an dem Überfall auf die OPEC-Konferenz in Wien im Dezember 1975 – dabei schwer verletzt (Bauchschuß); Operation in einem libyschen Hospital; Tätigkeit als Ausbilder von „Widerstandskämpfern" in einem palästinensischen Lager im Südjemen; mit Unterstützung der Frankfurter linken „Szene" Abschied vom Terrorismus; seither Leben im Verborgenen; 1979 Erscheinen des Buches „Rückkehr in die Menschlichkeit. Appell eines ausgestiegenen Terroristen".

Werner Lotze, geb. am 22. Februar 1952 in Mülheim/Ruhr; Vater selbständiger Schuhmachermeister; Mutter gelernte Krankenschwester; viersemestriges Studium (Anglistik, Sportwissenschaft) an der Universität Bochum; Lehrassistent für Deutsch an Highschools in Manchester/England; Fortsetzung des Studiums in Bochum, Abbruch Frühjahr 1976; seit 1976 im „legalen" RAF-Umfeld; seit August 1978 Mitglied der RAF-„Kommandoebene"; Oktober 1980 Einbürgerung in die DDR; Juni 1990 Festnahme; Januar 1991 Verurteilung (u. a. wegen Mordes) zu einer zwölfjährigen Haftstrafe; 1992 geringfügige Reduzierung des Strafmaßes nach Revisionsverfahren.

Horst Mahler, geb. am 23. Januar 1936 in Haynau/Schlesien; Vater Zahnarzt; Februar 1945 Flucht vor der Roten Armee nach Naumburg/Saale; zeitweilig Übersiedlung nach Dessau, später (Tod des Vaters) nach West-Berlin; Studium der Rechtswissenschaft an der Freien Universität Berlin; 1960 Ausschluß aus der SPD infolge des Unvereinbarkeitsbeschlusses im Hinblick auf die Mitgliedschaft in SPD und SDS; 1964 Gründung einer Anwaltskanzlei in Berlin – Schwerpunkt: Wirtschaftsrecht; erfolgreiche Tätigkeit als Verteidiger und Rechtsberater von Wirtschaftsunternehmen; 1967 Mitgründer des „Republikanischen Clubs" in Berlin – bald eines der Zentren der APO; 1968 Gründung eines „sozialistischen Anwaltskollektivs"; Verteidigung linker Studenten vor Gericht (u. a. Beate Klarsfeld, die Kommunarden Fritz Teufel und Rainer Langhans, den Kaufhausbrandstifter Andreas Baader); wegen APO-Aktivitäten standesrechtliche Verfahren gegen Mahler; März und Juni 1970 Verurteilung wegen der Teilnahme an der mit Gewalttätigkeiten verbundenen Demonstration gegen den Springer-Verlag nach dem Attentat auf Rudi Dutschke (Ostern 1968); Vorbereitung illegaler politischer Aktionen; im Hintergrund Mitwirkung bei der Baader-Befreiung im Mai 1970; Juni bis August 1970 militärische Ausbildung in einem Palästinensercamp im Nahen Osten; Rückkehr nach Deutschland – Aufbau einer terroristischen Untergrundorganisation; Beteiligung an einem Banküberfall; am 8. Oktober 1970 in Berlin-Charlottenburg verhaftet; 1973 wegen Bankraubs und Gefangenenbefreiung zu einer Freiheitsstrafe von 14 Jahren verurteilt; Juni 1974 Ausschluß aus der RAF wegen theoretischer Divergenzen; 1980 vorzeitig aus der Haft entlassen; nach einer Entscheidung des Bundesgerichtshofes vom November 1987 erneut Tätigkeit als Rechtsanwalt.

Till Meyer, geb. 1945 in Luckenwalde bei Berlin; seit 1970 Mitglied der „Bewegung 2. Juni"; Juni 1975 Festnahme in Berlin; Mai 1978 Befreiung aus der JVA Berlin-Moabit durch Mitglieder der „Bewegung 2. Juni"; Juni 1978 erneut Verhaftung in Bulgarien; Oktober 1980 Verurteilung zu einer 15jährigen Freiheitsstrafe (u. a. wegen Beteiligung an der Entführung des

CDU-Politikers Peter Lorenz); November 1986 Entlassung aus der Strafhaft; journalistische Tätigkeit bei der Berliner „Tageszeitung" (taz); nach eigenen Angaben seit Frühjahr 1987 „Inoffizieller Mitarbeiter" des DDR-Staatssicherheitsdienstes zur Einschätzung der westdeutschen Linken.

Irmgard Möller, geb. 1947; Vater Oberstudienrat; abgebrochenes Studium der Germanistik; seit 1971 RAF-Mitglied; Juli 1972 Festnahme; nach erstmaliger Verurteilung 1976 (u.a. wegen Mitgliedschaft in einer terroristischen Vereinigung) im Mai 1979 zu einer lebenslänglichen Freiheitsstrafe verurteilt (u.a. wegen dreifachen Mordes).

Gabriele Rollnick, geb. 1950; Mitglied der „Bewegung 2. Juni"; Juli 1976 Ausbruch aus der Strafvollzugsanstalt Berlin-Tegel (zusammen mit Monika Berberich, Juliane Plambeck und Inge Viett); November 1977 Beteiligung an der Entführung des Industriellen Michael Palmers in Wien; Mai 1978 Beteiligung an der Befreiung des Terroristen Till Meyer aus der Untersuchungshaft; 1980 Anschluß an die RAF; Mai 1981 Verurteilung zu einer Freiheitsstrafe von 15 Jahren (u.a. wegen erpresserischen Menschenraubes).

Volker Speitel, geb. 1950; seit 1975 Tätigkeit im RAF-Umfeld und als Kurier zwischen „illegalen" und den Stammheimer RAF-Häftlingen; Oktober 1977 Festnahme; „Kronzeuge" gegen die RAF-„Kommandoebene" in Stammheim; vorzeitige Haftentlassung im Herbst 1979.

Lutz Taufer, geb. 1944; seit 1970 Mitglied des Sozialistischen Patienten-Kollektivs (SPK) in Heidelberg; 1971 Anschluß an die RAF; April 1975 Teilnahme an dem Überfall auf die deutsche Botschaft in Stockholm – Festnahme; Juli 1977 zu einer zweimal lebenslänglichen Freiheitsstrafe (u.a. wegen zweifachen gemeinschaftlichen Mordes in Tateinheit mit Geiselnahme) verurteilt.

VIII. Wie geht man damit um, Terrorist gewesen zu sein?

Einige vergleichende Bemerkungen

von Peter Waldmann

Man kann die Lebensgeschichten unter der doppelten Fragestellung lesen, „wie es denn gewesen ist", oder „wie es rückschauend für den Erzählenden (den Terroristen, nicht den Interviewer) Sinn macht". Beide Betrachtungsweisen sind nicht sauber voneinander zu trennen. Einerseits schimmern durch das biographische Material überall die unterschiedlichen mikro- und makrogesellschaftlichen Rahmenbedingungen hindurch, die die terroristische Laufbahn jeweils prägten und determinierten. Andererseits ist nicht zu übersehen, daß hier Menschen bemüht sind, rückschauend einen besonders wichtigen und angreifbaren Abschnitt ihres Lebens in dieses als Ganzes einzuordnen.

Bei dem folgenden Versuch, die Einzelbeiträge in eine vergleichende Perspektive zu rücken, steht die Frage der rückblickenden Verarbeitung des Erlebten, also der zweite Gesichtspunkt, im Vordergrund. Aus der Fülle des Erlebnis- und Faktenmaterials werden sieben Themenkomplexe herausgegriffen: Die Gesamteinschätzung der eigenen Vergangenheit als Terrorist; Familie und Kindheit; politische Sozialisation und Radikalisierung; die Waffen, Töten und eigenes Todesrisiko; die Beziehung zur Gewaltorganisation und zu den Kampfgenossen; Sinn und Zweck des Untergrundkampfes; die mit ihm verbundenen Belastungen und Strapazen (Verfolgung, Flucht und Exil, Haft etc.). Wir beschränken uns auf einige kurze kommentierende Bemerkungen zu jedem Komplex.

Eine Schlüsselfrage, welche die Wahrnehmung sämtlicher Teilaspekte der terroristischen Vergangenheit überstrahlt, ist jene nach der globalen Einschätzung und Beurteilung des eigenen terroristischen Engagements. Rein logisch betrachtet, gibt es drei Hauptalternativen der Stellungnahme: Die nachträgliche Distanzierung von jener Lebensphase, die als Irrtum, als Verstrickung in kaum wieder gut zu machende Schuld betrachtet wird; die Verteidigung und Rechtfertigung politischer Gewaltaktivitäten in der Vergangenheit, die jedoch gegenwärtig für überflüssig, kontraproduktiv und unverantwortbar gehalten werden; schließlich die Bejahung von Terrorismus, einschließlich des eigenen terroristischen Engagements, für Vergangenheit und Gegenwart. Der letztgenannte extreme Standpunkt wird nur ausnahmsweise eingenommen, vermutlich, weil es sich bei den meisten Befragten um ehemalige, nicht mehr unmittelbar in den Untergrundkampf involvierte Terroristen handelt. Es überwiegt eine Haltung, die man als einen Kompromiß zwischen den Anforderungen der Vergangenheit und jenen der Gegenwart bezeichnen könnte, ein Kompromiß, der es erlaubt, den ehemaligen Glauben an den Sinn und die Notwendigkeit politischer Gewaltanwendung im Nachhinein nicht gänzlich zu negieren, ohne jedoch verpflichtet zu sein, das terroristische Engagement weiter aufrechtzuerhalten. Diese Kompromißformel kann so aussehen, daß der einst effizienten und einem guten Zweck dienenden Gewaltorganisation mittlerweile eine Tendenz zur Entartung und zum Verfall bescheinigt wird, daß an den ursprünglichen Zielen des Kampfes festgehalten wird, mittlerweile jedoch Zweifel an der Gewalt als geeignetes und legitimes Mittel ihrer Realisierung geäußert werden, oder schlicht die Ansicht vertreten wird, angesichts der positiven gesellschaftlichen und politischen Veränderungen sei zum gegenwärtigen Zeitpunkt ein terroristisches Vorgehen nicht mehr zu rechtfertigen. In einigen Fällen erfolgt auch eine entschiedene Lossagung von der eigenen terroristischen Vergangenheit. Dieser Schritt, der z.T. als die Befreiung von einem Bann, aus einem kognitiven und seelischen Zwangskorsett, empfunden wird, ist im allgemeinen allerdings erst möglich, nachdem der Betreffende, meist im Rahmen der Haft, von seinen ehemaligen Gesinnungsgenossen getrennt wurde.

Geht man bei der Erörterung der weiteren Themenbereiche in chronologischer Reihenfolge vor, so setzt die Erinnerung der Terroristen zunächst bei ihrer Kindheit ein. Dieser Lebensabschnitt ist deshalb besonders interessant, weil er meist im Mittelpunkt der psychologischen und psychoanalytischen Analysen terroristischer Lebensläufe steht. Sie kommen, wenngleich mit unterschiedlichen Begründungen, durchweg zu dem Schluß, die frühkindliche Sozialisation eines politischen Gewalttäters sei durch erhebliche Belastungen, Frustrationen und Defizite gekennzeichnet. Der bei den deutschen Terroristen besonders verbreitete Generationenkonflikt gilt als symptomatisch für eine generell schwierige und problematische Kindheit und Jugend der meisten künftigen Gewaltaktivisten. Blättert man die Lebensgeschichten unter diesem Gesichtspunkt durch, so ist dort nur ausnahmsweise von einem disharmonischen, konfliktiven Familienmilieu die Rede. Das Elternhaus wird überwiegend als friedlich, die eigene Kindheit als glücklich und „normal" hingestellt. Vor allem wird jede direkte oder indirekte Verantwortung der Eltern für den späteren Weg in die Gewalt zurückgewiesen. Wo das terroristische Engagement allerdings der extreme Ausdruck einer allgemeinen rebellischen Haltung gegenüber Gesellschaft und Staat ist, taucht nicht selten die Figur der Mutter als frühes Vorbild und Mahnerin, Unrecht nicht widerspruchslos hinzunehmen, auf. Im übrigen werden die Eltern meist erst spät (wenn überhaupt) in das eigene Engagement im Untergrundkampf eingeweiht, vermutlich, um ihnen Sorgen zu ersparen. Der Wunsch nach Schonung der Eltern könnte auch mit erklären helfen, warum sie überwiegend in einem generell positiven Licht dargestellt werden (die Hauptausnahme bilden, wie gesagt, die deutschen Terroristen). Diese Schonung hat eine reale Basis – Familienbindungen zählen, wie den Lebensgeschichten zu entnehmen ist, zu den verläßlichsten Stützen unter den entbehrungsreichen Bedingungen in Haft und Exil.

Neben der Familie (den Eltern oder Geschwistern) kommt dem Kreis gleichaltriger Freunde und Bekannter eine Schlüsselbedeutung für das Erwachen des politischen Interesses und eine stufenweise politische Radikalisierung des künftigen Gewaltaktivisten zu. Die Schule (wo er erstmals mit Gruppen einer anderen politischen Orientierung in Berührung kommt) und die Universität mögen ähnliche Funktionen erfüllen. Auffälligerweise fehlt in den meisten Lebensgeschichten ein einschneidendes Erlebnis, etwa eine nachwirkende Erfahrung politischer Enttäuschung, die den Annäherungsprozeß an die Gewaltorganisation besonders beschleunigt hätte. Statt dessen wird hie und da von erfolgreich bestandenen Herausforderungen in der Kindheit (etwa im Rahmen eines Streiks oder einer Rauferei in der Schule) berichtet, die das spätere radikale Engagement bereits in rudimentärer Form vorwegzunehmen schienen. Insgesamt stellt sich der Weg in die Gewalt meist als eine schon früh sowohl in der Sozialisation als auch im Selbstverständnis angelegte graduelle Entwicklung dar, die zielbewußt durchlaufen wird, wobei man sich des damit eingegangenen Risikos durchaus bewußt ist und vor wichtigen Entscheidungen auch Alternativen in Betracht zieht.

Der Eintritt in die Gewaltorganisation bedeutet die Erschließung eines neuen, bis dahin nur aus der Theorie vertrauten Erlebnisfeldes: Von Waffen, Kampf, Blut, dem Töten anderer und der Angst vor dem eigenen frühen Tod. Mancher entdeckt hier bei sich neue Talente und Fähigkeiten, etwa als Bombenexperte oder Organisator von Anschlägen. Auf die Gewaltausübung als solche angesprochen, behaupten viele Interviewte im Nachhinein, sie hätten ursprünglich durchaus Skrupel empfunden, vor allem wenn Unschuldige zu den Opfern zählten. Die Argumente, mit denen diese Bedenken beiseitegeschoben wurden, variierten von Fall zu Fall. Eines lautet, es hätte das Gesetz Auge um Auge, Zahn um Zahn gegolten, das zwangsläufig auch die Ermordung Unschuldiger einschloß; ein anderes, man habe aus einer Verteidigungsposition heraus gehandelt, der eigentliche Aggressor sei der Staat gewesen; oder: Nachdem man A gesagt habe, hätte man auch B sagen müssen, d. h. nachdem man sich einmal grundsätzlich für den bewaffneten Kampf entschieden hatte, seien Menschenopfer, als „Folgekosten" dieser Entscheidung, unvermeidbar gewesen. Bisweilen wird auch eine zwiespältige Haltung in Bezug auf die Gewalt sichtbar. So heißt es bei einem der Interviewten, abstrakt habe er zwar das bewaffnete Vorgehen bejaht, doch ein konkretes Gegenüber, einen bestimmten Menschen, der ihm körperlich nah war, umzubringen, habe ihn stets Überwindung gekostet. Ein anderer empfand einerseits Unbehagen und Furcht bei militärischen Aktionen, tendierte aber andererseits dazu, die Überwindung dieser Hemmungen zu verherrlichen. Die Skrupel zu töten gingen im allgemeinen mit der Zahl der Umgebrachten zurück („Abstumpfungseffekt"). Gleichzeitig enthalten die Berichte nicht wenige Hinweise auf die gesteigerte Intensität des Lebensgefühls, die aus der ständigen Konfrontation mit dem eigenen möglichen Tod resultierte. Die Gefühlsbeziehungen zwischen den Gewaltaktivisten werden aufgrund des gemeinsam eingegangenen Risikos als besonders eng beschrieben. Man habe geglaubt, nur noch kurze Zeit zu leben, da man sozusagen alles auf eine Karte gesetzt hatte.

Die Beziehung zur Gewaltorganisation und den Mitkämpfern hing offenbar in starkem Maße vom Temperament und der Charakterstruktur des einzelnen sowie seiner Position innerhalb des Verbandes ab. Die zwei oder drei Befragten, die ehemals Führungsfunktionen ausübten, lassen noch im nachhinein eine weitgehende Identifikation mit der terroristischen Organisation und deren Zielen erkennen. Sie äußern sich ausführlich über strategisch-militärische Schachzüge und Fehlentscheidungen und unterstreichen die eigene Rolle bei grundlegenden Weichenstellungen in der Entwicklung der Organisation. Demgegenüber war für die einfachen Mitglieder der Organisationsalltag von größerer Bedeutung: Die gesuchte, teils auch erfahrene Solidarität mit den anderen; Wärme und Vertrauen in den sozialen Beziehungen einerseits, Konkurrenzgefühle und Neid andererseits. Aus der Warte des „Fußvolkes" wird der von der Verbandsspitze eingeschlagene militärische und politische Kurs im nachhinein nicht selten kritisch kommentiert, vor allem die mit der Länge des Untergrundkampfes unvermeidbar einhergehende Dominanz rein militärischer Gesichtspunkte, denen allmählich die ursprünglich von der Organisation hochgehaltenen Werte wie Gleichheit, Offenheit, Kollegialität und Humanität zum Opfer gefallen seien. Mit der gleichen kritischen Distanz wird angemerkt, daß das Leben im Untergrund aufgrund des ständigen Kontaktes mit Gleichgesinnten einen steigenden Konformitätsdruck, verbunden mit einer verzerrten Wirklichkeitssicht, erzeugt habe. Beide hätten es dem einzelnen sehr schwer gemacht, den Gewaltverband zu verlassen.

Zur Frage des Sinns und Zwecks der Gewaltanwendung finden sich in den Lebensgeschichten die bereits aus der allgemeinen Terrorismusforschung hinreichend bekannten Motive und Zielsetzungen wieder. Die Schlüsselwerte und Leitideen, um derentwillen agitiert und getötet wird, reichen, je nach Land und Situation, vom Nationalismus und Separatismus über Kombinationen von anti-imperialistischem nationalen Befreiungsstreben und einer sozialistischen Systemumwälzung bis hin zu linksrevolutionären kommunistischen oder anarchistischen Gesellschaftsmodellen. Als „Ersatzziele" kommen, insbesondere in einer bereits fortgeschrittenen Phase des terroristischen Feldzugs, die Erleichterung des Loses bzw. die Freilassung der inhaftierten Terroristen hinzu. Für den Glaubenseifer, mit dem diese Ziele verfolgt wurden, waren offenbar zwei Rahmenbedingungen ausschlaggebend: Das Sich-eingebettet-Fühlen in einen breiten internationalen Strom gleichgesinnter Gruppen mit ähnlichen Ambitionen, und die konkrete Unterstützung, welche die Gewaltaktivisten im eigenen Land fanden. Was den erstgenannten Faktor betrifft, so enthalten die Biographien zahlreiche Hinweise auf die beflügelnde Wirkung, die vom Algerienkrieg, der Machtübernahme Castros in Kuba, der Stadtguerilla in Uruguay und von den diese Entwicklung verherrlichenden Schriften auf die Protestbewegung im eigenen Lande ausging. Man fühlte sich als Teilglied einer weltumspannenden revolutionären Strömung, welche in absehbarer Zeit den „menschenverachtenden" Kapitalismus und Imperialismus durch eine humanere Ordnung zu ersetzen versprach. War dieses Gefühl einer internationalen Solidarität in den 70er Jahren bei allen terroristischen Gruppen verbreitet, so konnten nur einige derselben (insbes. die nationalistischen) auf einen gewissen Rückhalt in der eigenen Bevölkerung zählen. Die Ausführungen des baskischen, aber auch der italienischen und argentinischen Terroristen lassen erkennen, wie wichtig für sie das Gefühl war, das Volk oder wenigstens ein Teil des Volkes stehe hinter ihnen, um dem Untergrundkampf Sinn zu verleihen. Entsprechend konstruiert wirken die Rechtfertigungsformeln jener anderen terroristischen Gruppen, insbesondere der deutschen, die diese Unterstützung nie genossen und sie deshalb fingieren mußten.

Ein letzter Themenkomplex bezieht sich auf die Erfahrung von Leid und Entbehrungen, die das Untergrundleben und seine Folgen (Flucht, Exil, Verhaftung) zwangsläufig mit sich brachten. Es fällt auf, daß dieses Problem in den Lebensgeschichten kaum angesprochen wird; nur die einzige Frau unter den Interviewten berichtet von wiederholten Enttäuschungen und persönlichen Krisen. Für die anderen waren, darf man ihrem Zeugnis Glauben schenken, mehr die immanenten Irrtümer und Rückschläge des Kampfes Anlaß zu Niedergeschlagenheit und Sorge als das belastende Schicksal, das sie sich selbst zugemutet hatten. Der Baske Goio etwa behauptet, es sei ihm immer gut gegangen, im Exil, als er von der Polizei geschlagen wurde und auch später im Gefängnis. Der Italiener Marco vermittelt den Eindruck, als habe er Protest und Gewalt als eine Art inspirierendes Dauer-Happening empfunden. Offenbar war die Macht der Sinnkonstruktionen, die den Kampf als richtig und notwendig hinstellten, so groß, daß die meisten Terroristen die damit verbundenen Strapazen bagatellisierten. Diese Annahme würde zugleich erklären, warum in nicht wenigen Fällen das Ende des terroristischen Lebensabschnittes und die Rückkehr ins bürgerliche Leben fast als eine größere Herausforderung empfunden wurden, als die langjährige Existenz im Untergrund.

IX. Anhang

1. Zur Forschung über Terroristen und terroristische Lebensläufe (Peter Waldmann)

Aufständischer Terrorismus zählt zu den Themen, die nicht nur in den Medien Schlagzeilen machen, sondern auch die wissenschaftliche Phantasie stark angeregt haben. Die Literatur darüber füllt halbe Bibliotheken, einige Institute und Zeitschriften haben sich ausschließlich zum Ziel gesetzt, dieses unheimliche Phänomen zu entschlüsseln und zu erklären.

Angesichts der Fülle von Studien aller Art, die zum Terrorismus erschienen sind, ist man überrascht, wie wenig wir bisher über seine sozialen und psychischen Voraussetzungen wissen: Die generellen Ursachen und Folgen terroristischer Kampagnen, Fragen der Strategie und Taktik, nationale und internationale Verflechtungen terroristischer Gruppen, rechtliche, technische, medizinische und historische Aspekte terroristischer Aktionen, die Rolle der Massenmedien, die Gefahr einer Erpressung mit Atomwaffen sowie das verfügbare Arsenal mehr oder weniger wirksamer Schutzmaßnahmen – all dies ist wiederholt mit aller wünschenwerten Ausführlichkeit behandelt worden. Hingegen hält sich die Zahl der Arbeiten, in denen von den individuellen Motiven und sozialpsychologischen Hintergründen des Terrorismus die Rede ist, in Grenzen.[1]

Vergleichsweise intensiv wurden dank einer vom Innenministerium in Auftrag gegebenen umfassenden Studie die deutschen Terroristen untersucht. Auch über die Motive und Lebenswege italienischer Terroristen sind inzwischen einige Arbeiten erschienen (vgl. hierzu die in den Beiträgen von Uwe Backes und Donatella della Porta angegebene Literatur). Im übrigen verfügen wir aber nur über einzelne Skizzen und Persönlichkeitsanalysen bestimmter Terroristen und Guerilleros.

Die mit der Person des Terroristen befaßte Literatur kann man in drei Hauptkategorien einteilen: Die erste besteht aus vorwiegend deskriptiven Darstellungen von Einzelschicksalen politischer Gewalttäter.[2] Sie wurden entweder von ehemaligen Terroristen verfaßt, die sich auf diese Weise gegenüber der Mit- und Nachwelt zu rechtfertigen suchen, oder von Bewunderern, Verehrern bzw. Freunden der meistens bereits toten Terroristen, welche die Erinnerung an den ehemaligen Genossen wachhalten wollen. Im Einzelfall mag auch Sensationslust das Hauptmotiv für die Portraitierung eines international bekannten Terroristen bilden (etwa des berühmt-berüchtigten „Carlos"). Das Gros dieser Arbeiten ist ohne wissenschaftliche

Ambitionen abgefaßt, was indes nicht heißt, daß sie wissenschaftlich uninteressant wären. Zeichnen sie doch ein Bild davon, wie Terroristen sich selbst und ihre Laufbahn sehen, wie sie von anderen gesehen werden wollen und teilweise auch, wie sie von nahestehenden Bekannten, Freunden, Angehörigen tatsächlich gesehen werden. Wenngleich mehr Literatur als Forschung, geben diese Darstellungen wichtige Einblicke in die spezifischen Sinnwelten, Zwänge und Regeln terroristischer Subkulturen.

Eine zweite Kategorie bilden sozialstatistische Untersuchungen, die über die Erhebung meist äußerlicher Merkmale einer großen Zahl von Terroristen eine Art Kollektivbiographie oder das Sozialprofil des „typischen" Terroristen zu erstellen bemüht sind, zum Beispiel:

„Statistische Daten von über 350 bekannten Terroristen aus 18 nahöstlichen, lateinamerikanischen, westeuropäischen und japanischen Gruppen ergaben, daß der zusammengesetzte Terrorist ein lediger Mann zwischen 22 und 24 Jahren ist, der zumindest zeitweise eine Universitätsausbildung, meist in den Geisteswissenschaften, durchlaufen hat. Bereits berufstätige Terroristen übten im allgemeinen Beschäftigungen im Bereich des Rechtswesens, der Medizin, im Journalismus und Lehrerberuf sowie – das gilt aber nur für die türkischen und persischen Gruppen – als Ingenieur oder Techniker aus. Der Terrorist von heute kommt aus einer wohlhabenden Mittel- oder Oberschichtfamilie, die einiges Prestige genießt. Für alle außer einer der 18 Gruppen bildete die Universität ihr Rekrutierungsfeld, und dort war es auch, wo die Terroristen erstmals mit den Ideen des Marxismus oder anderen revolutionären Ideen in Berührung kamen. Obwohl sie sich bei ihren Anschlägen auf marxistische Ideen berufen, kann man annehmen, daß der Handlungsdrang der meisten Terroristen primär einer Mischung aus Frustration und anarchistischen oder nihilistischen Vorstellungen entstammt."[3]

Die Mühe und der Aufwand, die in der Sammlung einer so großen Zahl nicht ohne weiteres zugänglicher Daten und deren Verarbeitung zur Figur eines „synthetischen" Terroristen stecken, verdienen Respekt. Derartige Zusammenstellungen können als ein notwendiger erster Schritt zur Annäherung an die Terroristen als einzelne oder als statistische Gruppe betrachtet werden. Darin liegt ihre Funktion, doch darin erschöpft sie sich zugleich. Denn äußerliche Merkmale – und nur sie sind dieser quantitiven Art der Aufbereitung zugänglich, wie die mehr als vagen Hinweise auf marxistische oder nihilistische Überzeugungen, die angeblich dem Terrorismus zugrundeliegen, zeigen – können nur erste Anhaltspunkte für innere Einstellungen und Triebkräfte liefern, die den eigentlichen Schlüssel für das Verhalten eines politischen Gewaltaktivisten bilden. Außerdem reichen die aufgezählten vergleichbaren Eigenschaften einer Vielzahl im übrigen äußerst unterschiedlicher terroristischer Gruppen offensichtlich nicht, um jemanden zum Terroristen zu machen. Wären alle diejenigen, die der wohlhabenden Mittel- oder Oberschicht entstammen, zwischen 22 und 24 Jahre alt, männlich etc. sind, dadurch bereits für eine terroristische Laufbahn prädestiniert, könnte die Menschheit sich nicht mehr vor politischen Gewalttätern retten. Tatsächlich müssen zusätzliche Gründe hinzutreten, damit sich aus der riesigen Masse jener, auf die die oben genannten Merkmale zutreffen, eine kleine Minderheit für den bewaffneten Kampf gegen Gesellschaft und Staat entschließt. Diese Gründe lassen sich nur bei einer Detailanalyse der jeweils spezifischen Situation, im Vergleich zu anderen Situationen, erkennen. Auch von daher stößt ein Verfahren, das Terroristen aus verschiedenen Großregionen, Kulturen und politischen Systemen unterschiedslos in einen Topf wirft, auf seine Grenzen.

In eine dritte Kategorie fallen schließlich die Fallstudien oder mehr allgemein orientierten Arbeiten von Psychologen, Psychiatern und Psychoanalytikern[4] über die terroristische Persönlichkeit. Ihr gemeinsamer Ansatzpunkt besteht darin, daß sie Konflikten und Belastungen, die mit Familienkonstellationen und frühkindlichen Sozialisationsbedingungen zusammenhängen, großes, wenn nicht entscheidendes Gewicht für das spätere Abdriften in die Gewalt einräumen. Dabei entgehen sie allerdings nicht immer der Gefahr, die aus einem oder einigen Fällen sich ergebenden Schlußfolgerungen in unzulässiger Weise zu verallgemeinern. Tatsächlich haben Gewalt und Terrorismus keineswegs in allen Gesellschaften und sozialen Schichten den gleichen negativen Stellenwert; dementsprechend unterschiedlich verlaufen die Sozialisationsprozesse, die in der einen oder anderen Kultur den Eintritt in eine politische Gewaltorganisation vorbereiten und anbahnen. Es genügt, den Lebensweg eines Guerillero in Kolumbien dem eines baskischen Etarra in der Francozeit und eines Terroristen aus der Bundesrepublik Deutschland gegenüberzustellen, um rasch zu begreifen, daß nicht nur die gesellschaftlichen und politischen Bedingungen, unter denen jeweils der gewaltsame politische Aufstand praktiziert wird, kaum etwas miteinander gemein haben, sondern auch der Typus von Jungerwachsenen, der damit sympathisiert oder daran teilnimmt, stark variiert. Unter diesen Umständen scheinen jene psychologischen und psychoanalytischen Studien am aussagekräftigsten zu sein, die in ihren Erklärungsansprüchen bescheiden sind und neben Variablen der Persönlichkeits- und Familienstruktur auch die gesellschaftlichen und politischen Bedingungen mitberücksichtigen, oder sich von vornherein damit begnügen, von Einflußfaktoren und Bedingungsfeldern der Gewalt in einem Land in einer spezifischen historischen Situation zu sprechen.

2. Anmerkungen

I. Einleitung

1 *Frank Burton:* The politics of legitimacy. Struggles in a Belfast Community, London 1978, S. 111 f., S. 116.
2 Vgl. hierzu Anhang 1.: „Zur Forschung über Terroristen u. terroristische Lebensläufe".

3 Die biographische Perspektive und die entsprechende Methode erfreuen sich seit rund 15 Jahren wachsender Beliebtheit, so daß die Literatur dazu rasch angewachsen ist. Zur Geschichte der Methode vgl. *Martin Kohli:* Wie es zur biographischen Methode kam und was daraus geworden ist. Ein Kapitel aus der Geschichte der Sozialforschung, in: Zeitschrift für Soziologie, Jg. 10, Heft 3, Juli 1981, S. 273–293. Ältere Ansätze und Beiträge sind zusammengefaßt in: *M. Kohli (Hrsg.):* Soziologie des Lebenslaufs, Darmstadt/Neuwied 1978. Einen repräsentativen Querschnitt über die aktuelle Forschungssituation gibt das von *Karl Ulrich Mayer* herausgegebene Sonderheft 31 (1990) der Kölner Zeitschrift für Soziologie und Sozialpsychologie „Lebensverläufe und sozialer Wandel".

4 Vgl. *Roland Girtler:* Die biographische Methode bei der Untersuchung devianter Karrieren und Lebenswelten, in: *Wolfgang Voges (Hrsg.):* Methode der Biographie- und Lebenslaufforschung, 1987, S. 321–339.

5 Vgl. *Wolfram Fischer-Rosenthal:* Biographische Methoden in der Soziologie, in: *Uwe Flick u. a. (Hrsg.):* Handbuch Qualitative Sozialforschung. Grundlagen, Konzepte, Methoden und Anwendungen, München 1991, S. 253–256.

6 *Erika M. Hoerning:* Erfahrungen als biographische Ressourcen, in: *Peter Alheit, Erika M. Hoerning (Hrsg.):* Biographisches Wissen. Beiträge zu einer Theorie lebensgeschichtlicher Erfahrungen, Frankfurt/New York 1989, S. 148–163; *Susan Krauss Whitbourne:* The Handbook of Aging, 2. Aufl., New York u. a. 1985, S. 594 ff.; *Carlos Piña:* La Construcción del „Si Mismo" en el Relato Autobiografico, FLACSO-Chile, Documento de Trabajo No. 383, Santiago 1988; *Ilse E. Plattner:* Zeitbewußtsein im Lebenslauf. Zur entwicklungspsychologischen Relevanz des Zeitbewußtseins, Augsburger Berichte zur Entwicklungspsychologie und Pädagogischen Psychologie, No 39, Augsburg 1989.

7 *Heinz Bude:* Rekonstruktion von Lebenskonstruktionen – eine Antwort auf die Frage, was die Biographieforschung bringt, in: *Martin Kohli u. Günther Robert (Hrsg.):* Biographie und soziale Wirklichkeit, Stuttgart 1984, S. 7–27.

8 Vgl. zu dieser Methode *Wilhelm Heinz Schröder:* Kollektive Biographien in der historischen Sozialforschung. Eine Einführung, in: *Ders. (Hrsg.):* Lebenslauf und Gesellschaft, Stuttgart 1985, S. 7–17.

9 Dies gilt beispielsweise für den japanischen Terrorismus. Siehe hierzu *Patricia G. Steinhoff:* Portrait of a Terrorist: An Interview with Kozo Okamoto, in: Asian Survey, Vol. XVI (1976), No 9, S. 830–845.

10 *Peter Waldmann:* Artikel „Terrorismus" in: *Dieter Nohlen (Hrsg.):* Lexikon der Politik, Bd. 3. Die westlichen Industrieländer, hrsg. von Manfred G. Schmidt, München 1992, S. 435 ff.

11 *Jerrold M. Post:* Narcissism and the Charismatic Leader-Follower Relationship, in: Political Psychology, Vol. 7, No. 4, 1986, S. 675–688, insbes. S. 683 ff.

II. Baskenland

1 Zum Vergleich zwischen katalanischem und baskischem Nationalismus vgl. *Peter Waldmann:* Katalonien und Baskenland: Historische Entwicklung der nationalistischen Bewegungen und Formen des Widerstands in der Franco-Zeit, in: *Ders. u. a. (Hrsg.):* Sozialer Wandel und Herrschaft im Spanien Francos, Paderborn u. a. 1984, S. 155–192. Zur ETA sei auf folgende weiterführende Literatur hingewiesen: *Josef Lang:* Das baskische Labyrinth. Unterdrückung und Widerstand in Euskadi, Frankfurt/Main 1983; *Robert P. Clark:* The Basque insurgents. ETA. 1952–1980, Madison/Wisconsin 1984; *Peter Waldmann:* Militanter Nationalismus im Baskenland, Frankfurt/Main 1990.

2 Der Karlismus ist eine traditionalistische, katholisch-integristische politische Bewegung, welche die Autorität betont und für einen korporativistischen Staat eintritt. Er hat seinen Ursprung in den Kämpfen um den spanischen Thron nach 1833, als Ferdinands Bruder Carlos die Thronfolge von Ferdinands Tochter Isabella (II.) nicht anerkannte. Zur Durchsetzung der karlistischen Ansprüche wurden im 19. Jahrhundert drei Bürgerkriege geführt (1833–39; 1847–49; 1872–76), wobei die Bewegung besonders in den ländlichen Gegenden Navarras und Kataloniens großen Zulauf fand. 1936 schlossen sich die Karlisten dem Putsch Francos an und stellten den Rebellen ihren Wehrverband (die Requetes) zur Verfügung. In der parlamentarischen Monarchie seit 1975 sind sie zu einer unbedeutenden politischen Splittergruppe abgesunken. Vgl. Stichwort „Carlismo", in *Walther L. Bernecker u. a.:* Spanien-Lexikon. Wirtschaft, Politik, Kultur, Gesellschaft, München 1990.

3 Sabino de Arana i Goiri war der Begründer und langjährig unbestrittene Führer der nationalistischen Bewegung im Baskenland im 19. Jahrhundert. Sein Nationalismus stützte sich stark auf den Katholizismus und auf Rassenideen. Vgl. etwa *Standley G. Payne:* El Nacionalismo Vasco. De sus orígenes a la ETA, Barcelona 1974.

4 Admiral L. Carrero Blanco, Staatssekretär des Ministerpräsidenten und zu den engsten Vertrauten Francos zählend, sollte vermutlich dessen politische Nachfolge antreten. Mit dem geglückten Attentat der ETA auf ihn im Jahr 1973 wurde die weitere politische Entwicklung des Landes entscheidend beeinflußt.

5 Zu der bereits in anderem Zusammenhang erwähnten Vorliebe der Basken für „kulinarische Zerstreuungen" ist anzumerken, daß die baskische Küche in Spanien einen besonders guten Ruf hat. Bekannt sind u. a. die sog. gastronomischen Gesellschaften (sociedades gastronómicas), Männerclubs, in deren Mittelpunkt das gemeinsame Kochen und Speisen steht.

6 Der von Teilen des Offizierskorps und der Guardia Civil unterstützte Putsch des Oberstleutnants Antonio Tejero am 23. 2. 1981 stellte einen letzten Versuch der extremen politischen Rechten dar, auf außerparla-

mentarischem Weg die politische Macht zu erlangen. Dieser Versuch scheiterte nicht zuletzt dank des besonnenen Verhaltens des Monarchen, Juan Carlos, der sich mit Entschiedenheit auf die Seite der jungen Demokratie stellte.

III. Irland

1 *Richard Rose:* Governing without Consensus. An Irish Perspective, Boston 1971, S. 74.

2 Allgemein zur Vorgeschichte des Ende der 60er Jahre erneut ausgebrochenen Konfliktes siehe neben dem erwähnten materialreichen Buch von R. Rose u.a. *Patrick O'Farrell:* Ireland's English Question, New York 1971 (prokatholisch); *David W. Miller:* Queen's Rebels. Ulster Loyalism in Historical Perspective, Dublin 1978; *Harold Jackson:* The two Irelands. The problem of the double minority – a dual study of intergroup tensions, Minority Rights Group, Report No 2, 1972; *Reinhard Hermle:* Der Konflikt in Nordirland. Ursachen, Ausbruch und Entwicklung, München 1979; *John Darby (Hrsg.):* Northern Ireland. The Background to the Conflict, Belfast 1983; *Manfred P. Tieger:* Nordirland – Geschichte und Gegenwart, Basel u.a. 1985.

3 Das klassische Werk zur IRA ist *John B. Bell:* The Secret Army. The IRA 1916–1979, 3. Aufl., Dublin 1979; siehe auch *Peter Waldmann:* Ethnischer Radikalismus. Ursachen und Folgen gewaltsamer Minderheitenkonflikte am Beispiel des Baskenlandes, Nordirlands und Quebecs, Opladen 1989, S. 38 ff., 86 ff. usf.

4 Die beste Studie über die protestantischen paramilitärischen Verbände ist jene von *Sarah Nelson:* Ulster's Uncertain Defenders, Appletree 1984.

5 *Michael Farrell:* A cautionary Tale of Catholic Alienation, in: Fortnight, No 208, Oct. 1984, S. 5 f.

6 The Guardian, 17. 10. 1987 und 24. 10. 1987.

IV. Argentinien

1 Wer näher an der Guerilla, ihrer Entstehung und Vernichtung sowie generell an dieser Phase der jüngeren argentinischen Geschichte interessiert ist, sei auf folgende Monographien und Aufsätze verwiesen, die zahlreiche weiterführende Literaturhinweise enthalten: *Peter Waldmann:* Ursachen der Guerilla in Argentinien, in: Jahrbuch für Geschichte von Staat, Wirtschaft und Gesellschaft Lateinamerikas, Bd. 15 (1978), S. 295–348; *Richard Gillespie:* Soldiers of Peron. Argentina's Montoneros, Oxford/New York, 1982; *Pablo Giussani:* Montoneros. La Soberbia Armada, Buenos Aires 1989; *Maria José Moyano:* The „Dirty War"

in Argentina: Was it a war and how dirty was it?, in: *Hans Werner Tobler u. Peter Waldmann (Hrsg.):* Staatliche und parastaatliche Gewalt in Lateinamerika, Frankfurt 1991, S. 75–93; *David Rock:* Argentina 1516–1987. From Colonization to Alfonsín, Berkeley/Los Angeles 1987, Kap. VIII u. IX; *Juan E. Corradi:* The fitful Republic. Economy, Society and Politics in Argentina, Boulder/London 1985, S. 101 ff.

V. Quebec

1 Allgemein zur Kultur und Geschichte Quebecs sowie der Entwicklung der Provinz in jüngerer Zeit: *Kenneth McRoberts u. Dale Posgate:* Quebec. Social Change and Political Crisis, Toronto 1981; *Rainer-Olaf Schultze:* Politik und Gesellschaft in Kanada, Meisenheim 1977; *Marcel Rioux:* Les Québécois, Bourges 1980; *Peter Waldmann:* Ethnischer Radikalismus. Ursachen und Folgen gewaltsamer Minderheitenkonflikte, Opladen 1989, S. 49 ff. Das letztgenannte Werk enthält auf S. 421 ff. weiterführende Literaturhinweise zu Quebec.

2 Die beste Studie zum FLQ stammt von *Marcel Laurendeau:* Les Québécois violents, 2. Aufl., Quebec 1974. Vgl. auch *Daniel Latouche:* Violence, Politique et Crise dans la Société Québécoise, in: *La Pierre, Laurier u. a. (Hrsg.):* Essays on the Left, Toronto 1971, S. 175–199; sowie *Peter Waldmann:* Ethnischer Radikalismus, a. a. O., S. 137 ff.

3 Trudeau war der Hauptvertreter der den Separatisten entgegentretenden Fraktion der Föderalisten unter den Frankokanadiern, die an der Idee eines konstitutiven Pakts zwischen den beiden Gründernationen Kanadas, d. h. Anglokanadiern und Frankokanadiern, festhielten und für eine stärkere Präsenz der Frankokanadier auf Bundesebene plädierten. Trudeau ging nach Ottawa (dem Sitz der Bundesregierung) und bemühte sich erfolgreich darum, die frankokanadischen Interessen im Gesamtstaat vermehrt zur Geltung zu bringen.

4 Region im Osten von Quebec.

VI. Italien

1 Z. B.: den Bombenanschlag auf einen Zug in Kalabrien im Jahr 1970, bei dem 6 Menschen getötet wurden; jenen auf eine Gewerkschaftsdemonstration in Brescia, durch den 8 Menschen getötet wurden; einen weiteren auf einen Zug nahe Bologna 1974, der 12 Menschen das Leben kostete; schließlich den Bombenanschlag auf dem Bahnhof von Bologna am 2. August 1980, bei dem 85 Menschen umkamen und 200 verletzt wurden.

2 Vgl. *D. Novelli u. N. Tranfaglia:* Vite sospese. Le generazioni del terrorismo, Milano 1988; Rivista di storia contemporanea, Jg. XVII, No 2,

April 1988. Allgemein zum italienischen Terrorismus vgl. *Henner Hess:* Italien: Die ambivalente Revolte, in: *Ders. u. a.:* Angriff auf das Herz des Staates, 2 Bde., Frankfurt 1988, S. 9–166; *Leonard Weinberg u. W. L. Enbank:* The Rise and Fall of Italian Terrorism, Boulder and London 1987; *Leonard Weinberg:* The Violent Life: Left- and Right-Wing Terrorism in Italy, in: *Peter H. Merkl (Hrsg.):* Political Violence and Terror. Motifs and Motivations, Berkeley u. a. 1986; *Donatella della Porta:* Protestbewegung und Terrorismus in Italien, in: Beilage zur Wochenzeitschrift Das Parlament, 4. Nov. 1988, (No 45), S. 20 ff.

3 Den Versuch einer soziologischen Interpretation der terroristischen Bewegung insgesamt sowie der individuellen Motivationen habe ich neben dem in Anm. 2 erwähnten Aufsatz u. a. in folgenden Publikationen unternommen: Il Terrorismo di sinistra, Bologna 1990; Recruitment Processes in Clandestine Political Organizations: Italian Left-wing Terrorism, in: *B. Klandermans u. a. (Hrsg.):* From Structure to Action, Greenwich 1988. Über methodologische Fragen, die mit der Benutzung von Lebensgeschichten verbunden sind, vgl. *D. della Porta*, Life Histories in the Analysis of Social Movement Activists, in *M. Diani u. R. Eyerman (Hrsg.):* Studying Collective Action, London 1992, S. 168–193.

VII. Deutschland

1 Siehe zu diesen Zusammenhängen: *Uwe Backes/Eckhard Jesse:* Politischer Extremismus in der Bundesrepublik Deutschland, Bd. 2: Analyse, Köln 1989, S. 149 ff. (mit weiterführenden Literaturangaben).

2 Vgl. zur Entwicklung der APO: *Gerd Langguth:* Protestbewegung. Entwicklung – Niedergang – Renaissance. Die Neue Linke seit 1968, Köln 1983. – Zur Auseinandersetzung mit dem Argumentationshaushalt der sogenannten Neuen Linken siehe vor allem: *Hermann Lübbe:* Endstation Terror. Rückblick auf lange Märsche, Stuttgart 1978; *Erwin K. Scheuch (Hrsg.):* Die Wiedertäufer der Wohlstandsgesellschaft. Eine kritische Untersuchung der „Neuen Linken" und ihrer Dogmen, Köln 1968; *Kurt Sontheimer:* Das Elend unserer Intellektuellen. Linke Theorie in der Bundesrepublik Deutschland, Hamburg 1976.

3 Vgl. zur Geschichte des Terrorismus in der Bundesrepublik: *Stefan Aust:* Der Baader-Meinhof-Komplex, Hamburg 1985; *Uwe Backes:* Bleierne Jahre. Baader-Meinhof und danach, Erlangen 1991; *Hans Josef Horchem:* Die verlorene Revolution. Terrorismus in Deutschland, Herford 1988; *Werner Kahl:* Vorsicht Schußwaffen! Von kommunistischem Extremismus, Terror und revolutionärer Gewalt, 2. Aufl., München 1986; *Butz Peters:* Terrorismus in Deutschland, Stuttgart 1991; *Sebastian Scheerer:* Deutschland: Die ausgebürgerte Linke, in: *Henner Hess u. a.*, Angriff auf das Herz des Staates. Soziale Entwicklung und Terrorismus, Bd. 1, Frankfurt a. M. 1988, S. 193–429.

4 Vgl. zur Ideologie der RAF und ihrer Rolle als motivierende Kraft: *Iring Fetscher/Günter Rohrmoser:* Ideologien und Strategien, = Analysen zum Terrorismus 1, hrsg. vom Bundesministerium des Innern, Opladen 1981; *Herfried Münkler:* Sehnsucht nach dem Ausnahmezustand. Die Faszination des Untergrunds und ihre Demontage durch die Strategie des Terrors, in: *Reiner Steinweg (Hrsg.):* Faszination der Gewalt. Politische Strategie und Alltagserfahrung, Frankfurt a. M. 1983, S. 60–88; *Peter Waldmann:* Wann schlagen politische Protestbewegungen in Terrorismus um? Lehren aus der Erfahrung der 70er Jahre, in: *Albrecht Randelshofer/Werner Süß (Hrsg.):* Konsens und Konflikt. 35 Jahre Grundgesetz, Berlin/New York 1986, S. 399–428.

5 Vgl. dazu die Beiträge in folgendem Band: *Wanda von Baeyer-Katte/ Dieter Claessens/Hubert Feger/Friedhelm Neidhardt:* Gruppenprozesse, = Analysen zum Terrorismus 3, hrsg. vom Bundesministerium des Innern, Opladen 1982.

6 RAF. An alle, die auf der Suche nach Wegen sind, wie menschenwürdiges Leben hier und weltweit an ganz konkreten Fragen organisiert und durchgesetzt werden kann, 10. April 1992.

7 22 Jahre bewaffneter Kampf der RAF in der BRD, 22. April 1992.

8 Die Zahl stützt sich auf die Angaben der Verfassungsschutzberichte des Bundes. Erfaßt sind Tötungen, Tötungsversuche, Sprengstoff- und Brandanschläge sowie Raubüberfälle. Die entsprechende Zahl für den Rechtsterrorismus beträgt 190 (Zeitraum 1968 bis 1990). Seither hat sich das Schwergewicht merklich verschoben.

9 Über einige dieser Aktionen, an denen RZ-Mitglieder wie Wilfried Boese und Hans-Joachim Klein beteiligt waren, berichtet ausführlich: *Claire Sterling:* Das internationale Terrornetz. Der geheime Krieg gegen die westlichen Demokratien, Bern/München 1983. Siehe zu diesem Komplex auch das Standardwerk von: *Walter Laqueur:* Terrorismus. Die globale Herausforderung, Frankfurt a. M./Berlin 1987.

10 Vgl. nur die Erklärung von RZ zur Ermordung des früheren Genossen Gerd Albertus, abgedruckt in: Die Tageszeitung vom 21. Dezember 1991. Außerdem: Verfassungsschutzbericht 1991, hrsg. vom Bundesministerium des Innern, Bonn 1992.

11 Siehe etwa *Aust* (Anm. 3) und *Backes* (Anm. 3); *Uwe Backes:* Michael („Bommi") Baumann, in: *Ders./Eckhard Hesse (Hrsg.):* Jahrbuch Extremismus & Demokratie, Bd. 1, Bonn 1989, S. 196–204; *Jillian Becker:* Hitlers Kinder? Der Baader-Meinhof-Terrorismus, Frankfurt a. M. 1978; *Otto Billig:* The Case History of a German Terrorist, in: Terrorism 7 (1984) Nr. 1, S. 1–10; *Mario Krebs:* Ulrike Meinhof. Ein Leben im Widerspruch, Reinbek bei Hamburg 1988; *Margot Overath:* Drachenzähne. Gespräche, Dokumente und Recherchen aus der Wirklichkeit der Hochsicherheitsjustiz, Hamburg 1991; *Kenda Willey:* Ein Anwalt in Waffen: Horst Mahler, in: *Herfried Münkler (Hrsg.):* Partisan. Theorie, Strategie, Gestalt, Opladen 1990, S. 370–380.

12 Vgl. *Herbert Jäger:* Die individuelle Dimension terroristischen Handelns, in: *Herbert Jäger/Gerhard Schmidtchen/Lieselotte Süllwold,* Lebenslaufanalysen, = Analysen zum Terrorismus 2, hrsg. vom Bundesministerium des Innern, Opladen 1981, insbes. S. 130–141.

13 Unter Anwendung quantifizierender Methoden haben Kollektivbiographien Eingang in die historische Sozialforschung gefunden. Vgl. *Wilhelm Heinz Schröder:* Kollektive Biographien in der historischen Sozialforschung. Eine Einführung, in: *Ders. (Hrsg.):* Lebenslauf und Gesellschaft, Stuttgart 1985, S. 7–17.

14 *Gerhard Schmidtchen:* Terroristische Karrieren, in: *Jäger/Schmidtchen/Süllwold* (Anm. 12), S. 14–77, 118–236. Der Beitrag von Herbert Jäger (Anm. 12) findet sich auch in folgendem Band: *Ders.:* Makrokriminalität. Studien zur Kriminologie kollektiver Gewalt, Frankfurt a.M. 1989, S. 85–131.

15 Die Analyse stützt sich auf folgende Selbstzeugnisse: Susanne Albrecht vor dem Oberlandesgericht Stuttgart: „Ich war politisch nicht interessiert", in: Frankfurter Allgemeine Zeitung vom 26. April 1991, S. 5 (Albrecht 1991); *Jürgen Bäcker/Horst Mahler:* Zehn Thesen zur RAF, in: *Barbara Herzbruch/Klaus Wagenbach (Hrsg.):* Jahrbuch Politik 8, Berlin 1978 (Bäcker/Mahler 1978); *Michael Baumann:* Hi Ho. Wer nicht weggeht, kommt nicht wieder, Hamburg 1987, S. 13 (Baumann 1987); Peter-Jürgen Boock im ZEIT-Gespräch mit Michael Sontheimer, in: Die Zeit vom 24. Juni 1988 (Boock 1988); Karl-Heinz Dellwo in einem KONKRET-Gespräch, in: Konkret vom 19. Juni 1992 (Dellwo 1992); Baptist Ralf Friedrich, in: Der Spiegel Nr. 34/1990 (Friedrich 1990); *Hans-Joachim Klein:* Rückkehr in die Menschlichkeit. Appell eines ausgestiegenen Terroristen, mit einem Nachwort von Daniel Cohn-Bendit, Reinbek bei Hamburg 1979 (Klein 1979); Hans-Joachim Klein im Gespräch mit Daniel Cohn-Bendit, in: *Daniel Cohn-Bendit:* Wir haben sie so geliebt, die Revolution, Frankfurt a.M. 1987 (Klein 1987); Werner Lotze im Gespräch mit Kuno Haberbusch und Joachim Wagner, in: Die Zeit vom 23. November 1990 (Lotze 1990); Horst Mahler im Gespräch mit Gerhard Baum, in: *Axel Jeschke/Wolfgang Malanowski (Hrsg.):* Der Minister und der Terrorist. Gespräche zwischen Gerhart Baum und Horst Mahler, Reinbek bei Hamburg 1980, S. 25 (Mahler 1980); *Till Meyer,* „Konnten wir nicht der Funke sein, der zum Steppenbrand führte?", in: Frankfurter Rundschau vom 3. Februar 1987 (Meyer 1987); Irmgard Möller, in: Der Spiegel Nr. 21 vom 18. Mai 1992 (Möller 1992); Gabriele Rollnick im Gespräch mit Oliver Tolmein und anderen RAF-Mitgliedern, in: WDR 3 vom 16. Mai 1992 (Rollnick 1992); *Volker Speitel,* „Wir wollten alles und gleichzeitig nichts", in: Der Spiegel Nr. 31/1980 (Speitel 1980); Lutz Taufer in einem KONKRET-Gespräch, in: Konkret vom 19. Juni 1992 (Taufer 1992).

16 Vgl. *Schmidtchen* (Anm. 14), insbes. S. 29–37.

17 Gemeint ist die spätere Frau Speitels, Angelika.

IX. 1. Zur Forschung über Terroristen und terroristische Lebensläufe

1 Siehe etwa *Amos Lakos:* International Terrorism: A Bibliography, Boulder/London 1986, u. *Burkhard von Schassen/Christof Kalden:* Terrorismus. Eine Auswahlbibliographie, Schriften der Bibliothek für Zeitgeschichte, Band 27, Koblenz 1989. Erst in jüngerer Zeit sind einige Bände erschienen, die sich explizit mit dem Terroristen bzw. der terroristischen Gruppe befassen: *Peter H. Merkl (Hrsg.):* Political Violence and Terror. Motifs and Motivations, Berkeley u. a. 1986; *Herfried Münkler (Hrsg.):* Der Partisan, Theorie, Strategie, Gestalt, Opladen 1990; *Donatella della Porta (Hrsg.):* Social Movements and Violence. Participation in Underground Organisations, International Social Movement Researchs, Bd. 4, Greenwich/London 1992.

2 Neben der im Beitrag von *U. Backes* (insbes. Anm. 11) angegebenen Literatur über deutsche Terroristen vgl. u. a. *Sean Mac Stiofain:* Revolutionary in Ireland, London 1975; *Fernando Gabeira:* Die Guerilleros sind müde, Frankfurt 1982; *Oriana Fallaci:* Ein Mann, Frankfurt 1982; *Javier Sanchez Erauskin:* Txiki-Otaegi: El Viento y las Raíces, Donostia 1978; *Felix Novales:* El Tazón de Hierro. Memoria personal de un Militante de los GRAPO, Barcelona 1989; *Stefan T. Possony:* Giangiacomo Feltrinelli: The Millionaire Dinamitero, in: Terrorism: An International Journal, Vol. 2 (1979), No 3–4, S. 213–230. Die Liste ließe sich erheblich verlängern.

3 Der Auszug stammt aus einem Aufsatz von *Charles A. Russel u. a.:* Profile of a Terrorist, in: Terrorism. An International Journal, Vol. 1 (1977), S. 17–34. Weitere, teilweise jedoch wesentlich differenziertere Beispiele für diesen Ansatz sind *Jeffrey S. Handler:* Socioeconomic Profile of an American Terrorist: 1960s and 1970s, in: Terrorism, Vol. 13 (1990), S. 195–213; *Gerhard Schmidtchen:* Terroristische Karrieren, Soziologische Analyse anhand von Fahndungsunterlagen und Prozeßakten, in: *Herbert Jäger u. a.:* Lebenslaufanalysen. Analysen zum Terrorismus, Bd. 2, Opladen 1981, S. 5–77.

4 Vgl. etwa *Helm Stierlin:* Familienterrorismus und öffentlicher Terrorismus, aus: *Ders. u. a.* (Hrsg.): Familiendynamik, Bd. III, Stuttgart 1978, S. 171–198; *Otto Billig:* The Case History of a German Terrorist, in: Terrorism, Vol. 7 (1984), No 1, S. 1–10; *Jeanne Knutson:* Social and Psychodynamic Pressures toward a negative Identity: The case of an American Revolutionary Terrorist, in: *Yonah Alexander u. John M. Gleason (Hrsg.):* Behavioral and Quantitative Perspectives on Terrorism, New York u. a. 1981, S. 105–150; desgleichen die Beiträge von *Herbert Jäger* und *Lorenz Böllinger* in dem bereits erwähnten Bd. 2 der Analysen zum Terrorismus, Opladen 1981, S. 118–174, S. 175–231.

3. Verzeichnis terroristischer Organisationen und ihnen nahestehender Parteien (deutsche Übersetzung in Klammern)

Bewegung 2. Juni	Bundesrepublik Deutschland
BR, Brigate Rosse (Rote Brigaden)	Italien
Descamisados (wörtl. Hemdlose)	Argentinien
EE, Euskadiko Eskerra (linksnationalistische Partei, ursprünglich der militärisch-politischen ETA nahestehend)	Baskenland/Spanien
ERP, Ejército Revolucionario del Pueblo (Revolutionäres Volksheer)	Argentinien
ETA, Euskadi ta Ascatasuna (Baskenland und Freiheit)	Baskenland/Spanien
ETA Quinta Asamblea (ETA V. Versammlung)	Baskenland/Spanien
ETA político-militar (politisch-militärische ETA)	Baskenland/Spanien
ETA militar (militärische ETA)	Baskenland/Spanien
FAP, Fuerzas Armadas Peronistas (Peronistische Streitkräfte)	Argentinien
FAR, Fuerzas Armadas Revolucionarias (Revolutionäre Streitkräfte)	Argentinien
FLQ, Front de Libération du Québec (Befreiungsfront des Quebec)	Quebec/Kanada
HB, Herri Batasuna (linksnationalistische Parteienkoalition, der militärischen ETA nahestehend)	Baskenland/Spanien
INLA, Irish National Liberation Army (Irische Nationale Befreiungsarmee)	Irland
IRA, Irish Republican Army (Irische Republikanische Armee)	Irland
IRSP, Irish Republican Socialist Party (Irische Republikanische Sozialistische Partei)	Irland
LC, Lotta Continua (Ständiger Kampf)	Italien
Montoneros (Guerillakämpfer)	Argentinien
MS, Movimento Studentesco (Studentenbewegung)	Italien
OIRA, Official Irish Republican Army (Offizielle Irische Republikanische Armee)	Irland
PIRA, Provisional Irish Republican Army (Provisorische Irische Republikanische Armee)	Irland
PL, Prima Linea (Vorderste Front)	Italien

Poder Obrero (Arbeitermacht)	Argentinien
PO, Potere Operaio (Arbeitermacht)	Italien
PQ, Parti Québécois (Québecer Partei)	Québec/Kanada
RAF, Rote Armee Fraktion	Bundesrepublik Deutschland
RIN, Rassemblement pour l'Indépendance Nationale (Vereinigung für die Nationale Unabhängigkeit)	Québec/Kanada
RZ, Rote Zellen	Bundesrepublik Deutschland
Sinistra proletaria (proletarische Linke)	Italien
Sinn Fein (der PIRA nahestehende Parteiorganisation)	Irland
Triple A bzw. AAA, Alianza Anticomunista Argentina (Antikommunistische Argentinische Allianz, eine berüchtigte rechtsradikale Mördergruppe)	Argentinien
UDA, Ulster Defense Association (Ulster Verteidigungsorganisation)	Irland
UVF, Ulster Volunteer Force (Ulster Freiwilligentruppe)	Irland

4. AutorInnen und Herausgeber

Backes, Uwe, geb. 1960; Studium der Politikwissenschaft, Geschichte und Germanistik an der Universität Trier; Dr. phil. 1987; seit 1988 Akademischer Rat beim Lehrstuhl Politische Wissenschaft der Universität Bayreuth; Arbeitsschwerpunkte: Demokratietheorie, Rechts- und Linksextremismus, totalitäre Regime und Ideologien; Veröffentlichungen u.a.: Politischer Extremismus in demokratischen Verfassungsstaaten. Elemente einer normativen Rahmentheorie, Opladen 1989; Bleierne Jahre. Baader-Meinhof und danach, Erlangen 1991.

von Buttlar, Madelaine, geb. 1951; Studium der Politikwissenschaft, Geschichte und Philosophie; M.A.; derzeitige Position bzw. Beruf: hauptamtliche kommunale Gleichstellungsbeauftragte in Kiel; Arbeitsschwerpunkte: Lebenslaufanalysen; Veröffentlichungen: Die politischen Vorstellungen des F.A.L. v.d. Marwitz. Ein Beitrag zur Genesis und Gestalt konservativen Denkens in Preußen, Frankfurt/M. 1980.

Charney, Ann, geb. 1942 in Polen; Studium der Politikwissenschaft und Romanistik an der Mc Gill Universität in Montreal und an der Sorbonne. Journalistin und Romanschriftstellerin, die in Kanada mehrere Preise gewann. Ihr Roman „Dobryd" wurde ins Deutsche übersetzt und erschien im Herder-Verlag.

Herzog, Werner, geb. 1942; Studium der Romanistik und Geschichte; Dr. phil.; Beruf: Korrespondent von 4 Tageszeitungen in Deutschland und der Schweiz; Arbeitsschwerpunkte: Politik und Gesellschaft in Spanien/ Portugal/Maghreb; Veröffentlichungen: 4 Bücher über Spanien, ein Buch über Probleme von Minderheiten.

Moyano, María José, geb. 1959; Studium der Politikwissenschaft in Buenos Aires u. Yale (USA); MA (1986) und Ph.D. (1990); arbeitet derzeit als Assistant Professor am Department of Political Science der Universität Vermont; Arbeitsschwerpunkte: Terrorismus, militärisch-zivile Beziehungen, Übergang zur Demokratie; Veröffentlichungen u.a.: Armed Struggle in Argentina, 1969–1979, Yale University Press 1994; Reforma Económica y Consolidación democratica, Buenos Aires 1993.

della Porta, Donatella, geb. 1956; Doktor der Politik- und Sozialwissenschaften des Europäischen Hochschulinstituts, Professor am Fachbereich Politik der Universität Florenz. Hat über soziale Bewegungen, Terrorismus, politische Korruption und die Polizei gearbeitet. Veröffentlichungen: Il terrorismo di sinistra, Bologna 1990; Lo scambio occulto. Casi di corruzione politica in Italia, Bologna 1992; Social Movements and Violence. Participation in Underground Organizations, Greenwich Co., JAI Press, 1992.

Reinares, Fernando, geb. 1960; Studium der Politikwissenschaft und Soziologie in Madrid und Stanford (Kalifornien); promovierte am Europäischen Institut in Florenz; arbeitete als Dozent und Visiting Research Fellow u.a. in Stanford, Tel Aviv und Oxford; derzeit Professor für Soziologie an der Universidad Nacional de Educación a Distancia in Madrid; Arbeitsschwerpunkte: Terrorismus, Regionalismus; Veröffentlichungen, z.T. als Koautor: La Rioja: identidad y diversidad de una región española, Logroño 1989; Contemporary Research on terrorism, Aberdeen 1987; Ethnic and religious violence, New York 1989; La transicion democratica española, Madrid 1989; Estudios de teoría sociológica, Madrid 1993.

Waldmann, Peter, geb. 1937; Studium des Rechts und der Sozialwissenschaften in München und Paris; Diplôme des Hautes Etudes Sociales; 1. u. 2. jur. Staatsexamen; Dr. jur.; Habilitation im Fach Soziologie, seit 1973 Professor für Soziologie an der Universität Augsburg. Arbeitsschwerpunkte liegen im Bereich der Entwicklungssoziologie (insbes. Lateinamerika) und der politischen Soziologie (insbes. Probleme politischer Gewalt) sowie der Soziologie abweichenden Verhaltens. Buchpublikationen: Zielkonflikte in einer Strafanstalt (1968). Der Peronismus 1943–1955 (1974); Strategien politischer Gewalt (1977); Ethnischer Radikalismus. Ursachen und Folgen gewaltsamer Minderheitenkonflikte (1989); Militanter Nationalismus im Baskenland (1990).